网络营销与策划

隋东旭 李丽娜 主编

清华大学出版社
北京

内 容 简 介

本书共分 8 个项目，分别为网络营销基础知识、网络营销环境与网络市场调研、网络消费者行为分析、经典网络营销方法、新媒体营销方式、其他网络营销方式、网络营销策划、网络营销效果评估与优化。本书从当前企业在网络营销过程中的实际需求出发，理论与实操并重，有利于读者系统地掌握网络营销与策划的知识，同时配以丰富的小提示、想一想、素质培养、课堂实训等拓展资源，帮助读者培养网络营销的实际应用能力。

本书既可作为高等职业院校市场营销专业、电子商务专业、移动商务专业、跨境电子商务专业、网络营销与直播电商专业及相关专业的教学用书，也可供有志于学习网络营销相关知识的人士学习、参考。

本书封面贴有清华大学出版社防伪标签，无标签者不得销售。
版权所有，侵权必究。举报：010-62782989，beiqinquan@tup.tsinghua.edu.cn。

图书在版编目（CIP）数据

网络营销与策划 / 隋东旭，李丽娜主编 . -- 北京：清华大学出版社，2025.3. -- ISBN 978-7-302-67916-5
Ⅰ.F713.365.2
中国国家版本馆 CIP 数据核字第 20255GJ226 号

责任编辑：吴梦佳
封面设计：常雪影
责任校对：袁　芳
责任印制：从怀宇

出版发行：清华大学出版社
网　　址：https://www.tup.com.cn，https://www.wqxuetang.com
地　　址：北京清华大学学研大厦A座　　邮　　编：100084
社 总 机：010-83470000　　邮　　购：010-62786544
投稿与读者服务：010-62776969，c-service@tup.tsinghua.edu.cn
质量反馈：010-62772015，zhiliang@tup.tsinghua.edu.cn
课件下载：https://www.tup.com.cn，010-83470410

印 装 者：大厂回族自治县彩虹印刷有限公司
经　　销：全国新华书店
开　　本：185mm×260mm　　印　张：15　　字　数：340千字
版　　次：2025年3月第1版　　印　次：2025年3月第1次印刷
定　　价：48.00元

产品编号：100298-01

前　言

　　基于互联网的商业竞争十分激烈。网络营销是伴随着国际互联网迅猛发展而诞生的一种全新的营销模式，是对传统营销理念的变革与升华。与传统营销相比，网络营销具有低成本、跨时空、强交互性、强整合性、高效率和精准营销等诸多优点，是推动社会经济和文化发展、满足网络消费者需求、提升网络用户购物体验的新手段和新方法。

　　网络营销的迅猛发展和营销方式的不断创新，要求高等职业院校为企业输送更多的具有创新精神、通晓网络营销理论、掌握专业实战技能的新型网络营销人才。为适应新形势下企业对网络营销专业人才的需求，帮助高等职业院校更好地实现人才培养目标，我们编写了这本集网络营销理论、案例与实训于一体的教材。

　　本书的内容

　　本书以新媒体背景下网络营销的发展为导向，突出了"以应用为主线，以技能为核心"的编写特点，体现了"导教相融、学做合一"的思想，系统地阐述了网络营销的策略和方法，以"实用、适度、够用"为原则，重点突出"应用"和"能力"。本书采用"学习目标—学习计划表—项目导读—项目讲解—项目实训—复盘反思—项目评价"7段教学法，将学习目标、项目讲解和项目实训进行有机整合，各个环节环环相扣、浑然一体。本书的目标是让读者在了解网络营销的基础上，快速掌握网络营销工作的方法、技巧并应用到实践中。本书包括网络营销基础知识、网络营销环境与网络市场调研、网络消费者行为分析、经典网络营销方法、新媒体营销方式、其他网络营销方式、网络营销策划、网络营销效果评估与优化8个项目。

　　项目1是网络营销基础知识，主要介绍了网络营销认知、网络营销战略、网络营销策略等。

　　项目2是网络营销环境与网络市场调研，主要介绍了网络营销环境认知、网络市场调研等。

　　项目3是网络消费者行为分析，主要介绍了网络消费者行为认知、网络消费者心理、网络消费者购买行为等。

　　项目4是经典网络营销方法，主要介绍了搜索引擎营销、内容营销与事件营销、口碑营销与病毒营销、网络广告等经典网络营销方法。

　　项目5是新媒体营销方式，主要介绍了微信营销、社群营销、直播营销、短视频营销以及微博营销等。

项目 6 是其他网络营销方式，主要介绍了二维码与 App 营销以及精准营销方式的应用。

项目 7 是网络营销策划，主要介绍了网络营销策划认知和网络营销策划的应用等内容。

项目 8 是网络营销效果评估与优化，主要介绍了网络营销效果评估、网络营销效果优化等。

本书的特色

本书每个项目开篇均设有"学习目标""学习计划表"模块，引导学生及时做好预习与复习；在项目中穿插案例及"想一想"等模块，以提升学生思考和创新的能力，同时设置了"小提示"模块，引导学生了解企业实际应用案例，并利用理论进行分析；每章中增加了"素质培养"模块，以加强对网络营销人才素养的培养；每章最后还设有"课堂实训""项目实训""复盘反思""项目评价"等模块，帮助学生提高实践和应用能力，实现对"学习目标"的掌握。本书主要有以下特色。

（1）强化实践，注重技能。本书立足于理论与实践的结合，从网络营销基础知识入手，从易到难，层层深入，详细地介绍了网络营销的策略和经典网络营销方法、新媒体营销方式及其他网络营销方式的应用技巧，突出了"以应用为主线，以技能为核心"的编写特点，体现了"学做一体"的教学思想。

（2）内容详尽，紧跟时代。本书采用了项目式结构，以充分结合网络营销的理论知识，使读者全面掌握网络营销的知识和技能。本书内容紧跟时代的发展需要，对网络营销的各种方式都进行了深度诠释，帮助读者全面提升网络营销工作的能力，解决网络营销工作中的痛点和难点。

（3）案例主导，学以致用。本书列举了精彩的实际案例，并对一些典型案例进行了深度解析。读者可以从案例中汲取丰富的经验，快速掌握网络营销的精髓。本书让读者不仅能"知其然"，还能"知其所以然"。"懂策略，善执行"是本书传达的核心理念。

（4）模块新颖，提升素养。本书在模块设计上努力做到将"学思用贯通"与"知信行统一"相结合，还在理论教学及案例中融入先进技术、前沿知识、文化传承、职业道德等素质培养元素，落实立德树人根本任务，以加强对网络营销人才素养的培养。

（5）配套微课，提供资源。本书注重易懂性和扩展性，设计了"小提示""想一想"等模块，其中总结了网络营销的相关拓展知识，同时增强了本书与读者的互动性；本书还提供了丰富的教学资源，配备了 PPT、教案、视频等，便于教师教学和学生自学。

致谢

本书由隋东旭、李丽娜主编，具体编写分工如下：张云青编写项目 1 和项目 3；隋东旭编写项目 2、项目 6 和项目 8；李丽娜编写项目 4、项目 5 和项目 7。

本书作为国家级课题（高职"课证融通"人才培养模式研究——以网络营销与策划为例）的优秀研究成果，从规划、编写到出版，经历了很长一段时间，经过多次修改和逐步完善，最终得以出版。在此，衷心感谢对本书的编写、出版给予过指导和帮助的学者、老师，以及参考书籍和资料的作者！

在编写过程中，尽管编者着力打磨内容，精益求精，但由于水平有限，书中难免存在不足和疏漏之处，敬请各位专家与读者不吝赐教。

编　者

2024 年 9 月

目 录

项目1 网络营销基础知识 / 1

1.1 网络营销认知 / 2
- 1.1.1 网络营销的概念与特点 / 2
- 1.1.2 网络营销的内容与职能 / 3
- 1.1.3 网络营销的流程 / 6
- 1.1.4 网络营销与传统营销的关系 / 7

1.2 网络营销战略 / 9
- 1.2.1 网络营销战略的概念 / 9
- 1.2.2 网络营销战略的目标 / 9
- 1.2.3 网络营销战略的内容 / 10
- 1.2.4 网络营销战略的规划 / 11
- 1.2.5 网络营销战略的实施 / 12

1.3 网络营销策略 / 13
- 1.3.1 网络营销产品策略 / 13
- 1.3.2 网络营销价格策略 / 14
- 1.3.3 网络营销渠道策略 / 16
- 1.3.4 网络营销促销策略 / 17

项目2 网络营销环境与网络市场调研 / 21

2.1 网络营销环境认知 / 22
- 2.1.1 网络营销宏观环境分析 / 22

2.1.2　网络营销微观环境分析　／　24

2.2　网络市场调研　／　25

　　　2.2.1　网络市场调研的概念　／　26
　　　2.2.2　网络市场调研的对象与内容　／　26
　　　2.2.3　网络市场调研的过程　／　27
　　　2.2.4　网络市场调研的方法　／　31
　　　2.2.5　网络市场调研的抽样方法　／　34
　　　2.2.6　网络市场调研的策略　／　35

项目3　网络消费者行为分析　／　40

3.1　网络消费者行为认知　／　41

　　　3.1.1　网络消费者　／　41
　　　3.1.2　网络消费者行为　／　44
　　　3.1.3　网络消费者行为研究　／　47

3.2　网络消费者心理　／　50

　　　3.2.1　网络消费者心理的认识过程　／　50
　　　3.2.2　网络消费者心理的情感过程　／　57
　　　3.2.3　网络消费者心理的意志过程　／　60

3.3　网络消费者购买行为　／　62

　　　3.3.1　网络消费者购买行为过程分析　／　62
　　　3.3.2　网络消费者购买行为的影响因素　／　66
　　　3.3.3　网络消费者购买行为决策分析　／　71

项目4　经典网络营销方法　／　76

4.1　搜索引擎营销　／　77

　　　4.1.1　搜索引擎营销的概念　／　77
　　　4.1.2　搜索引擎营销的特点　／　78
　　　4.1.3　搜索引擎营销的内容　／　79

4.1.4 搜索引擎营销的基本方法 / 79

4.2 内容营销与事件营销 / 80
    4.2.1 内容营销 / 80
    4.2.2 事件营销 / 83

4.3 口碑营销与病毒营销 / 87
    4.3.1 口碑营销 / 88
    4.3.2 病毒营销 / 94

4.4 网络广告 / 98
    4.4.1 网络广告的概念与特征 / 99
    4.4.2 网络广告的形式 / 101
    4.4.3 网络广告的策划流程 / 105
    4.4.4 网络广告的效果评估 / 110

项目5 新媒体营销方式 / 113

5.1 微信营销 / 114
    5.1.1 微信营销认知 / 115
    5.1.2 微信个人号营销 / 116
    5.1.3 微信公众号营销 / 122
    5.1.4 微信小程序营销 / 124
    5.1.5 微信视频号营销 / 128

5.2 社群营销 / 130
    5.2.1 社群营销认知 / 130
    5.2.2 构建社群营销 / 130
    5.2.3 社群平台运营 / 131
    5.2.4 社群营销活动策划 / 133

5.3 直播营销 / 136
    5.3.1 直播营销认知 / 136
    5.3.2 直播营销策划 / 137
    5.3.3 直播营销运营 / 139

5.4 短视频营销 / 140

    5.4.1 短视频营销认知 / 140

    5.4.2 短视频营销全面实施 / 141

    5.4.3 短视频营销运营与策划 / 142

5.5 微博营销 / 143

    5.5.1 微博营销认知 / 144

    5.5.2 微博营销全面实施 / 146

    5.5.3 微博营销运营与策划 / 147

项目 6 其他网络营销方式 / 154

6.1 二维码与 App 营销 / 155

    6.1.1 二维码营销认知 / 155

    6.1.2 App 营销认知 / 158

6.2 精准营销 / 160

    6.2.1 LBS 营销 / 161

    6.2.2 大数据营销 / 167

    6.2.3 会员营销 / 172

项目 7 网络营销策划 / 180

7.1 网络营销策划认知 / 181

    7.1.1 网络营销策划的概念、原则与步骤 / 181

    7.1.2 网络营销策划书的撰写 / 183

7.2 网络营销策划的应用 / 187

    7.2.1 网络品牌策划 / 187

    7.2.2 网站推广策划 / 192

    7.2.3 节日营销策划 / 197

项目 8　网络营销效果评估与优化　/　203

8.1　网络营销效果评估　/　204
8.1.1　认识网络营销效果评估　/　204
8.1.2　分析网络营销评估指标　/　206

8.2　网络营销效果优化　/　213
8.2.1　流量数据分析与优化　/　214
8.2.2　访问来源数据分析与优化　/　216
8.2.3　受访页面数据分析与优化　/　218
8.2.4　访客属性数据分析与优化　/　220

参考文献　/　226

项目 1
网络营销基础知识

 学习目标

知识目标	• 了解网络营销的概念和特点 • 熟悉网络营销的内容和功能 • 了解网络营销战略的目标、模式、规划与实施 • 熟悉网络营销策略
能力目标	运用网络营销基础知识分析问题、解决问题
素养目标	树立关于网络营销岗位的职业规划意识

 学习计划表

根据表 1-1,对本项目的学习进行合理规划。

表 1-1 本项目学习计划表

项 目		网络营销认知	网络营销战略	网络营销策略
课前预习	预习时间			
	预习结果	1. 难易程度 □偏易(即读即懂) □适中(需要思考) □偏难(需查资料) □难(不易理解) 2. 问题总结		
课后复习	复习时间			
	复习结果	1. 掌握程度 □精通 □掌握 □熟悉 □了解 2. 疑点、难点归纳		

 **项目导读**

在"互联网+"时代,网络营销已成为传统产业开拓市场、突破营销瓶颈的重要途径和工具。在当今时代,企业在竞争中求生存、求发展,如果忽略网络这一重要营销渠道,那么不仅会失去客户群体,还可能在新一轮经济整合中错失抢先一步的绝佳机会。本项目主要带领大家从整体上认识网络营销,帮助大家了解网络营销战略与策略等基础知识。

项目讲解

1.1 网络营销认知

网络营销是随着互联网发展而出现的营销领域，它以现代电子技术和通信技术的应用与发展为基础，带来了市场的变革、市场竞争以及营销观念和策略的转变。

▶▶▶ **想一想**

"互联网+"给社会生活、经济带来了什么影响？

_____

_____

1.1.1 网络营销的概念与特点

1. 网络营销的概念

网络营销是企业利用网络进行品牌宣传、商品或服务营销的一种策略活动，其最终目的是吸引消费者进入目标网站并购买商品或服务。网络营销借助互联网（包括移动互联网）满足消费者需求，为消费者创造价值。它不是某种方法或某个平台的应用，而是包括规划、实施、运营和管理等在内的整体活动，且始终贯穿于企业的整体运营活动中。

总体来讲，凡是以互联网为主要平台开展的各种营销活动，都可称为网络营销。但需要注意以下几点。

（1）网络营销不等于网络销售。网络营销是网络销售的一种形式，它不仅可以促进网络销售，还有助于提升企业的品牌价值，加强企业与消费者的联系，改善消费者服务等。网络销售的推广手段除了网络营销外，还包括传统媒体广告、印发宣传册等传统方式。

（2）网络营销不等于电子商务。网络营销和电子商务均基于互联网开展。电子商务的核心是电子化交易，强调的是交易方式和交易过程；而网络营销不是一个完整的交易过程，它只是电子商务中的一个重要环节，为促成电子化交易提供服务支持，起到重要的信息传递作用。

（3）网络营销是手段而不是目的。网络营销是综合利用各种网络营销方法、工具、条件，并协调它们之间的相互关系，从而更加有效地实现企业营销目的的手段。

2. 网络营销的特点

因为互联网具有营销所要求的信息传播特性，所以网络营销呈现出以下特点。

（1）跨时空。营销的最终目的是占有市场，互联网具有超越时间约束和空间限制进行信息交换的特点，使脱离时空限制达成交易成为可能，企业有更多的时间和更大的空间进行营销，可24小时随时随地提供全球性营销服务。

（2）交互式。互联网可以展示商品目录、连接数据库并提供有关商品信息的查询服务，可以使企业与顾客进行双向沟通，可以收集市场情报，可以进行产品测试与消费者满意度调查等。

（3）多媒体。互联网可以传输多种媒体的信息，如文字、声音、图像、视频等信息，使为达成交易进行的信息交换以多种形式存在，可以充分发挥营销人员的创造性和能动性。

（4）人性化。网络营销是一对一的、理性的、消费者主导的、循序渐进式的，是一种低成本与人性化的促销，可以避免推销员强势推销的干扰，并通过信息提供和交互式交谈与消费者建立长期良好的关系。

（5）整合性。网络营销由商品信息至收款、售后服务等营销要素组成，是一种全程的营销渠道。企业可以借助互联网将不同的营销活动进行统一设计规划和协调实施，以统一的传播口径向消费者传达信息，避免因传播的不一致性而产生消极影响。

（6）高效性。云存储可储存大量的信息供消费者查询，可传送的信息数量与精确度远超过其他媒体，并能适应市场需求、及时更新产品或调整价格，因此网络营销能及时、有效地了解并满足消费者的需求。

（7）经济性。利用互联网进行信息交换，代替以前的实物交换，一方面可以减少印刷与邮递成本，可以实现无店面销售，免交租金，节约水电和人工成本；另一方面可以减少迂回多次交换带来的损耗。

▶▶▶ 想一想

试分析互联网技术的发展与网络营销之间的关系。

1.1.2 网络营销的内容与职能

1. 网络营销的内容

网络营销的范围十分广泛，具体来说，主要包括以下几个方面的内容。

（1）网上市场调查与数据挖掘和分析。网上市场调查是指利用互联网交互式的信息沟通渠道来实施调查活动，包括通过网络问卷调查等方法收集一手资料，以及直接在网上收集需要的二手资料。在大数据时代，基于数据进行推广是网络营销的新特点，重点是如何用数据挖掘和分析工具研究网络市场。

（2）网上消费者行为分析。网上消费者行为分析是制定营销策略的重要依据。要开展有效的网络营销活动，必须深入了解网上消费者这一群体的需求特征、购买动机和购买行为模式。互联网已成为许多兴趣、爱好趋同的群体聚集交流的平台,一个个特征鲜明的网上社区与社群随之出现。了解这些虚拟群体的特征和偏好是网上消费者行为分析的重要内容之一。

(3)网络营销战略制定。不同企业在市场中处于不同地位,在利用网络营销实现企业的营销目标时,必须制定与企业的营销目标相适应的网络营销战略。网络营销虽然是一种非常有效的营销工具,但企业在开展网络营销时既需要有所投入,又需要承担一定的风险,因而必须进行长远和全面的规划。

(4)网络产品和服务策略制定。互联网改变了传统产品的营销策略,已成为一些无形产品(如软件和远程服务)的传输载体。在制定网络产品和服务策略时,必须结合网络特点重新考虑产品的设计、开发、包装及品牌塑造。

> **小提示**
> 营销者不一定需要了解如何生产和制造产品,但需要重点了解产品的功能、使用群体,并挖掘产品卖点和价值等。营销者如果对产品的细节不熟悉,推广产品时将很难达到预期效果。营销者如果不知道产品的功效,就无法与消费者顺利地进行沟通,写作营销文案时也无从下笔,不能将产品完美地融合到文案中。

(5)网上价格策略制定。网络作为信息交流和传播的载体,实行自由、平等和信息免费的策略。因此,在制定网上价格策略时,不仅要考虑互联网对企业定价的影响和互联网本身独特的免费思想,也要考虑互联网所带来的价格信息的透明化及定价的灵活性。

(6)网上渠道建立。网上渠道对企业营销的影响比较大。例如,戴尔公司建立的网上直销模式获得了成功,解决传统渠道多层次的选择、管理与控制等问题,最大限度地降低了营销费用。但企业建立网上渠道必须进行一定的投入,还要改变传统的经营管理模式。

(7)网上促销活动。互联网的最大优势是可以实现沟通双方突破时空限制直接进行交流,而且它简单、高效且费用低廉。互联网是开展促销活动的有效平台,特别是新媒体的迅速发展为网上促销提供了广阔的活动平台。但开展网上促销活动必须遵守网络信息交流与沟通规则,还要遵循网络礼仪。

(8)网络营销管理与控制。网络营销必将遇到许多传统营销不曾遇到的新问题,如网络产品质量保证问题、消费者隐私保护问题,以及信息安全与保护问题等。这些都是在开展网络营销时必须重视和进行有效控制的问题,否则难以达到预期效果,甚至会产生很大的负面效应。

2. 网络营销的职能

为了清晰地了解网络营销体系的框架结构,还需了解网络营销的职能。一般来说,网络营销的基本职能主要表现在以下八个方面。

(1)企业品牌推广。网络营销的重要任务之一就是在互联网上建立并推广企业的品牌。知名企业的线下品牌形象也可以在网上得到延伸,如通过互联网快速树立品牌形象，并提升企业整体形象。网络品牌建设以企业网站建设为基础，通过采取一系列的推广措施，使消费者对企业产生正面的认知和认可。在一定程度上，网络品牌价值甚至高于通过网络获得的直接收益。

（2）信息搜索。网络营销竞争力的强弱可以通过信息搜索功能来反映。企业在营销活动中需要获取各种商业信息，包括价格、对手的发展态势等，这些信息的获取均可以通过多种信息搜索方法来完成。信息搜索已经成为营销主体能动性的一种表现形式及提高网络经营能力的竞争手段。在信息搜索这一职能上，网址推广在几年前被认为是网络营销的主要工作，因为网站所有功能的发挥都要以一定的访问量为基础。

现如今，信息搜索功能已从单一化向集群化、智能化方向发展，这使网络搜索的商业价值得到进一步扩展。例如，消费者在百度上搜索某本图书，链接的不是某个网上商城的首页，而是这本书的综合信息页面，这个页面显示了书的价格、折扣、消费者评分及编辑推荐、图书内容简介等信息。并且，该页面还会显示类似"购买本书的消费者还买过""看过本书的消费者还阅读了"等栏目，向消费者推荐其可能感兴趣的相同类型的其他图书。

（3）信息发布。网站是信息的载体，通过网站发布信息是网络营销的主要方法之一。信息发布也是网络营销的基本功能。无论采用哪种网络营销方式，网络营销的最终目的都是将信息快速、有效地传送给目标人群，包括准消费者和潜在消费者、媒体、合作伙伴、竞争者等。

互联网作为一个开放的信息平台，使网络营销具备了强大的信息发布功能。通过网络发布信息后，企业可以主动进行跟踪，及时获得回复，也可以与消费者进行交互。可见，网络营销环境下的信息发布效果是其他营销方式无法比拟的。

（4）促进销售。与传统营销一样，大部分网络营销方法都与直接或间接促进销售有关。网络营销会极大地增加企业的销售量，提高营销者的获利能力。但促进销售并不限于促进网上销售，事实上，网络营销在很多情况下对促进线下销售也十分有帮助。

（5）拓展销售渠道。互联网使营销信息的传播冲破了传统经济时代交通、资金、语言等因素的限制。一个具备网上交易功能的企业网站本身就是一个网上交易场所，实现了企业销售渠道在网上的延伸。网上销售渠道的建设也不限于企业网站的建立，还包括建立在电子商务平台上的网上商店，以及与其他电子商务网站建立不同形式的合作等。

（6）顾客服务。互联网提供了更加方便的在线顾客服务手段，如形式最简单的常见问题解答（FAQ）、电子邮件、邮件列表，以及在线论坛和各种即时信息服务等。在线顾客服务具有成本低、效率高的优点，在提高顾客服务水平方面有重要作用，也直接影响着网络营销的效果，因此在线顾客服务是网络营销的基本组成内容。

（7）顾客关系。顾客关系对于开发顾客的长期价值具有至关重要的作用，以顾客关系为核心的营销方式已成为企业创造和保持竞争优势的重要策略。网络营销为建立顾客关系、提高顾客满意度和顾客忠诚度提供了更为有效的手段，也为其取得长期效果提供了有力保障。

（8）网络调研。网络市场调研具有周期短、成本低的特点。网络调研不仅为制定网络营销策略提供支持，也是整个市场研究活动的辅助手段之一。合理利用网络市场调研手段对于市场营销策略具有重要价值。网络市场调研与网络营销的其他职能具有同等地位，它既可以依靠其他职能的支持而开展，也可以相对独立地进行，网络调研的结果反过来又可以为其他职能的更好执行提供支持。

网络营销的各个职能之间并非相互独立的，而是相互联系、相互促进的，网络营销的最终效果是各项职能共同作用的结果。网络营销的 8 项职能说明开展网络营销需要通过全面的视角，充分协调和发挥各种职能的作用，使企业的整体效益最大化。

▶▶ 想一想

"网络营销是一种完全脱离传统营销的新营销方式"，这种说法对吗？为什么？

1.1.3 网络营销的流程

网络营销就是指为达到一定营销目标而以互联网为主要手段进行的市场营销活动。从营销的角度来看，营销的主要目的大致为品牌宣传、新产品推广、实现产品直接销售等。互联网营销也是如此，最终目的都是达成销售，从而给企业带来利润。网络营销也是企业整体营销战略的一个重要组成部分，从产品的多方位选择、目标客户群体的圈定、制定相关的规划目标，到选择一种切实可行的推广方式，最终开展网上交易，以达到企业盈利的目的。网络营销在传统营销理论的基础上进行扩展，在线上和线下进行推广销售，其具体流程如下。

1. 计划阶段

计划阶段的任务是确定开展网络营销的目标，制订网络营销的可行性计划，基本步骤如下。

（1）通过确定合理的目标，明确界定网络营销的任务。

（2）根据营销任务，确定营销活动的内容和营销预算。

（3）确定网络营销系统建设的进度，设立相应的监督评估机制。

2. 设计阶段

设计阶段的任务包括建立企业的网站或网页和设计网络营销的具体流程等，基本步骤如下。

（1）申请域名，创建全面反映企业营销活动内容的网站或网页。

（2）与互联网连接，树立企业网上形象。

（3）设计营销过程的具体流程，建立反馈机制。

3. 实施阶段

实施阶段是网络营销的具体开展阶段,具体实施的内容和步骤较多。
(1)发掘网络信息资源,广泛收集来自网络的市场、消费、流行趋势等信息。
(2)开展网上市场调研。
(3)在网上推销产品与服务,促进在线销售。
(4)与客户沟通,通过网络收集客户信息和订单。
(5)将上述信息反馈给企业决策和生产部门。
(6)使网络营销与企业的管理融为一体,形成网络营销集成。

依靠网络与原料商、制造商、消费者建立密切联系,并通过网络收集、传递信息,从而根据消费需求,充分利用网络伙伴的生产能力,实现产品设计、制造及销售服务的全过程,这种模式就是网络营销集成。

上述对网络营销内容和步骤的概括,并不是在每个企业都能实现的。由于技术上的限制和企业应用能力的不同,目前国内大多数企业的网络营销活动还停留在网上的宣传活动。

1.1.4 网络营销与传统营销的关系

网络营销并没有改变营销的本质,传统营销与网络营销实质上是企业整体营销战略的两个组成部分。传统营销依靠传统媒体将产品、服务和企业品牌传播给消费者,网络营销依靠互联网将这些信息传播给消费者,营销手段不同,并且消费者消费行为、习惯的改变,使两者的营销理念、信息沟通模式等产生了一定的差异。但传统营销与网络营销不是相互排斥的,两者只有相互融合,才能更好地实现企业的营销目标。

▶▶ 想一想

与传统营销相比,网络营销的优势体现在哪些方面?

1. 网络营销对传统营销的冲击

网络营销作为一种全新的营销方式,发展速度快、实践性强,特别是在当前信息化、网络化经济社会中,网络营销具有天然的优势。传统营销面临着巨大的冲击,一方面,传统营销活动常用的扩展各种营销渠道、大量的广告投入等被动营销方式并不适合当前的电子商务环境;另一方面,传统营销不仅使营销活动的时间和地域受到限制,还增加了企业的运营成本。

随着电子商务的不断发展,企业和消费者可以通过网络实现多方位、全面的信息交流与共享,消费者的需求与反馈能够被实时接收,实现由消费群体到消费者个人的转变,从而构建了企业与消费者的崭新关系。同时,网络的透明化、信息的充分共享使企业难以通过核心技术或价格来实现盈利。以消费者为主的核心理念才是企业保持竞争优势的制胜法宝。

2. 网络营销与传统营销的区别

网络的特点赋予了网络营销新的特点，使网络营销的基础与传统营销相比有了极大的改变。这两者之间的区别主要体现在营销理念的不同、营销目标的不同、信息沟通模式和内容的不同、营销竞争方式的不同四个方面。

（1）营销理念的不同。传统营销理念，如生产观念、产品观念、推理理念等，主要以企业的利益为中心，未能充分考虑消费者的需求，单纯追求低成本的规模生产，极易导致产销脱节。在网络营销中，企业的营销理念核心是消费者，该理念从消费者的个性和需求出发，寻找企业的产品、服务与消费者需求之间的差异和共同点，并在适当的时候通过改变企业的营销策略来满足消费者的需求。

（2）营销目标的不同。传统营销注重的是企业利润的最大化，而网络营销强调以消费者为中心，以满足消费者需求、为消费者提供更加优质与便利的服务来实现企业价值。

（3）信息沟通模式和内容的不同。传统营销依靠传统媒体（如电视、杂志、广播、传单宣传等）单向传播信息，营销者在与消费者沟通时，倾向于说服消费者接受自己的观念和企业的产品，此时消费者处于被动地位，只能根据企业提供的固定信息来决定购买意向。但网络营销通过微博、微信等新媒体实现了交互式双向信息传播，企业与消费者之间的沟通及时而充分，消费者在信息传播过程中可主动查询自己需要的信息，也可以反馈自己的意见。

（4）营销竞争方式的不同。传统营销是企业在现实空间中与其他企业进行面对面的竞争，而网络营销是企业在网络提供的虚拟空间中与其他企业展开竞争。在网络营销条件下，具有雄厚资金实力的大规模企业不再是唯一的优胜者，所有的企业都站在同一起跑线上，这就使小公司实现全球营销成为可能。

> **素质培养**
>
> 缺乏信任感是网络营销很大的弊端。很多人更倾向于实物，而不是网上的照片，而且买到不满意的产品时存在退货、换货的麻烦，遇到不诚信的企业时还可能会产生交易纠纷。在网络营销中，产品质量需要第三方监督，但这种监督也容易让消费者产生不信任感。让网络营销取得成功、取信于人是众多网络消费平台努力的目标。

3. 网络营销与传统营销的融合

虽然网络营销对传统营销有巨大的影响，但并不等于网络营销可以完全取代传统营销。网络营销与传统营销是互相依赖、互相补充和互相配合的关系，两者充分整合，逐渐走向融合，才是未来市场营销的发展方向。

鉴于网络营销与传统营销的特点，企业在进行营销时，应该根据企业的经营目标和细分市场，整合网络营销和传统营销策略，以低营销成本实现良好的营销效果。同时，企业可以将网络营销作为企业营销策略的一部分，用网络营销的优点来弥补传统营销的不足，使营销策略更加完善，进而实现企业的营销目标。

> **课堂实训**

在网络上收集近两年取得成功的网络营销案例，并选择一个案例进行分析，说明该案例中企业实施网络营销取得成功的原因。

1.2 网络营销战略

相较于传统营销，网络营销提高了企业的营销效率，降低了成本，扩大了市场，给企业带来了经济效益和社会效益。由于全球化、信息化和无纸化的特点，网络营销已经成为营销发展的趋势，是企业战略的重要内容。

> **想一想**

联系实际谈谈我国企业开展网络营销的必要性与可能性。

1.2.1 网络营销战略的概念

网络营销战略是企业市场营销战略的一个子系统，是指企业在现代网络营销理论基础和观念指导下，为实现其营销目标，通过对不断变化的网络市场环境中的营销资源的界定，对配置、构造、调整与协调企业在网络市场的活动的总体和长远设想与规划。网络营销战略具有注重取舍、聚焦效能、强调重大、关注长远的特点。

1.2.2 网络营销战略的目标

网络营销战略的目标是指开展网络营销后预期达到的效果，只有确定了目标，才能对企业的网络营销活动做出及时的评价。企业在开展网络营销时，可根据自身的特点，设定不同的网络营销战略目标。一般来说，网络营销战略目标的类型有以下几种。

（1）销售型目标。销售型目标主要是为企业拓宽销售网络，借助网络的全球性、交互性、实时性和直接性为消费者提供便捷的线上销售点。

（2）服务型目标。服务型目标主要是为消费者提供线上服务。线上服务人员可为消费者提供咨询和售后服务。

（3）品牌型目标。品牌型目标主要是在线上建立企业的品牌形象，加强与消费者的直接联系和沟通，提高消费者的品牌忠诚度，为企业的后续发展打下基础。

（4）提升型目标。提升型目标主要是通过网络营销替代传统营销手段，以降低营销费用、提高营销效率、促进营销管理和提高企业竞争力。

（5）混合型目标。混合型目标是指同时达到上述目标中的两种或两种以上，如亚马逊通过设立网上书店作为其主要线上销售点，同时建立世界著名的网站品牌，并利用各种网络营销方式和手段提高企业竞争力。

1.2.3 网络营销战略的内容

传统的营销战略分析的内容可以归纳为三部分：一是顾客的需要；二是企业的目标与资源的情况；三是竞争对手的情况。结合网络营销的特点，网络营销战略分析的内容主要包括以下三个方面。

1. 顾客关系再造

网络营销能否获得成功，关键在于企业如何跨越时间、空间、文化，发掘顾客、吸引顾客、留住顾客，通过调查了解顾客的愿望，以及提供个性化互动服务再造并维持自身与顾客之间的关系，即企业如何建立并巩固网络顾客的忠诚度。

（1）提供免费信息服务。提供免费信息服务是吸引顾客最直接与最有效的手段。

（2）组建网络社群。网络社群是指由拥有共同爱好和兴趣的成员组成的网络用户中心，可供大家聚集在一起相互交流信息和意见。网络社群既便于企业与顾客进行一对一的交流和沟通，也便于企业为顾客提供大量的信息。

2. 定制化营销

定制化营销是指企业利用网络优势，通过一对一的形式向顾客提供独特化、个性化的商品或服务，以最大限度地满足顾客需求。定制化营销可以提升顾客满意度，培养顾客的忠诚度，提高网络销售效率。

案例 → "血型"餐厅

一家位于印度海得拉巴的餐厅以"血型"为定制化营销方向，根据顾客的血型为其定制相应的健康菜品。在顾客进入该餐厅后，服务员会送上一份特殊的菜单。这份菜单上不仅罗列了各色菜品，还按血型对各种菜式进行分类。同时，该餐厅还在网上大量投放宣传广告，吸引顾客前往。该餐厅在广告中声称：血型不同的人，体质也会有所不同，根据自身血型选择餐厅定制的相应菜品，将会给您的健康带来更多好处。因此，进店消费的顾客往往会根据自身血型选择相应菜品。新顾客会被该餐厅在网上投放的广告吸引，急于品尝适合自己血型的菜品。

3. 建立网络联盟及营销伙伴关系

在网络时代，企业获得竞争优势的关键在于适时获取、分析、运用网络信息，建立网络联盟及营销伙伴关系，充分利用营销伙伴所形成的资源规模化优势。建立网络联盟及营销伙伴关系的具体方式如下。

（1）结成内容共享的伙伴关系。与其他企业结成内容共享的伙伴关系能帮助企业提高其信息可见度，从而向更多网络用户展示自身情况。例如，在网上销售运动自行车的企业与销售运动服装的企业结成伙伴关系，在卖出自行车的同时带动运动服装的销售，可提高彼此商品信息的曝光度。

（2）设置交互链接和搜索引擎注册。交互链接和搜索引擎是企业推动交易的重要形式。企业通过交互链接吸引网络用户，使他们交互链接继续浏览下去，以提高企业信息的可见度。网络环是一种更为结构化的交互链接形式，在环上将一组相关的伙伴网站连在一起，并建立链接关系，可以使访问者通过一条不间断的"链"访问一系列相关网站，从而获得更丰富的信息。

在搜索引擎注册并提交企业网站信息是寻求营销伙伴的重要手段。搜索引擎目录是高权重的分类目录，可以帮助企业建立营销伙伴关系。

▶▶ 想一想

网络营销与传统营销战略分析的内容主要有哪些差别？

1.2.4 网络营销战略的规划

网络营销战略应与企业整体理念和经营目标一致，企业在确定采取网络营销战略后，要根据战略进行相应的规划，包括目标规划、组织规划、管理规划、技术规划等。

（1）目标规划。设置网络营销目标，在确定采用某一战略的同时，识别与之相联系的营销渠道和组织，提出改进目标的方法。

（2）组织规划。企业决定采用某一战略后，其组织结构需要进行相应调整以配合该战略的实施，如增加技术支持部门、数据采集处理部门等。

（3）管理规划。企业实施网络营销组织结构变化后必然要求管理的变化，即企业的管理需要适应网络营销的需要。

（4）技术规划。企业实施网络营销需要更多的技术投入和支持，因此，技术资金投入、系统购买和设备安装，以及营销者培训都应统筹安排。

▶▶ 想一想

上面介绍的各种网络营销战略规划各有何特点？传统零售企业开展网络营销可以选择哪种战略规划？

1.2.5 网络营销战略的实施

网络营销战略的实施应综合考虑企业的规模和整体目标、企业技术支持和应用、企业产品的类型与周期等情况。下面是一种实施网络营销战略的常见思路，可供参考。

1. 确定网络营销组织结构

网络营销工作，一般由专门的部门负责。企业可设立营销部门或工作小组，成员主要包括网络营销者、网站运营人员和网络技术人员。企业即使在开展网络营销的初期想要精简网络营销的组织结构，也应保证网络营销工作由专人负责，因为网络营销工作初期任务繁重且兼职人员难以保证工作质量。

2. 网络营销预算

企业实施网络营销战略需要有前瞻性，要考虑网络营销的成本和收益。因此，企业应对可能的成本投入有所估计。一般来说，网络营销预算主要包括如下项目：营销部门相关人员的工资；计算机、路由器、打印机等硬件设备费用；空间租用、网站建设、网页制作、搭建数据库等软件费用；网费、广告费等其他费用。

3. 构建企业网站

企业网站（包括独立网站和基于第三方平台建立的网站）是网络营销的主要载体，对于企业而言非常重要，网站的好坏会影响网络营销战略的实施效果。网站的功能包括企业管理及文化建设、企业形象展示、合作企业交流、网上销售、消费者服务等。

4. 网站推广

企业网站构建好后即可开始进行网站推广，网站推广的过程实际上也是企业品牌及产品推广的过程。网站推广应考虑的因素主要包括明确企业产品的目标消费群体；分析企业产品的使用者、购买者及购买决策者各有何特点（如年龄、收入水平、受教育程度），他们的上网习惯如何（如感兴趣的内容、常用的购物平台、上网时间）；应该向哪些消费者做网站推广；采用哪种或哪几种推广方式进行网站推广的效果更好；分析竞争对手采用的推广方式及推广效果；如何降低推广成本。

可选择的推广方式包括网站链接交换；搜索引擎收录和竞价广告投放；其他平台的广告投放；通过微博、微信等新媒体进行推广；在公司名片等对外资料中标明网址；通过宣传单、广播、报纸等传统媒体进行推广。

5. 评估网络营销效果

企业进行网站推广后，其网络营销工作完成了一个阶段，此时，企业可通过该阶段消费者的信息反馈，对网络营销效果进行初步评估。评估内容包括企业网站建设是否成功、功能是否完善；网站推广是否有效；网上消费者参与度如何；潜在消费者及现有消费者对企业网上营销的接受程度如何；企业各部门对网络营销的配合是否高效；等等。

网络营销评估指标包括网站访问量、访问者地区分布、访问者访问频率与访问时长、访问者反馈的信息内容、购买转化率等。

6. 网络营销的全面实施

初步评估网络营销效果后,企业可改进推广策略并逐步全面实施网络营销。其工作内容包括潜在消费者、经销商与竞争对手的市场调查及管理;面向开发人员的技术交流;面向消费者提供网上咨询与消费者服务;利用企业现有条件和资源策划系列营销活动等。

> **小提示**
>
> 综合评价网络营销战略实施,应考虑三个方面的问题:一是成本效益问题,成本应小于预期收益;二是该战略能带来多大的市场机会;三是企业的组织结构、文化及管理方式能否适应该战略带来的转变。

课堂实训

在多个招聘网站中搜索"网络营销"职位,通过对比分析,总结网络营销者的应聘要求。

1.3 网络营销策略

网络营销策略是指开展网络营销的企业为实现营销目标而对企业内部要素(包括生产要素、经营要素等可控要素)进行的综合把握和利用,一般包括产品策略、价格策略、渠道策略和促销策略。

1.3.1 网络营销产品策略

1. 网络营销中的产品

网络营销中的产品主要包括实体产品和虚拟产品两种类型。

(1)实体产品。实体产品是指具有物理形态的、人们可以通过视觉和触觉感觉到的产品。网络营销是市场营销方式的一种,从理论上来说,任何一种实体产品都可以通过网络进行交易,但在实践中,仍有少数产品因物流成本太高等问题而不适合在网络上销售。

(2)虚拟产品。虚拟产品一般是无形的,即使表现出一定形态也是通过其载体表现出来的。例如,计算机软件的实质是存储在磁盘上的有规则的数字编码,磁盘是软件的载体。在网络上销售的虚拟产品分为软件和服务两大类,如各种软件、视听产品、电子书籍、在线培训课程、网络游戏等。相较于实体产品,虚拟产品更适合在网络上销售。

2. 网络营销产品的特性

（1）产品性质。在电子商务发展的早期，线上销售的产品大多是虚拟产品、图书、电子产品等。后来，随着网络技术、安全技术、物流技术等的发展以及人们消费观念的改变，一些最初人们认为不适合在线上销售的产品，如汽车、地产、生鲜、冷食等均实现了在线销售。尤其是当前O2O模式的兴起，打通了线上与线下的渠道，大幅扩展了网络营销产品的范围。但网络营销产品还是会受到自身属性的一些影响。一般来说，标准化的产品、易于保存和运输的产品、数字化的产品、远程服务等尤为适合在线上销售。

（2）产品质量。线上购物使消费者在购买时无法亲身体验产品而只能依靠商家提供的文字、图片、视频等介绍选择产品，无法做到"眼见为实"。因此，在网络世界里，要想取得消费者的信赖，商家所售的产品质量必须得到保障，必须经得起考验。因为网络具有的特性，一旦产品质量失信于消费者，商家的"恶名"就会广为传播，这些商家也必将被消费者抛弃。

3. 网络营销产品策略的内容

企业的营销活动以满足消费者的需求为中心，而需求的满足只能通过提供某种产品（或服务）来实现。因此，产品是企业开展营销活动的基础，产品策略的好坏直接影响和决定企业营销活动的成败。网络营销产品策略主要包括新产品开发策略、产品生命周期策略、产品组合策略、品牌策略等。

网络营销的产品策略与传统营销的产品策略所应用的基本理论是一致的，二者的不同之处在于网络营销的产品策略中融入了互联网思维。例如，在新产品研发过程中，企业可以充分利用网络平台的互动性，倾听消费者的心声，甚至可以邀请消费者共同参与产品的研发、设计。此外，在电子商务时代，产品的生命周期更短，更新换代的速度更快，这就对企业制定网络营销产品策略提出了新的挑战。

▶▶ 想一想

结合实际品牌案例，试讨论网络营销产品的特性。

_____

_____

1.3.2 网络营销价格策略

1. 网络营销的产品价格特征

与传统营销的产品价格相比，网络营销的产品价格具有以下特征。

（1）低价位。网络经济是直接经济，因为减少了交易的中间环节，所以能够降低线上销售产品的价格。另外，由于网络信息的共享性和透明性，消费者可以方便地获得产品的价格信息，这要求企业以尽可能低的价格向消费者提供产品或服务。如果产品的定价过高或降价空间有限，那么该产品则不太适合在线上销售。

（2）消费者主导定价。消费者主导定价是指消费者通过充分的市场信息来选择购买或定制令自己满意的产品或服务，同时以最小代价（产品价格、购买费用等）获得这些产品或服务。在网络营销过程中，消费者可以利用网络的互动性与商家就产品的价格进行协商，这使消费者主导定价成为可能。

（3）价格透明化。在网上，产品的价格是完全透明的。网络消费者足不出户，通过轻点鼠标就可以查询同一产品的报价信息。如果商家的定价过高，产品将很难销售出去。

2. 网络营销的定价策略

（1）免费定价策略。面对浩瀚的网络信息海洋，消费者的注意力无疑是最稀缺的资源。因此，经济学家提出了"注意力经济""眼球经济"的概念。很显然，免费是吸引消费者"注意力"或"眼球"的一大利器。

免费定价是指企业以零价格的形式将产品（服务）的全部或部分提供给消费者使用的定价方式。免费定价策略主要有四种形式：完全免费、限制免费（一定时间内或一定次数内免费提供产品，如网络杀毒服务）、部分免费（部分内容免费，部分内容收费，如研究报告的数据）和捆绑式免费（在购买产品后，其附属的一些东西免费，如正版软件附带的小软件）。从成本的角度分析，免费定价策略适用于复制成本几乎为零的数字化产品和无形产品。

（2）新产品定价策略。新产品定价策略关系到新产品能否顺利地进入市场、能否在市场上立足，以及能否为目标消费者所接受和认可等。所以，企业制定合理的新产品定价策略至关重要。在网络营销实践中，可供选择的新产品定价策略主要有撇脂定价策略、渗透定价策略和满意定价策略。

（3）折扣定价策略。折扣定价策略是指企业对现行定价做出一定的调整，直接或间接地降低价格，以争取消费者，增加销量。折扣定价策略可采取数量折扣、现金折扣、季节折扣、功能折扣和时段折扣等多种形式，实质是一种渗透定价策略。

（4）差别定价策略。差别定价策略是指企业根据消费者、销售区域等方面的差异，对同一种产品或服务设置不同的价格，以达到获取最大利润的目的。

（5）拍卖定价策略。拍卖定价策略是指网络服务商利用互联网技术平台，让产品所有者或某些权益所有人在其平台上开展以竞价、议价为主要方式的在线交易。实施拍卖定价策略具有一定的风险，因为这样做有可能破坏企业原有的营销渠道和定价策略。通常比较适合采用拍卖定价策略的是企业的库存产品或二手产品。当然，如果企业希望通过拍卖展示来吸引消费者的注意力，这种定价策略也适用于部分新产品。

（6）定制定价策略。定制定价策略是指企业为所生产的消费者定制的产品定价。采用这种定价策略时，每一个产品的价格会因消费者的独特需求而不同。例如，计算机组装企业完全根据消费者指定的配置来提供产品，所以每台计算机的价格自然是由配置的好坏来决定的。

（7）使用定价策略。所谓使用定价策略，是指消费者只需根据使用次数付费，而不需要购买产品。企业采取这种定价策略有助于吸引消费者使用产品，扩大市场份额。使用定价策略比较适合虚拟产品，如计算机软件、音乐、电影、电子出版物和游戏等。

（8）品牌定价策略。品牌是影响产品定价的重要因素，产品如果具有良好的品牌形象，就可以定较高的价格。例如，名牌产品采用"优质高价"的策略，既增加了盈利，又让消费者在心理上获得了极大的满足感。

▶▶ 想一想

结合实际品牌案例，试讨论网络营销的定价策略。

1.3.3 网络营销渠道策略

1. 网络营销渠道概述

营销渠道是指产品从商家交换至消费者的通道。对于开展网络营销的企业来说，熟悉网络营销渠道的结构，掌握不同网络营销渠道的特点，合理地选择网络营销渠道，无疑会促进产品的销售。

网络营销渠道是通过互联网的作用，与公司外部关联的、达到公司分销目的的经营组织。首先，"外部"意味着网络营销渠道存在于公司的外部。换言之，它不是公司组织内部机构的一部分。其次，关联组织是指那些将产品或服务从厂商传递到最终消费者，并涉及转让职能的企业各组织和个人。最后，通过互联网的作用及产品的传送而达到分销目标。

网络营销既可利用直接渠道，也可利用间接渠道，两者各有利弊。

2. 网络直接渠道

网络直接渠道又称网络直销，是指开展网络营销的企业不经过任何中间商而直接通过网络将产品销售给消费者的营销模式。

网络直接渠道的优点：①降低产品售价。由于没有中间商赚差价，网络直销可以有效地降低交易费用，从而为企业降低产品售价提供保障。②及时获取消费者的反馈信息。开展网络直销的企业可以通过网络及时了解消费者对产品的意见和建议，并可针对这些意见和建议提高产品质量和服务水平。

网络直接渠道的缺点：网络直接渠道的缺点主要在于由于自身能力所限，企业很难建立被众多消费者关注的销售平台，因而产品销量有限。当前我国企业自建的销售平台不计其数，然而除个别行业和部分企业自建的销售平台外，大部分自建销售平台的访问者寥寥无几，营销效果平平。

3. 网络间接渠道

网络间接渠道又称网络间接销售，是指开展网络营销的企业通过网络中间商将产品销售给消费者的营销模式。

网络间接渠道的优点：①可以利用网络中间商的强大分销能力迅速覆盖市场并提高销量。②提高交易的成功率。网络产品交易中介机构的规范化运作可以降低交易过程中的不确定性，从而提高交易的成功率。

网络间接渠道的缺点：网络间接渠道的缺点也很明显，如企业容易受制于中间商；市场反馈信息不如直接渠道通畅；中间商的存在提高了产品的售价，使产品缺乏竞争力等。

1.3.4 网络营销促销策略

1. 网络营销促销的概念

促销是企业为了激发消费者的购买欲望、影响他们的消费行为、促进产品销售而进行的一系列宣传报道、说服、激励、联络等促进性工作。企业的促销策略实际上是对各种不同的促销活动的有机组合。与传统促销方式相比，基于国际互联网的网络促销有了新的含义和形式，它是指利用现代化的网络技术向虚拟市场传递有关产品和服务的信息，以激发消费者的需求，引起消费者的购买欲望和购买行为的各种活动。

2. 网络营销促销的特点

（1）虚拟性。在网络环境中，消费者的消费行为和消费观念都发生了巨大的变化。因此，开展网络营销的企业必须突破传统实体市场和物理时空的局限，采用全新的思维方法，调整自己的促销策略和实施方案。

（2）全球性。虚拟市场的出现将所有的企业（无论规模大小）都推向了全球市场。传统的区域性市场正在被逐步打破，因此，开展网络促销的企业面对的将是一个全球化的大市场。

（3）发展变化性。这种建立在计算机与现代通信技术基础上的促销方式还将随着这些技术的不断发展而发生变化。

3. 网络营销促销的方式

传统促销的方式主要包括广告、公共关系、人员推销和营业推广四种。与之对应，网络营销促销的方式主要也有四种，分别是网络广告、网络公共关系、网络关系营销和网络营业推广。

（1）网络广告。网络广告促销是指开展网络营销的企业借助网络广告的形式，如网页广告、电子邮件广告、新媒体广告等开展的促销活动。网络广告既具有传统广告的优点，又具有后者无法比拟的实时性、交互性等优势，是企业开展网络促销的主要方式之一。

（2）网络公共关系。网络公共关系是一种以互联网为传播媒介，依托互联网为企业营造良好的组织形象，塑造有利的内外部环境的新型公关方式。网络公共关系在功能上与传统公共关系并没有太大差异，但网络公共关系主要利用互联网进行公关活动，因此具有更强的开放性和互动性。网络公共关系的这种特性使企业可以摆脱传统新闻媒介的局限性，在利用新闻媒介方面的主动性得到增强。例如，星巴克曾经就借助网络媒体迅速平息了一起谣言风波。这场风波为星巴克带来了一次"躺枪"的"公关危机"，这场危机是由一篇名为"震惊！星巴克最大丑闻曝光，全球媒体刷屏！我们喝进嘴里的咖啡，竟然都是这种东西……"的文章引起的。为增强"星巴克致癌"的可信度，该文章还引用了美国一家法院的判决——要求星巴克在所售咖啡的外包装上标上"有毒"提醒。很快，舆论沸腾了，网上陆续出现"据说星巴克致癌"的消息。然而在短短两天时间内，星巴克公关部就利用网络媒体巧妙地澄清事实，化解危机。星巴克首先举报造谣的微信账号，再邀请权威账号"丁香医生"进行辟谣，然后积极回应媒体，针对刷屏文章提到的"法院判决"，附上全美咖啡行业协会的相关公告图，顺便给公众做了一次关于"咖啡到底健康不健康"常识的科普。

（3）网络关系营销。网络关系营销与传统促销中的人员推销相对应。人员推销是指企业销售人员与潜在消费者直接接触，帮助和说服消费者购买某种产品或服务的过程。人员推销是一种独特的促销方式，它具备许多区别于其他促销方式的特点，可实现许多其他促销方式所无法实现的目标。对于某些产品或服务来说，人员推销的效果是极其显著的，如工业品、原材料、保险产品等的销售就主要采用人员推销的方式。但网络营销促销是在虚拟的网络市场中进行的，企业销售人员与消费者不会直接接触，人员推销这种促销方式被网络关系营销所取代。网络关系营销的核心是建立和发展与企业目标消费者的良好关系，以提高消费者忠诚度，从而实现企业的营销目标。利用网络关系营销开展促销活动具有成本低、针对性强、亲和力强、信息反馈及时等优点，因而这种促销方式被越来越多的企业所重视。

（4）网络营业推广。网络营业推广又称网络销售促进，是开展网络营销的企业在某一段时间内采用特殊的营销手段对消费者进行强烈的刺激，以促进产品销量迅速增长的一种策略。网络营业推广以强烈的呈现方式和特殊的优惠手段为特征，给消费者不同寻常的刺激，从而激发他们的购买欲望。针对消费者常见的网络营业推广方式包括赠送促销、折扣促销、优惠券促销、积分促销、网络会员促销、网络抽奖促销等。

因资源所限，网络营业推广不能作为企业的经常性促销手段来使用。但在某一特定时期内，如在一年一度的"双十一"购物节期间，大多数电商企业会积极采取这种促销手段，以求取得良好的促销效果。

课堂实训

通过网络搜索，列出至少五个目前常用的网站推广的方法，并说明各推广方法的特点。

项目实训

1. 实训目的

通过实训进行网络信息搜索与购物体验,初步掌握通过互联网进行信息分析的能力。

2. 实训内容

(1)搜索"网络营销",分析和总结网络营销的发展情况。
(2)在淘宝网中体验购物流程,分析和总结商家推广产品的要点。

3. 实训要求

请以小组为单位,基于此前的学习,从专业的角度进行分析,并撰写一份不少于500字的分析报告。

复盘反思

经过本项目的实施和相关知识点的学习,对比自己总结的内容与知识讲解部分的内容是否契合,并填写表1-2,完成项目评测,进行复盘反思。

表1-2 本项目复盘反思表

姓名		班级	
学号		日期	
知识盘点	通过对本项目的学习,你掌握了哪些知识? 请画出思维导图:		
任务自评	□优秀	优秀之处:	
	□良好	待改进之处:	
	□较差	不足之处:	
任务完成情况	□熟练掌握,可综合运用	□有所了解,可总结知识点	

项目评价

经过本项目的分组实训演练,按实训项目评价指标进行学生自评与小组成员互评(按优秀为 5 分、好为 4 分、一般为 3 分、合格为 2 分、不合格为 1 分五个等级评价),并填写表 1-3,完成实训项目评测,最后教师给出综合评价。

表 1-3 本项目综合评价表

	评 价 指 标	得分
自评	团队合作精神和协作能力:能与小组成员合作完成项目	
	交流沟通能力:能良好表达自己的观点,善于倾听他人的观点	
	信息素养和学习能力:善于收集整合资源,借鉴优秀思考方向	
	独立思考和创新能力:能提出新的想法、建议和策略	
组员 1 评价	团队合作精神和协作能力:能与小组成员合作完成项目	
	交流沟通能力:能良好表达自己的观点,善于倾听他人的观点	
	信息素养和学习能力:善于收集整合资源,借鉴优秀思考方向	
	独立思考和创新能力:能提出新的想法、建议和策略	
组员 2 评价	团队合作精神和协作能力:能与小组成员合作完成项目	
	交流沟通能力:能良好表达自己的观点,善于倾听他人的观点	
	信息素养和学习能力:善于收集整合资源,借鉴优秀思考方向	
	独立思考和创新能力:能提出新的想法、建议和策略	
组员 3 评价	团队合作精神和协作能力:能与小组成员合作完成项目	
	交流沟通能力:能良好表达自己的观点,善于倾听他人的观点	
	信息素养和学习能力:善于收集整合资源,借鉴优秀思考方向	
	独立思考和创新能力:能提出新的想法、建议和策略	
教师综合评价	优秀之处	
	不足之处	

项目 2
网络营销环境与网络市场调研

 学习目标

知识目标	• 了解网络营销环境分析的内容 • 掌握网络营销调查的对象、步骤和方法 • 熟悉网络营销调查策略
能力目标	运用网络营销环境与网络市场调研的相关知识分析问题、解决问题
素养目标	培养网络营销人员的专业素养及法律素养

 学习计划表

根据表 2-1，对本项目的学习进行合理规划。

表 2-1 本项目学习计划表

项 目		网络营销环境认知	网络市场调研
课前预习	预习时间		
	预习结果	1. 难易程度 □偏易（即读即懂） □适中（需要思考） □偏难（需查资料） □难（不易理解） 2. 问题总结	
课后复习	复习时间		
	复习结果	1. 掌握程度 □精通 □掌握 □熟悉 □了解 2. 疑点、难点归纳	

 **项目导读**

　　网络营销的发展受客观环境影响，而客观环境又推动了网络营销的发展。新形势下的网络营销更加智能化和技术化，销售渠道更加多元化，营销方式更加多样化。同时，更多的企业加入了互联网行业。立足于网络营销的创新，网络用户也大量增加。这些良好的外部环境和客观条件让网络营销占尽天时、地利和人和。

 项目讲解

2.1 网络营销环境认知

网络营销环境是指影响企业生存与发展的，直接或间接与企业网络营销活动有关联的因素的总和。一般来说，可将网络营销环境分为网络营销宏观环境与网络营销微观环境两个层面。

▶▶ 想一想

企业在分析网络营销环境时要综合考虑哪些方面的问题？

2.1.1 网络营销宏观环境分析

宏观环境是企业不可控制的因素，它们从不同方面影响和制约着企业的网络营销活动。企业通过分析宏观环境对企业网络营销的影响，能更好地适应网络营销宏观环境。具体来讲，网络营销宏观环境包括政治环境、法律环境、经济环境、社会文化环境、科学技术环境和人口环境等。

1. 政治环境

政治环境是指对企业网络营销活动有一定影响的各种政治因素的总和，主要包括当地（国家或地区）的政治制度、政治形势、相关法规政策等因素。在分析政治环境时，企业应关注对自身网络营销策略的执行造成影响的因素，如税收政策、对外贸易政策、价格管制等。

2. 法律环境

企业开展网络营销活动，需要了解国家或地方政府颁布的相关法律、法规，尤其是《中华人民共和国商标法》《中华人民共和国专利法》《中华人民共和国广告法》《中华人民共和国环境保护法》等与经济相关的法律法规。法律法规的影响在于规定了企业能做什么、不能做什么，从而影响企业的战略选

素质培养

企业在营销活动中，必须遵守我国的各项法律法规。同时，随着经济全球化和我国经济的快速增长，我国很多企业正在"走出去"，在国际上的影响力日益增大。因此，企业面向国际市场时，必须了解并遵循出口国政府颁布的有关经营、贸易、投资等方面的法律法规，如进口限制、税收管制及有关外汇管理制度等，树立企业的正面形象。

择。例如，2019年1月1日我国正式施行的《中华人民共和国电子商务法》规定："电子商务经营者不得以虚构交易、编造用户评价等方式进行虚假或者引人误解的商业宣传，欺骗、误导消费者。"企业不能开展上述法律规定禁止的活动。

3. 经济环境

经济环境是指企业面临的社会经济条件及其运行状况，是制约企业生存和发展的重要因素。经济环境对网络营销市场具有广泛而直接的影响，宏观经济直接制约社会购买力，影响消费者的收入水平和市场价格。开展网络营销活动时，企业需要支撑活动开展的经济环境，重点分析当地的经济发展状况、居民购买力水平、对外贸易状况等。例如，目标市场为俄罗斯的跨境电商企业在开展网络营销时，应该分析俄罗斯的国内生产总值、对外贸易总值的增长趋势和增速、居民收入水平等。

4. 社会文化环境

社会文化环境在很大程度上决定着消费者的购买行为，影响着消费者购买商品的动机、方式和地点，从而对企业的网络营销活动产生一定的影响。因此，企业需要对所处市场的社会文化环境进行分析，具体内容包括消费者的文化素养、受教育程度、民族与宗教状况、风俗习惯及价值观念等，不同文化程度的消费者具有不同的消费观念和消费结构。

5. 科学技术环境

科学技术的发展使商品的市场生命周期迅速缩短，新工艺、新材料、新能源、新方法的出现，可能给某些企业带来新的市场机会，也可能给某些企业带来威胁。科学技术环境分析主要是针对行业技术发展趋势和新产品开发动向进行的，这就要求企业密切注意新的科学技术，并思考其对企业自身的影响，以及相应的营销策略。

6. 人口环境

人口的数量、分布情况（如年龄、性别、职业、文化程度、地区分布）及其变化趋势都会对网络营销产生影响。企业应多收集资料（如调研机构发布的网络消费者报告等），分析网络消费者的变化趋势和分布情况对企业的影响。例如，埃森哲发布的《2022中国消费者洞察》研究报告显示：下沉市场消费者在消费行为上呈现出了显著的代际差异。以30岁为分水岭，下沉市场消费者的行为特点呈现出转折，30~40岁人群是下沉市场消费购买力升级的主要突破口。综合商品品类分析，下沉市场消费者更倾向于在线购买服饰鞋帽、3C数码，以及美妆护肤等产品，这些品类也是下沉市场消费升级的主力品类。同时，短视频在下沉市场普及度极高。社交媒体对下沉市场消费者的心智影响与日俱增，如何发挥线上渠道的触达优势，建立符合用户价值观的产品认知，是制胜下沉市场的营销关键所在。

▶▶ **想一想**

当一个品牌进入国外市场时,应分析其在社会文化方面的哪些影响因素?

_____

_____

2.1.2 网络营销微观环境分析

网络营销微观环境又称行业环境,是与企业网络营销活动联系比较密切的行业包括企业、供应商、营销中介、竞争者等企业开展网络营销的过程中的上下游组织机构。

1. 企业

企业制定网络营销策略不仅需要洞察外部环境和条件,还需要内部的合作和支持。无论是企业最高管理层、财务部门、研究与开发部门、采购部门、生产部门、销售部门,还是专门的营销部门,都应该密切配合、协调合作,保证企业营销活动的顺利开展。此外,企业最高管理层对网络营销的认知态度也是影响企业内部环境的主要因素,也将对企业网络营销活动的具体开展产生直接影响。

2. 供应商

供应商是指向企业及其竞争对手提供生产经营所需原料、设备、能源、资金、劳务等生产资源的企业或个人。企业与供应商的关系既受宏观环境的影响,又受微观经济的影响,供应商提供的生产资料成本直接影响企业的生产成本,同时供应商的供货质量、稳定程度和速度等也直接影响企业的网络营销。

3. 营销中介

营销中介是协助企业促销和分销其产品给最终购买者的企业或个人,经销商、经纪人、代理商以及仓储、运输、银行、保险、网络服务机构等服务商均属于营销中介。网上销售不仅使企业间、行业间的分工模糊化,随着更多新业务方式的出现,也促进了网络营销过程中各种中介机构的产生和发展。对于大部分企业而言,中介服务能力越强,业务分布越广泛,企业对宏观网络营销环境的适用性就越强。

▶▶ **想一想**

在网络市场中如何识别和确认企业的竞争对手?

_____

_____

4. 竞争者

竞争是商品经济活动的必然规律，在互联网经济大趋势的刺激下，越来越多的企业加入网络营销的队伍。在网络环境中，竞争者的优缺点都可以通过网络呈现出来。随着相似业务出现的数量越来越多，企业之间不可避免地形成了竞争之势。竞争可以促使企业改善自身的不足，在开展网络营销活动的过程中，要学会识别和确认竞争者，分析竞争者的目标和策略，分析竞争者的资源、团队、能力和反应模式。

案例 ▶ 龙门旅游

这是国内第一个"旅游景点+互联网"的案例。龙门石窟是国家5A级旅游景区，依托腾讯丰富的用户资源、成熟的云计算能力和微信、QQ等社交平台产品，充分整合双方的优势资源，把腾讯的互联网技术及资源与龙门石窟产业有机连接起来，以"互联网+"解决方案为具体结合点，让"互联网+"成为保护、传承历史文化的新动力。

▶▶ 想一想

传统企业进行网络营销的过程中，影响其顺利转型的微观环境主要有哪些？为什么会产生影响？

课堂实训

选择一个企业，分析该企业面临的网络营销环境，并对该企业的网络营销策略提出可行的建议。

2.2　网络市场调研

市场调研是市场研究的重要方法，是企业营销决策中一项经常性的工作，是企业正确制定营销战略与策略的基础。网络技术的运用使市场调研的内容、方法、成本等方面出现不同于传统调研的特点，推动着市场调研的纵深发展。

▶▶ 想一想

联系实际谈谈你对网络市场调研的认识。

2.2.1 网络市场调研的概念

网络市场调研是网络营销企业运用互联网和网络技术、数字技术对当前所需市场信息进行收集、整理、分析研究，并生成具有指导意义的研究结论的一种把握市场的方法。与传统市场调研一样，网络市场调研也是针对一定阶段、一定区域内市场竞争状况、产品特色、顾客需求及购买行为变化、目前营销策略效果、未来市场的机会和成长潜力等一系列问题的调查和分析研究。但是在网络环境中，信息获取和传递具有快速、开放、高效及用户参与度高的特点，网络市场调研要比传统方式更快捷和有效。

2.2.2 网络市场调研的对象与内容

1. 网络市场调研的对象

网络市场不同，面对的消费群体不同，调研的对象也不同。网络市场调研对象主要包括企业产品与服务的消费者、企业的竞争者、企业的合作者及行业内的中立者等。

（1）企业产品与服务的消费者。部分消费者在购物前，总是倾向于先在网上了解自己所需产品的信息。他们会通过搜索引擎搜索产品信息、企业信息，了解产品的性价比、售后服务、支付方式及配送方式。企业应利用网络全程跟踪消费者的购买行为，调研消费者的购买意向，鼓励消费者对自身产品或服务提出意见和建议，并分类整理以备后期参考。

（2）企业的竞争者。在网络营销环境下，企业的竞争威胁主要来自上下游相关企业、竞争者、潜在进入者、替代商品和网上购买者五个方面，分析其带来的营销威胁对企业分析行业环境及调整网络营销策略有重要影响。企业应及时就行业内相关企业的新营销动向、产品生产及高层人员变动等信息，通过竞争者的网站、企业客户的对比反馈、竞争者的展会及其在公共部门发布的企业信息等各种渠道有甄别地收集数据及资料，分析其对自身的威胁与带来的机会，作为制定新网络营销策略的依据。

（3）企业的合作者及行业内的中立者。企业的合作伙伴或供应商、第三方代理及与企业利益无关的中立者提供的某些行业评估信息及与企业相关的信息，也能给企业制定网络营销策略带来极有价值的信息数据，因而值得企业关注。如阿里巴巴发布的行业内有关产品的品种和销售额的统计报告，对企业制定网络营销策略具有参考价值。

2. 网络市场调研的内容

网络市场调研能使企业尽早掌握目标消费者的最新需求、目标市场的变动情况和行业竞争状况，为制定网络营销决策提供依据。网络市场调研的主要内容如下。

（1）把握企业外部环境。企业利用 SWOT 或 PEST 分析法对自身所处营销环境进行分析后,必须针对足以影响企业营销布局的主要因素展开调研。除了要对竞争者、消费信息及消费评价信息进行调研外,企业还要对宏观环境信息,特别是一些能够给企业带来商机的具有导向性的政策信息进行充分调研。

(2)分析消费需求及目标市场。消费者的需求特征,尤其是需求的变化趋势,是网络市场调研的重要内容。开展网络市场调研,可以了解消费者的需求状况,把握需求的变化趋势,同时也可以识别消费者的个人特征。消费者的个人特征信息为消费需求分析提供了控制变量,但在这一过程中应注意保护消费者的个人隐私。

目标市场分析主要是对市场容量、商品供求形势、市场占有率、市场增长潜力、开拓市场的障碍、竞争格局等内容进行分析,作为进入新的网络市场和深耕现有网络市场的决策依据。

(3)掌握企业产品和服务相关信息。企业在将新设计的产品和新推出的服务投放市场之前,必须了解其产品或服务对消费者需求的满足程度及存在的不足。同时也要了解消费者对企业已有产品或服务的消费体验和满意程度,进而找出产品或服务的不足及核心竞争力所在。

(4)了解竞争对手及行业竞争状况。企业在调研时,首先,必须明确谁是自己的主要竞争对手;其次,必须对竞争对手进行全方位分析,如收集和分析竞争对手的市场占有率、实力、竞争策略、广告手段、网络营销战略定位、发展潜力等信息。企业可针对行业内的领军企业和成长迅速的企业,通过它们的自有媒体、相关第三方的自有媒体、社交媒体、在线评论等途径进行重点调研。

(5)分析企业形象。一方面,企业可以全面了解企业网站、博客、微博、微信公众号、小程序等自有媒体的访问者的相关信息,重点调研访问者的个性化需求、爱好、文化层次、收入状况、婚育状况、年龄及性别等,为自身开展有针对性的网络营销活动积累资源;另一方面,企业可以了解自身在消费者心目中的形象,确定在一定时期内企业及其自有媒体的价值水平,为企业新形象的宣传及其自有媒体的优化提供意见。

▶▶ 想一想

如何通过网络市场调研获得企业形象信息?

2.2.3 网络市场调研的过程

与传统市场调研一样,企业从事网络市场调研也有规范的程序,以提高调研结果的客观公正性,保证调研结果的质量。网络市场调研步骤如图2-1所示。

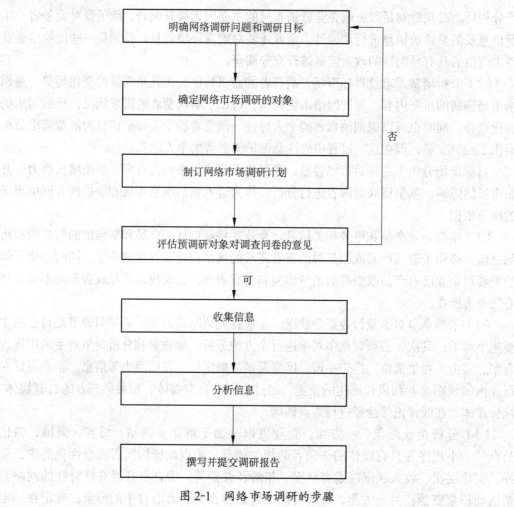

图 2-1　网络市场调研的步骤

1. 明确网络调研问题和调研目标

企业进行网络市场调研,首先需要明确所要调研的问题,并确定调研目标。企业在不同的发展时期和不同的环境下,需要就不同的问题进行调研。如企业需要了解自身发展情况及竞争实力状况时,调研问题应为有关企业知名度的问题和产品品牌、产品满意度及品牌形象方面的问题;企业在新产品开发及上市阶段时,调研问题应为顾客的满意程度和市场潜力问题;企业需要进行营销策略调整时,调研问题应为行业环境的变化问题。明确了调研问题后,企业应进一步明确调研目标,从而为调研问题的解决提供充分的数据支持。

2. 确定网络市场调研的对象

确定市场调研对象时,企业应根据自身市场的实际情况,选择针对企业的产品消费者、竞争者、企业的合作者及行业中的中立者展开调查,尽可能兼顾各方面信息,特别是竞争对手的变动信息,要全面关注并注意甄别。

3. 制订网络市场调研计划

在调研目标和对象确定后，企业应针对信息源、调查方法、调查手段、抽样方案和联系方法等方面制订有效的调研计划。

（1）信息源。企业在收集信息时，首先要明确是针对原始信息进行一手资料收集，还是针对加工过的信息进行二手资料收集，或者两种信息一起收集。接着通过搜索引擎、企业网站、问卷调查平台或第三方交易网站进行有选择性的数据和信息收集。

（2）调查方法。企业在选择网络市场调研方法时，既要注意遵守相关的调查礼仪和网络规范，又要从自身的实际目标需要出发，做出合理的选择。网上可用的调查方法有借助新闻组、邮件列表、讨论组和有关的网络论坛等进行的专题讨论调查法；向电子邮件、企业网站、问卷调查平台分送或上传问卷的问卷调查法；还有通过对预先选择的多个可比调查组进行方案单列，并观察其在变量改变时所产生的统计上的变化特征的实验法；等等。

（3）调查手段。企业进行市场调查的手段既可以是通过在线问卷进行调研，还可以是通过交互式计算机辅助电话访谈系统和网络调研软件系统两种软件系统结合进行调研。

（4）抽样方案。抽样方案主要确定抽样单位、抽样规模及抽样方法。确定抽样单位即确定抽样的目标总体。抽样规模的大小影响调查结果的可靠性。抽样方法包括概率抽样和非概率抽样两类方法，在调查成本和调查时间允许的情况下，应尽可能采用概率抽样，这样能使调查得到有代表性的样品，调查结果的可信度比较高。

（5）联系方法。联系方法是指接触到调查对象的各种形式，如利用网站、博客、微博、微信、电子公告牌、电子邮件、网络社区等接触到调查对象。

4. 评估预调研对象对调查问卷的意见

企业设计出调查问卷后，应进行预调查。参与预调查的用户会对相关问题发表自己的意见，并对偏颇和不足之处提出修改建议，企业应及时对这些意见进行评估，并调整问卷。预调查可以反复进行多次，直至问卷没有问题时，即可进行正式调查。

5. 收集信息

利用互联网收集信息的便捷性，企业直接进行问卷投放和收集存储调查数据即可。在调查过程中，企业一方面收集通过电子邮件等直接发送的问卷的回馈信息；另一方面收集问卷的各种链接的调查信息，其中也包括在企业网站进行的在线问卷调查。

6. 分析信息

收集完信息后，接着围绕调查目标对相关信息进行加工提炼。企业在数据加工时可以借助数据分析技术，如综合指标技术、动态分析技术、概括技术等，通常使用的统计分析软件有 SPSS、AMOS 或 SAS。另外还需要相关的网络市场调研人员具备较高的数据分析能力才能保证分析结果的质量。

7. 撰写并提交调研报告

撰写调研报告是整个调研活动的最后阶段，调研人员利用科学的统计技术和分析方法，把整理后的调查结果和结论以正规的调查报告形式提交给使用信息的部门。报告内容应易于理解，作为营销决策的依据。

调研报告一般包括标题、摘要、目录或索引、正文、结语、附录等部分。

（1）标题。标题是对调研报告本质内容的高度概括。一个好的调研报告标题，不仅能直接反映报告的核心思想和基本内容，还能引发读者强烈的阅读欲望。所以，标题要开宗明义，做到直接、确切、精练。

（2）摘要。摘要是对本次网络营销调研活动情况的简明扼要的说明，主要用高度概括的语言介绍此次调研的背景、目的、意义、内容、方法和结论等。

（3）目录或索引。如果调研报告的内容较丰富，篇幅较大，从方便读者的角度出发，应当使用报告目录或索引，将报告的主要章、节及附录资料的标题列于报告之前，在目录或索引中写明章、节等的标题和页码。

（4）正文。正文是调研报告陈述情况、列举调研材料、分析论证的主体部分。正文部分必须真实、客观地阐明有关情况，包括从提出问题到论证问题，再到得出结论的全部过程以及与之相联系的各种分析研究的方法。

此外，正文的内容结构也要精心安排，基本要求是结构严谨、条理清楚、重点突出。要做到这一点，报告撰写者就要对调研得到的资料等进行科学的分类和符合逻辑的安排。

（5）结语。结语是调研报告的结束部分，没有固定的格式。一般来说，这部分内容是对正文的概括和归纳，是对调研报告主要内容的总结。有的结语会强调报告所论及问题的重要性，来提示读者关注；有的结语会提出报告中尚未解决的问题，并引起重视；有的结语则和盘托出解决问题的办法、建议或措施。无论是哪种结语，其结论和建议都要与正文的论述一一对应，不要重复，以免画蛇添足。

（6）附录。附录是对正文内容的必要补充，是用以论证、说明或进一步阐述正文内容的某些资料，如调查问卷、抽样细节、原始资料的来源、调研获得的原始数据图表（正文一般只列出汇总后的图表）等。

报告撰写者在撰写调研报告时，不应简单堆砌数据和材料，而应在科学分析数据后，整理得出相应的有价值的结果，从而为企业制定营销策略提供依据。在撰写调研报告前，报告撰写者要先了解读者希望看到的报告形式及期望获得的信息。调研报告要清晰明了、图文并茂，还要注意语言规范，不能太过口语化，以免读者对调研报告的准确性产生怀疑。

小提示

除了以上内容外，企业还可选择是否给予消费者适当的奖励和答谢。适当的奖励和答谢可以调动消费者参与网上调查的积极性。企业可采取抽奖的方式来进行随机答谢，或采用致谢的报告方式向每一位参与调查的消费者答谢。

2.2.4 网络市场调研的方法

网络市场调研的方法主要有两种,即直接调研法和间接调研法。

>> **想一想**

网络市场直接调研法和间接调研法的优缺点各是什么?

---

1. 网络市场直接调研法

网络市场直接调研法是指为了达到特定目的,企业在互联网上收集第一手资料或原始信息的市场调研方法。网络市场直接调研法主要有网上观察法、网上实验法、网上问卷调查法、专题讨论法,以及基于技术的数据抓取。

素质培养

根据我国相关法规,不允许调查人员发布与政治、军事、信仰、民族、人权、民主、国家主权、国家统一、外交事件等相关的敏感话题调查。同时,需要注意的是,在问卷设计中,禁止调查人员使用歧视性、侮辱性的语言描述。这些是每个市场调查相关人员的基本素养和应尽的义务与责任。

(1)网上观察法。网上观察法是指企业在一定的自然情境下,对消费者行为进行观察和监测,从而分析其消费需求、消费习惯、消费行为等的调研方法。网上观察法往往被认为是网络市场调研法中最客观的方法,但是短时间和小样本都将影响其研究结果的质量。企业可以利用软件对消费者行为进行全方位观察,通过分析抓取客观的消费者行为数据,获取其消费相关信息。

(2)网上实验法。实验法的目的是探索诱因和反应之间的关系。网上实验法是指企业为预先选出的多个可比的主体组赋予不同的实验方案,并控制外部变量,然后观察出现的差异是否具有显著性。企业可以利用实验法有效地测试网页、展示型广告和促销活动的效果。

(3)网上问卷调查法。网上问卷调查法是指企业通过自有媒体或问卷调查平台发送调查问卷,或向社交媒体发送调查问卷链接,或向潜在客户或老客户发送电子邮件进行问卷调查的方法。

① 问卷网站调查法。企业把调查问卷放在自己的网站,或问卷调查平台,或其他相关企业及组织的网站上,以便消费者自愿参与调查。企业可以通过给予适当的奖励来提高消费者参与调查的热情,以达到调查数量方面的要求。同时,企业还应利用恰当的客户认证来保证调查问卷的质量。

② 问卷链接调查法。企业通过博客、微博、微信、QQ 等社交媒体传播自己的网站或问卷调查平台的问卷链接,可以吸引更多消费者参与调研。

③ 问卷电子邮件调查法。企业可以将问卷或问卷链接以电子邮件的方式发送到目

标消费者的邮箱中。在运用此方法时，必须注意礼节，并给予消费者适当的激励，如发放赠品或提供实物抽奖机会等，或向消费者传递某些有价值的知识等。

▶▶ **想一想**

如果你想要通过网络问卷调查婴幼儿奶粉消费者的购买行为，那么，你需要设计哪些调查问题（如购买的方式、购买的品牌等）以获得所需信息？

_____

_____

（4）专题讨论法。专题讨论法是指企业通过讨论组对目标市场的某些话题进行讨论，从中获取数据或资料的调研方法。可以使用社会化媒体的群组进行专题讨论，通常使用的讨论组有 QQ 群、QQ 讨论组、微信群、抖音群、豆瓣小组、百度贴吧等。

（5）基于技术的数据抓取。网络营销数据抓取一般可以采用两种方法：一种是利用现有爬虫软件，如八爪鱼数据采集器；另一种是利用编程语言自编爬虫程序，如编写 Python 爬虫程序。

八爪鱼数据采集器的简易采集模式内置了上百种主流网站的数据源，如京东、天猫、大众点评等；同时也提供自动生成爬虫的自定义模式，可用于精准批量识别各种网页元素，支持不同网页结构的复杂网站的数据采集，从而适用于多种采集应用场景。另外，还可进行云采集，实现 24 小时不间断运行，保障数据的时效性。

Python 是一种动态的、面向对象的脚本语言，也是一种非常适合开发网络爬虫的编程语言。相比于其他的静态编程语言，Python 抓取网页文档的接口更简洁；相比于其他的动态脚本语言，Python 的 urllib2 包提供了较为完整的访问网页文档的 API（application programming interface，应用程序接口）。此外，Python 中还有优秀的第三方包，可以高效实现网页抓取，并可以用极短的代码实现网页的标签过滤功能。

2. 网络市场间接调研法

网络市场间接调研法是指利用互联网收集与企业营销相关的二手资料信息。间接调研法是网络市场调研的首选方法，它能提供直接调研无法或难以取得的各方面的宏观资料，便于进一步开展和组织直接调研。当二手资料不足以解决调研问题时，即可决定实施直接调研。网络市场间接调研法主要有以下三种。

（1）利用搜索引擎查找资料。在搜索引擎中输入所需资料的关键词对互联网信息进行检索，筛选出与关键词相关的信息。例如，在百度搜索引擎中输入"短视频营销行业状况"，搜索查找相关信息。图 2-2 所示为利用搜索引擎查找资料。

（2）访问相关网站收集资料。各种专题性或综合性专业数据网站中都提供了一些关于市场调研的资料，企业若知道需要的资料可以从哪些网站中获得，就可以直接打开并访问这些网站。图 2-3 所示为在艾瑞网查找行业报告资料，单击报告标题，在打开的页面中可在线浏览和下载报告资料，其中有的报告资料可以免费浏览和下载，有的报告资料需要付费浏览和下载。

项目 2 网络营销环境与网络市场调研

图 2-2 利用搜索引擎查找资料

图 2-3 在艾瑞网查找行业报告资料

想一想

举例说明哪些网站是专门做网络调研的。哪些网站比较好?为什么?

_____

_____

(3)利用大数据平台查找资料。移动互联网的发展和社交网络的普及使消费者每天的网络活动都能生成海量的有效数据。随着大数据技术的成熟,这些数据将变废为宝。基于大数据平台(如百度指数、360趋势、微信指数),能够快速收集和抓取消费者的社会属性、生活习惯和消费行为,如年龄、性别、品牌和商品偏好及购买水平等信息。大数据平台并不都是免费的,有的需要用户付费来获取用于市场调研的数据资料。

> **小提示**
>
> 政府机构有自己的统计调查机构,每年会提供大量的数据资料,这些数据资料不仅具有权威性,而且综合性强、辐射面广。例如,国家统计局和各级地方统计部门定期发布的统计公报、各类统计年鉴等。通过访问统计调查机构的官方网站,便可查阅相关资料。

2.2.5 网络市场调研的抽样方法

网络市场调研的抽样方法可以分为概率抽样和非概率抽样两类。

概率抽样是指按照随机原则对总体进行任意抽取,如网址、IP地址或其他个体特征。概率抽样中个体被抽到的机会相对均等,样本在抽样总体中的分布相对均匀,这样可以避免出现倾向性偏差。概率抽样法有简单概率抽样、等距抽样、分层抽样和整群抽样等具体方法。

非概率抽样是调研人员根据自己的主观判断抽取样本的方法。它不是严格按照随机抽样原则来抽取样本,没有大数定律的存在基础,也就无法确定抽样误差,从而无法正确地说明样本的统计值在多大程度上适用于总体。非概率抽样法主要有方便抽样、判断抽样、配额抽样和推荐抽样等具体方法。在实际的网络市场调研中,由于受到客观条件的限制,很多情况下并不能保证按照随机原则进行机会均等的抽样,所以调研人员往往会根据实际需要采取概率抽样、非概率抽样或者二者相结合的方式抽样。

网络市场调研常用的抽样方法有以下几种。

1. 电子邮件地址抽样

在拥有大量的电子邮件地址的情况下,可以在电子邮件地址中进行简单概率抽样或等距抽样,并通过电子邮件发放问卷。如果拥有每个电子邮件地址的相关背景信息,还可以通过信息对总体进行分层或分群,采用配额抽样或整群抽样的方式,按一定配额条件或分群情况进行随机抽样。这种方法的效果与按地址或电话号码随机抽样的传统方法所达到的效果一样。

2. 固定样本抽样

固定样本抽样是指把已经同意参加各类调研的受访者放入固定样本库，再在固定样本库中抽取样本，并给予参与调研的成员一定回报的抽样方法。每个成员在自愿的基础上同意接受调研邀请，并提供背景信息和电子邮件地址等联系方式，成员有选择加入固定样本库和退出固定样本库的权利。具体可以按一定的甄别条件，如性别、年龄、所在地区和收入等的要求，在成员中进行随机抽样。如果固定样本库样本的招募是随机的，如通过电话随机访问招募，则抽样就具备完全的随机性；如果固定样本库样本的招募是非随机的，则抽样就不具备完全的随机性。

3. 弹出窗口式抽样

弹出窗口式抽样是指通过软件技术，采用弹出窗口的方式对网站访问者进行抽样的方法。如果要对网站的访问者进行计数，可按预先设定好的间隔（如每隔100个访问者）弹出一个窗口，邀请访问者参加调研。这种方法类似于传统的街头拦截，但由于是通过软件进行自动控制，因而比街头拦截更具随机性。

4. 预先电话抽样

预先电话抽样一般是预先使用电话进行随机抽样，然后通过电话直接邀请或通过电子邮件邀请受访者登录指定的网站参加调研。这种方式通过密码进行控制，只有获得邀请的受访者才能参加调研。这样既实现了完全的随机性，又充分发挥了网络调研的优势。

5. 完全公开式抽样

完全公开式抽样是指在企业网站、问卷调查平台或其他网站公开调查问卷，并广泛发布链接，使受访者主动参加调研的方法。这种方法几乎无法控制受访者，因而随机性较差，且难以保障受访者身份的真实性及其填写问卷行为的恰当性，更无法对调研的内容进行保密。

每种抽样方法各有优缺点。企业在制订抽样方案时，应根据市场调研的问题性质、调研目的、条件、调研对象的特征、统计要求以及各种抽样方法的特点选择适当的抽样方法。

2.2.6 网络市场调研的策略

1. 提高网络调研参与度

在传统的营销调研中，调研者可以采用不同的抽样方法来选择调研对象，主动通过调研区域的选择、职业类型的判断、年龄阶段的界定等各类标准有针对性地选取样本。网络营销调研则不同，调研者难以决定谁将成为网站的访问者，不易确定调研对象的群体范围。因而，如何吸引更多的访问者成为网络营销调研的关键问题。

所以，网络营销调研者应采取一些手段激励用户参与调研。例如，企业通过在网站上提供免费咨询服务等方式，增加注册、登录网站的用户数量，并鼓励访问者填写网站上的调查问卷，参与网站互动活动，从而达到网络营销调研的目的。步长制药的企业网站就通过开设健康咨询栏目，给访问者介绍医药常识，以吸引更多有健康知识需求的人登录网站。企业也可以通过适当的物质奖励，如在网站上发放优惠券、试用品等，鼓励访问者完成问卷填写或参与讨论，提高网络调研的参与度。宝洁公司就经常在网站上推出试用活动，会员可以在网站上申请付邮试用，并提交试用报告。

此外，关注访问者在网上的浏览路线，掌握其感兴趣的企业、产品及相关信息，为访问者定制信息并及时发送给对方，可使其充分注意到企业，从而吸引其访问企业网站，并完成调查问卷填写和互动活动参与。目前，许多购物网站都会依据访问者的搜索记录或购物记录，预测其未来可能需要购买的商品，从而有针对性地为其推荐相关产品。此类技术同样可用于开展网络营销调研。

调研者也可通过访问者的注册信息或其他途径获得其电子邮箱地址，可以通过电子邮件与他们联系并向他们发送有关产品、服务的问卷或其他调研信息，并请求他们回复。针对有沟通欲望的访问者，企业也可在网络调查问卷中设置一些开放型问题，让访问者自由发表意见和建议，以了解他们对企业、产品、服务等各方面的感受。调研者可以根据他们回复的信息，了解其消费心理及消费行为的变化趋势，并据此调整企业的市场营销策略。

2. 改善网络问卷调查效果

1）精心设计在线问卷

网络问卷调查法是网络营销调研中最常用的方法，其中在线问卷的质量将直接影响调研的结果。因此，企业应根据调研目标精心设计问卷。企业在设计在线问卷时应注意以下问题。

（1）表述清晰。问卷中的文字表述要准确，语句意思应明确，问题表述不要有歧义。

（2）注意问题排序。一般来说，应本着"先易后难，先简后繁"的原则对问题进行排序。因为如果前几个问题就不容易回答，受访者很可能会放弃答题。

（3）注意提问的艺术性。在提问题时，尽量选择受访者易接受的语句。不要直接询问敏感的问题，避免提出受访者难以回答的问题。例如，当被问及涉及隐私的问题时，受访者往往会产生一种本能的自我防卫心理，因此，直接提出此类问题时，受访者往往会拒答。对该类问题最好采用间接询问的方式，语言要委婉。问卷设计者要注意考虑受访者的感受，讲究语言艺术，以免受访者产生厌恶、抵触心理。

（4）避免提诱导性的问题。"大多数人认为该产品很好，您是否也喜欢该产品？"就属于明显的诱导性问题。诱导性的问题会对受访者产生影响，使调研结果不能完全反映受访者的真实想法，导致数据可信度降低。因此，企业在设计问题时要采用中立的提问方式，使用中性的语言。

（5）尽量避免使用专业术语。专业术语仅是问卷设计者和同一专业领域内的人士所熟知的，因此在设计问卷时要慎用，以免受访者不知所云，无法作答。同时，也要避免使用其他让人难以理解的措辞。

（6）避免复合型问题。设计问卷时，最好一个问题只包含一个内容，如果一个问题涉及多个内容，则会使受访者难以作答，问卷统计也会很困难。例如"你为何选择在毕业后进行互联网创业？"这个问题包含了"你为何在毕业后创业？""你为何借助互联网创业？"两个问题，使受访者不便作答。

（7）合理设置有奖问卷的奖项。为激励受访者参与调查，调研者一般会采取有奖问答的方式，但奖品设置要合理。奖品价值过低，难以对受访者产生激励作用；奖品价值过高，则可能使调研成本过高。

此外，问卷设计完成后，问卷设计者应多方征求意见，认真进行修改、补充和完善；最好先在小范围内进行试验调研，听取受访者的意见，看问卷是否符合设计的初衷与调研的需要，从而保证问卷调查的实际效果，避免出现大的失误。

2）充分利用网络上的多媒体手段

网络信息的传递是多维的，它能将文字、图像和声音有机组合在一起，传递多感官的信息，让受访者有更好的产品或服务体验。借助多媒体、超文本格式文件，受访者可以深度体验产品、服务与品牌。产品的性能、款式、价格、名称和广告页等市场调研涉及的重点内容对消费者而言是比较敏感的因素，通过不同方式、不同组合对以上因素进行调研，调研者可以更清楚地分辨哪种因素对产品来说是最重要的，哪些组合对消费者而言是最有吸引力的。

课堂实训

选择一家企业，尝试利用网络市场间接调研法为企业收集所需要的市场信息。

项目实训

1. 实训目的

通过实训掌握网络问卷调查法。

2. 实训内容

以小组为单位设计一份大学生手机市场调查问卷。此次实训围绕"了解大学生的手机使用购买情况"的调查主题，就以下几个问题设计调查问卷，以便较深入地了解大学生使用手机的类型、品牌偏好等特征。

（1）大学生手机拥有和需求状况。

（2）大学生获取手机信息和购买手机的渠道。

（3）大学生购买手机的品牌及对各手机品牌的评价。

（4）大学生购买手机的价格选择。

（5）大学生对促销方式的选择。

（6）大学生对手机质量、性能、款式和售后服务的要求。

3. 实训要求

请以小组为单位，在问卷星或其他网络问卷调查平台发布问卷。完成调查后，团队对有效问卷进行统计分析，并撰写一份调研报告，完成后提交给授课教师批阅。

复盘反思

经过本项目的实施和相关知识点的学习，对比自己总结的内容与知识讲解部分的内容是否契合，并填写表2-2，完成项目评测，进行复盘反思。

表2-2 本项目复盘反思表

姓名		班级	
学号		日期	
知识盘点	通过对本项目的学习，你掌握了哪些知识？ 请画出思维导图：		
任务自评	□优秀	优秀之处：	
	□良好	待改进之处：	
	□较差	不足之处：	
任务完成情况	□熟练掌握，可综合运用	□有所了解，可总结知识点	

项目评价

经过本项目的分组实训演练,按实训项目评价指标进行学生自评与小组成员互评(按优秀为 5 分、好为 4 分、一般为 3 分、合格为 2 分、不合格为 1 分五个等级评价),并填写表 2-3,完成实训项目评测,最后教师给出综合评价。

表 2-3 本项目综合评价表

	评 价 指 标	得分
自评	团队合作精神和协作能力:能与小组成员合作完成项目	
	交流沟通能力:能良好表达自己的观点,善于倾听他人的观点	
	信息素养和学习能力:善于收集整合资源,借鉴优秀思考方向	
	独立思考和创新能力:能提出新的想法、建议和策略	
组员 1 评价	团队合作精神和协作能力:能与小组成员合作完成项目	
	交流沟通能力:能良好表达自己的观点,善于倾听他人的观点	
	信息素养和学习能力:善于收集整合资源,借鉴优秀思考方向	
	独立思考和创新能力:能提出新的想法、建议和策略	
组员 2 评价	团队合作精神和协作能力:能与小组成员合作完成项目	
	交流沟通能力:能良好表达自己的观点,善于倾听他人的观点	
	信息素养和学习能力:善于收集整合资源,借鉴优秀思考方向	
	独立思考和创新能力:能提出新的想法、建议和策略	
组员 3 评价	团队合作精神和协作能力:能与小组成员合作完成项目	
	交流沟通能力:能良好表达自己的观点,善于倾听他人的观点	
	信息素养和学习能力:善于收集整合资源,借鉴优秀思考方向	
	独立思考和创新能力:能提出新的想法、建议和策略	
教师综合评价	优秀之处	
	不足之处	

项目 3
网络消费者行为分析

 学习目标

知识目标	• 了解网络消费者和网络消费者行为 • 熟悉网络消费者心理 • 了解网络消费者购买行为影响因素 • 掌握网络消费者购买行为过程及决策分析
能力目标	运用网络消费者行为分析的相关知识分析问题、解决问题
素养目标	形成全面的网络营销意识,提升营销者战略思维和服务意识

 学习计划表

根据表 3-1,对本项目的学习进行合理规划。

表 3-1 本项目学习计划表

项 目		网络消费者行为认知	网络消费者心理	网络消费者购买行为
课前预习	预习时间			
	预习结果	1. 难易程度 □偏易(即读即懂)　　□适中(需要思考) □偏难(需查资料)　　□难(不易理解) 2. 问题总结		
课后复习	复习时间			
	复习结果	1. 掌握程度 □精通　　□掌握　　□熟悉　　□了解 2. 疑点、难点归纳		

 项目导读

随着网络市场的迅速发展,相比传统市场消费者,网络市场消费者具有更多的权利,在购物过程中占据更主动的地位,也更为成熟。分析网络消费者的购买行为特点,并揭示其规律,是营销工作中非常重要的内容。

项目讲解

3.1 网络消费者行为认知

网络消费是消费者通过互联网订购产品或服务并且进行网上支付的消费形式。也就是说，网络消费是消费者和零售商凭借互联网进行产品的购买与销售，是传统商品交易活动的电子化过程。

▶▶ 想一想

网上购物方式与传统购物方式的差异有哪些？

_____

_____

3.1.1 网络消费者

网上消费包括网上旅游预订、网络炒股、网上银行和网络购物等，其中进行网上购物的消费者的类型多种多样。对经常在网上购买东西的购物者进行必要的研究，是网络营销人员和网站推广者必须进行的一个步骤，只有有针对性地了解他们，才能更有效地销售自己的产品。

> **素质培养**
>
> 消费者是企业的根本，尤其是在重视口碑的互联网时代，提高消费者满意度，不仅涉及企业的生存发展问题，对于企业自身品牌建设也大有裨益。

网络消费者不同于网民，主要是指以网络为工具，通过互联网在网络营销市场中进行消费活动的消费者人群。

1. 网络消费者类型

进行网上购物的消费者可以分为简单型、冲浪型、接入型、议价型、定期型和运动型等。

（1）简单型消费者。简单型消费者需要的是方便、直接的网上购物。他们每月只花7小时上网，但他们进行的网上交易却占了一半。时间对他们来说相当宝贵，上网的目的就是快捷地购物，购物前他们有明确的购物清单。零售商们必须为这一类型的人提供真正的便利，让他们觉得在你的网站上购买商品将会节约更多的时间。要满足这类人的需求，首先要保证订货、付款系统的方便、安全，最好设有购买建议的页面，例如设置一个解决各类礼物选择问题的网上互动服务为顾客出主意，最起码也要提供一个易于搜索的产品数据库，便于他们实施购买行为。另外，网页的设计力求精简，避免过多的图

像影响传输速度。

（2）冲浪型消费者。冲浪型消费者占常用网民的 8%，而他们在网上花费的时间却占了 32%，并且他们访问的网页是其他网民的 4 倍。很多冲浪者在网上漫步仅仅是为了寻找乐趣或找点刺激。冲浪型消费者对常更新、具有创新设计特征的网站很感兴趣。互联网包罗万象，无所不有，是一个绝好的"娱乐媒体"，在这里你可以玩游戏，竞赛，访问很"酷"的站点，看有趣的个人网页，听音乐，看电影，了解占星术、烹饪、健身、美容等。正是因为这类冲浪者的存在，网站投其目标用户所好才成为可能。

（3）接入型消费者。接入型消费者是刚触网的新手，占 36% 的比例，他们很少购物，而喜欢网上聊天和发送免费问候卡。那些有着著名传统品牌的公司应对这群人保持足够的重视，因为网络新手们更愿意相信生活中他们所熟悉的品牌。另外，他们由于上网经验不足，一般对网页中的简介、常见问题解答、名词解释、站点结构图等链接更感兴趣。

（4）议价型消费者。议价型消费者占网民的 8%，他们有一种趋向于购买便宜商品的本能，eBay 网站一半以上的消费者属于这一类型，他们喜欢讨价还价，并有强烈的愿望在交易中获胜。因此，站点上"free"这类字样，犹如现实生活中的"大减价""清仓甩卖"等字样一样，对他们具有较强的吸引力。

（5）定期型和运动型消费者。定期型消费者通常都是为网站的内容吸引，定期访问新闻和商务网站，运动型消费者喜欢运动和娱乐网站。对这类消费者，务必保证站点包含他们所需要的和感兴趣的信息，否则他们就会很快将网站跳过去。

> **小提示**
>
> 网上购物一般分为以下四种类型。
> （1）专门计划型购物。需求在进入网上商店前已经确定，消费者购买预计的商品。
> （2）一般计划型购物。需求在进入网上商店前已经确定，但是购物者在店内根据商品的制造商，确定满意的商品。
> （3）提醒购物。网上商店的影响带来了顾客的需求，如网上广告、促销活动带来的消费者的需求。
> （4）完全无计划购物。进入网上商店前毫无目的。

2．网络消费者的心理特征

营销发生变革的根本原因在于消费者。随着市场由卖方垄断向买方垄断转化，消费者主导的时代已经来临。面对更为丰富的商品选择，消费者心理与以往相比呈现出新的特点和发展趋势，这些特点和趋势在网络营销中表现得更为突出。

▶▶ 想一想

你是否在网络上进行过消费？谈谈你消费时的心理状态。

（1）追求文化品位的消费心理。消费动机的形成受制于一定的文化和社会传统，具有不同文化背景的人选择不同的生活方式与产品。在互联网时代，文化的全球性和地方性并存，文化的多样性带来消费品位的强烈融合，人们的消费观念受到强烈的冲击，尤其是青年人对以文化为导向的产品有着强烈的购买动机，而网络营销恰恰能满足这一需求。

（2）追求个性化的消费心理。消费品市场发展到今天，多数产品无论在数量上还是在质量上都极为丰富，消费者能够以个人心理愿望为基础挑选和购买商品或服务。现代消费者往往富于想象力，渴望变化，喜欢创新，有强烈的好奇心，对个性化消费提出了更高的要求。他们所选择的已不再单是商品的实用价值，更要与众不同，充分体现个体的自身价值，这已成为他们消费的首要标准。可见，个性化消费已成为现代消费的主流。

（3）追求自主、独立的消费心理。在社会分工日益细化和专业化的趋势下，消费者购买的风险感随选择的增多而上升，而且对传统的单项的"填鸭式""病毒式"营销感到厌倦和不信任。这在对大件耐用消费品的购买上表现得尤其突出，消费者往往主动通过各种可能的途径获取与商品有关的信息并进行分析比较。他们从中可以获取心理上的平衡以减轻风险感，增强对产品的信任和心理满意度。

（4）追求表现自我的消费心理。网上购物是出自个人消费意向的积极的行动，消费者会花费较多的时间到网上的虚拟商店浏览、比较和选择。独特的购物环境和与传统交易过程截然不同的购买方式会引起消费者的好奇、超脱和个人情感变化。这样，消费者完全可以按照自己的意愿向商家提出挑战，以自我为中心，根据自己的想法行事，在消费中充分表现自我。

（5）追求方便、快捷的消费心理。对于惜时如金的现代人来说，在购物中即时、便利、随手显得更为重要。传统的商品选择过程短则几分钟，长则几小时，再加上往返路途的时间，消耗了消费者大量的时间、精力，而网上购物则弥补了这些缺陷。

（6）追求躲避干扰的消费心理。现代消费者更加注重精神的愉悦、个性的实现、情感的满足等高层次的需要，希望在购物中能随便看、随便选，保持心理状态的轻松自由，最大限度地得到自尊心理的满足。但店铺式购物中商家提供的销售服务却常常对消费者构成干扰和妨碍，有时过于热情的服务甚至吓跑了消费者。

（7）追求物美价廉的消费心理。即使营销人员倾向于以其他营销差别来降低消费者对价格的敏感度，但价格始终是消费者最敏感的因素。网上商店比起传统商店来说，能使消费者更为直接和直观地了解商品，能够精心挑选和货比三家。针对消费者的这种心理，什么值得买（https://www.smzdm.com/）率先在全国开通了购买决策中立门户，汇总了淘宝、天猫、京东、苏宁易购、当当、1号店等很多个热卖网站的信息。消费者只要进入什么值得买，就可以轻松获得各个热销产品的信息以及价格，进而通过链接快速进入消费者认为适合的网站，完成购物活动。这种网上购物满足了消费者追求物美价廉的心理。

（8）追求时尚商品的消费心理。现代社会新生事物不断涌现，消费心理受这种趋势带动，稳定性降低，在心理转换速度上与社会同步，在消费行为上表现为需要及时了解和购买到最新商品,产品生命周期不断缩短。产品生命周期的不断缩短反过来又会促使消费者的心理转换速度进一步加快。传统购物方式已不能满足这种心理需求。

3.1.2 网络消费者行为

人们在对网络环境中消费者特征的研究中逐渐发现了网络环境中消费者的共性。网络环境中消费者的特征在继承某些传统特征的同时,又呈现出一些新的特点。

1. 网络消费者的群体特征和行为特征

由于互联网商务的出现,消费观念、消费方式和消费者的地位正在发生着重要的变化,互联网迅速的发展促进了消费者主权地位的提高;网络营销系统巨大的信息处理能力,为消费者挑选商品提供了前所未有的选择空间,使消费者的购买行为更加理性化。

1)网络消费者的群体特征

(1)网络用户多以年轻、高学历用户为主,他们拥有不同于他人的思想和喜好,有自己独立的见解和想法,对自己的判断能力也比较自信。所以他们的具体要求越来越独特,个性化越来越明显。

(2)头脑冷静,擅长理性分析。网络用户是以大城市、高学历的年轻人为主,不会轻易受舆论左右,对各种产品宣传有较强的分析判断能力。

(3)喜好新鲜事物,有强烈的求知欲。这些网络用户爱好广泛,无论是对新闻、股票市场还是网上娱乐都具有浓厚的兴趣,对未知领域报以永不疲倦的好奇心。

(4)好胜,但缺乏耐心。年轻用户在搜索信息时,经常比较注重搜索所花费的时间,如果连接、传输的速度比较慢,他们一般会马上离开这个站点。

▶▶ 想一想

病毒营销和饥饿营销分别迎合了消费者的哪些特征?

_____

_____

2)网络消费者的行为特征

网络用户是网络营销的主要个体消费者,他们的购买行为决定了网络营销的发展趋势,要做好网络市场营销工作,就必须对网络消费者的群体特征进行分析,以便采取相应的对策。网络消费需求主要有以下八个方面的特点。

(1)个性化的消费需求。在近代,工业化和标准化生产方式的发展,使消费者的个性被淹没于大量低成本、单一化的产品洪流之中。随着21世纪的到来,这个世界变成了一个计算机网络交织的世界,消费品市场变得越来越丰富,消费者进行产品选择的范围全球化,产品的设计多样化,消费者开始制定自己的消费准则,整个市场营销又回到了个性化的基础之上。没有两个消费者的消费心理是一样的,每一个消费者都是一个细小的消费市场,个性化消费成为消费的主流。

(2)消费者需求的差异性。不仅是消费者的个性消费使网络消费需求呈现出差异性，不同的网络消费者因其所处的时代环境不同，也会产生不同的需求。不同的网络消费者，即便在同一需求层次上，他们的需求也会有所不同。因为网络消费者来自世界各地，有不同的国别、民族、信仰和生活习惯，因而会产生明显的需求差异性。所以，从事网络营销的厂商，要想取得成功，就必须在整个生产过程中，从产品的构思、设计、制造，到产品的包装、运输、销售，认真思考这些差异性，并针对不同消费者的特点，采取相应的措施和方法。

（3）消费的主动性增强。在社会化分工日益细化和专业化的趋势下，消费者对消费的风险感随着选择的增多而上升。在许多大额或高档的消费中，消费者往往会主动通过各种可能的渠道获取与商品有关的信息并进行分析和比较。或许这种分析、比较不是很充分和合理，但消费者能从中得到心理的平衡以减轻风险感或减少购买后产生的后悔感，增强对产品的信任程度和心理上的满足感。消费主动性的增强来源于现代社会不确定性的增加和人类追求心理稳定和平衡的欲望。

（4）消费者与厂家、商家的互动意识增强。传统的商业流通渠道由生产者、商业机构和消费者组成，其中商业机构起着重要的作用，生产者不能直接了解市场，消费者也不能直接向生产者表达自己的消费需求。而在网络环境下，消费者能直接参与到生产和流通中来，与生产者直接进行沟通，减少了市场的不确定性。

（5）追求方便的消费过程。在网上购物，除了能够满足实际的购物需求外，消费者在购买商品的同时，还能得到许多信息，并得到在各种传统商店没有的乐趣。今天，人们对现实消费过程出现了两种追求的趋势：一部分工作压力较大、紧张程度高的消费者以方便性购买为目标，他们追求的是时间和劳动成本的尽量节省；而另一部分消费者，由于劳动生产率的提高，自由支配时间增多，希望通过消费来寻找生活的乐趣。今后，这两种消费心理将会在较长的时间内并存。

（6）消费者选择商品的理性化。网络营销系统巨大的信息处理能力，为消费者挑选商品提供了前所未有的选择空间，消费者会利用在网上得到的信息对商品进行反复比较，来决定是否购买。对企事业单位的采购人员来说，可利用预先设计好的计算程序，迅速比较进货价格、运输费用、优惠、折扣、时间效率等综合指标，最终选择有利的进货渠道和途径。

（7）价格仍是影响消费心理的重要因素。从消费的角度来说，价格虽不是决定消费者购买的唯一因素，却是消费者购买商品时肯定要考虑的因素。网上购物之所以具有生命力，重要的原因之一是网上销售的商品价格普遍低廉。尽管经营者都倾向于以各种差别化来减弱消费者对价格的敏感度，避免恶性竞争，但价格始终对消费者的心理产生重要的影响。因消费者可以通过网络联合起来向厂商讨价还价，产品的定价逐步由企业定价转变为消费者引导定价。

（8）网络消费仍然具有层次性。在网络消费的开始阶段，消费者偏重于精神产品的消费；到了网络消费的成熟阶段，等消费者完全掌握了网络消费的规律和操作，并且对网络购物有了一定的信任感后，消费者才会从侧重于精神消费品的购买转向日用消费品的购买。

> 想一想

从"双十一"分析价格对网络需求的影响。

_____

_____

2. 网络消费的行为特质

互联网用户作为一个消费群体，有着与传统市场消费群体截然不同的特性，因此要开展有效的网络营销活动，就必须深入了解网络用户群体的需求特征、购买动机和购买行为模式。互联网作为信息沟通工具，正成为许多兴趣、爱好趋同的群体聚集交流的地方，并且形成了特征鲜明的网上虚拟社区。了解这些虚拟群体的特征和偏好是网上消费者行为分析的关键。

以下是网络消费的行为特质。

（1）网络消费的情境性。网络消费是在由互联网技术所构成的虚拟购物空间或消费网页中进行的。这是一种非常感性化的情境，是一个地方性和国际性融合在一起的全球化消费环境。

（2）网络消费的个人性。网络世界拓宽了私人空间，也使公共领域的权利结构发生了变化。网络交往的高度随意性与隐匿性决定了网络主体可以"随心所欲"地进行交易活动，这无疑强化了消费的个人选择和知识创新，并促使其提高信息消费能力。

（3）网络消费的直接性。从现代经济学的角度来看，网络消费相对于传统消费而言，似乎对消费者更为偏爱。数字化网络所产生的知识经济合力，缩短了生产和消费之间的距离，使买卖的双方能在一种近乎面对面的、休闲的气氛中达成交换的目的。

（4）网络消费的流动性。网络的虚拟性和全球性，不可避免地给网络消费打上流动性的印迹。电脑网络空间的无限性和有限性、虚拟性和实在性的二元特征，也必然导致网络消费行为的变动性和广泛性。

（5）网络消费的信用性。网络消费活动的健康进行，有赖于网上信任观念和信用制度的建立。

（6）网络消费的便捷性。网络消费的便利和快捷是每一个网民共同的体会，也是网上交易的最诱人之处。

（7）网络消费的观念性。网络消费的观念性有时称交易理性、非摩擦性。消费形态是注重个人化、主流化、创新精神和价值观念的样式。网络消费的模式以一种游戏形式出现。

（8）网络消费的反哺性。网络消费的反哺性有时称后喻性。网络消费中，由于35岁以下的上网人数占了绝大多数，所以，网上青少年的消费风格和消费文化对中老年人的消费行为施加着"反哺"或逆向教育的作用，这是"后喻文化"时代的一个重要标志。现代消费生活格调的形成、时尚的确立，已不再取决于可能在别的领域里更有经验和影响力的中老年人群。

3. 网络时代消费行为的变化

网络经济时代的最大特征是买方市场，互联网强大的通信能力和网络商贸系统便利的交易环境，改变了消费者的消费行为，企业营销也必须跟上时代发展的步伐。

消费者购买行为的改变使网上交易成为可能。这种改变主要表现在以下五个方面。

（1）消费产品个性化。由于社会消费品极为丰富，人们收入水平不断提高，这些因素进一步拓宽了消费者的选择余地，并使产品的个性化消费成为可能。消费者购买产品也不再仅仅是满足其物质需要，还要满足其心理需要，这一全新的消费观念影响之下的个性化消费方式正在逐渐成为消费的主流。网络营销必须面对这一市场环境，对市场实行细分，直至极限。

（2）消费过程主动化。在网络营销中，消费者消费主动性的增强，来源于现代社会不确定性的增加和人类追求心理稳定及平衡的欲望。这种消费过程主动性的特点，对网络营销产生了巨大的影响，它要求企业迎合消费者的这种需要，对顾客不再进行"填鸭式"地宣传，而是通过和风细雨式的影响，让顾客在比较中做出选择。

（3）消费行为理性化。在网络环境下，消费者可以很理性地选择自己的消费方式，这种理性消费方式主要表现在：①理智地选择价格；②大范围地选择、比较，即通过"货比千家"，精心挑选自己所需要的商品；③主动地表达对产品及服务的欲望，即消费者不会再被动地接受厂家或商家提供的商品或服务，而是根据自己的需要主动上网去寻找适合的产品。即使找不到也会通过网络系统向厂家或商家主动表达自己对某种产品的欲望和要求。某些顾客的消费行为从注重品牌转向注重最低价格。随着商品质量和服务质量的不断提高，消费者的主要注意力转到挑选最便宜的商品上。

（4）购买方式多样化。网络使人们的消费心理稳定性减少，转换速度加快，这直接表现为消费品更新换代的速度加快。这种情况，反过来又使消费者求新、求变的需求欲望进一步加强，消费者用于购物的时间呈下降趋势。消费者不愿意花费大量的时间去购物，而是将时间用于其他的休闲。同时，由于在网上购物更加方便，因此人们在满足购物需要的同时，又希望能满足购物的种种乐趣。这两种心理使购买方式变得多样化，这种多样化的购买方式又直接影响了网络营销。

（5）消费者希望享受高质量的服务。在传统的购物环境中，消费者不但会遇到诸如交通安全、商场安全、服务质量、礼貌服务和产品质量等问题，还要经过到收款台排队、支付、打包，再把商品带回家等烦琐的购物过程。而网上交易中消费者只要轻点鼠标即可完成购物，免去了购物中心的嘈杂、拥挤，使消费者享受悠闲自在、随心所欲的高质量服务。

3.1.3 网络消费者行为研究

网络消费者行为研究是网络经济环境下消费者行为理论在网上交易活动中的运用，因此，消费者行为理论是网络消费者行为研究的理论基础。

>> **想一想**

试思考研究网络消费者行为的意义。

_____

_____

1. 网络消费者行为的研究内容

网络消费者行为是指消费者借助互联网实现对消费品或服务的购买、使用,以满足其自身需要的行为过程,包括先于且决定这些行动的决策过程。网络消费者行为学的研究内容必然要围绕这些问题展开。具体来讲,主要有以下问题。

(1) 网络消费者购买决策过程研究。

(2) 影响网络消费者行为的个体心理因素研究。

(3) 影响网络消费者行为的外在环境因素研究。

(4) 网络消费者权益保护问题研究。

(5) 发展网络消费的策略研究。

> **小提示**
>
> 消费心理和消费行为是企业制定经营策略,特别是制定营销策略的起点和基础。面对网络消费这种特殊的消费形式,消费者的心理和行为与传统消费方式下相比呈现出新的特点,企业必须进行深入研究,认真审视消费者行为特征的变化,在制定企业的营销策略时分析产生这些新特征的原因,在营销策略、方式、手段上有所创新和突破。建立一套适合网络营销的网络营销机制,将有利于网络营销企业的发展。

2. 网络消费者行为的研究方法

常见的网络消费者行为的研究方法如下。

1) 观察法

观察法是调研人员凭借自己的观察能力,而不是通过与受访者的直接交流获取信息。在观察中,由于我们的记忆往往会出现偏差,故在观察的同时,需要借用一些记录方式。在传统环境下,调研人员一般使用手工记录、录音机、录像机等记录方式,而在网络环境下,一般是采用计算机软件自动记录的方式。通过软件记录消费者的网络访问情况或是在聊天室观察用户的聊天行为,都是在网络环境下通过观察法收集信息的实例。

2) 焦点小组访谈法

焦点小组访谈法是指由一名组织者邀请一些人自然、无拘束地讨论某些问题。之所以称其为焦点小组,是因为组织者将保持对某一问题展开讨论,并防止人们将话题扯开。进行焦点小组访谈的目的在于发现和归纳出一些在常规的提问调研中所不能获得的意见、感受和经验。焦点小组访谈法可以运用于以下情境:激发产品创意时的顾客基本需要研究；新产品想法或概念探究；产品定位研究；广告和传播研究；在问卷设计的初始阶段了解消费者所使用的语言与词汇等。在线焦点小组访谈是指参与者或客户在网络上交流，不同于传统小组的面对面接触形式。尽管一些专家认为在线焦点小组与传统的焦点小组不能相提并论，但对在线焦点小组访谈的调查结果表明，在线焦点小组访谈确实存在很多优点。

3）问卷调查法

问卷调查法是一种常用的数据收集手段，问卷调查法假定研究者已经确定所要问的问题。这些问题被打印在问卷上，编制成书面的问题表格，交由调查对象填写，然后收回整理分析，从而得出结论。随着网络的发展，在线问卷使用得越来越频繁。在线问卷法即请求浏览网站的用户参与企业的各种调查，具体做法：在网站上放置问卷；向相关的讨论组发送调查邀请，并在邀请内放置链接，指向放在自己网站上的问卷；通过E-mail直接向企业的潜在用户发送调查问卷。

4）实验法

实验法是在改变一个或多个变量（如改变产品特征、包装颜色、广告主题）的条件下，观察这种改变对另外一个变量（如消费者态度、学习或重复购买行为）产生的影响。在控制条件下改变的变量被称为自变量，受自变量影响而改变的变量被称为因变量。实验设计的目的是设置一种环境或情境，在此环境或情境下，因变量的改变很可能是自变量的改变所引起的。实验研究中的基本工具是控制组和实验组。在实验组里，自变量被改变或被引入，然后观察因变量是否改变。而在控制组里，其他方面与实验组没有任何区别，唯一的区别是自变量没有改变。在现实研究中，控制组和实验组可以以多种方式相搭配，由此产生不同的实验设计。

> **小提示**
>
> 除了选择合适的实验设计，还必须设置一种实验环境。在实验室实验中，必须控制所有外部影响，这样，每次重复该实验将会得到相似的结果。

在实验中，要使实验环境尽可能地与相关的现实环境接近，也就是说要尽可能排除不寻常或偶发条件下才出现的外部因素对实验结果的扭曲。然而，如果实验结果没有遭扭曲，在现实营销运用中，这些结果应当是有效的。

5）生理测量

生理测量是直接测量个体对刺激物（如广告）的生理反应。这些反应有的是可控的，如眼球移动；有的则是不可控的，如皮肤触电反应。此种方法在国外的消费者行为研究中使用较多。常用的生理测量方法如下。

（1）瞳孔放大。眼睛中瞳孔大小的变化与个体对信息注意程度有直接关系，瞳孔仪能够准确测量出这种变化。

（2）眼动记录。眼动仪能够记录消费者在观看广告或浏览网页时的眼动轨迹，由此可以确定观看对象的哪些部分曾被注视，各个部分被观看的先后顺序，每一部分的注视时间等。

（3）速测镜测量法。速测镜是一种装有可调节放映速度和明亮程度的滑动放映机。经由速测镜，广告可以或快或慢地播放。使用这种仪器可以测量出广告以什么速度播放能使其组成元素（如商品、品牌、标题）被观众辨认出来。

（4）脑电波分析法。研究表明，脑电图能显示个体对广告或包装的注意程度及注意类型。

> **课堂实训**

选择一个企业的特定消费群体，分析该企业应如何根据消费群体的行为特征进行网络营销。

3.2 网络消费者心理

心理活动是网络消费者行为的基础。网络消费者在购买商品过程中，要受到各种心理机能或心理要素的支配。其中，某些带有共性的心理机能或要素彼此联系、共同作用于网络消费者行为的始终，由此构成一个统一的心理过程。探讨网络消费者的一般心理过程可以揭示出不同网络消费者心理现象的共性及其外部行为的共同基础。

网络消费者的一般心理活动过程是网络消费者各种心理现象对客观现实的动态反映。按照心理反应的形式和性质的不同，这一过程又可具体分为认识过程、情感过程、意志过程三个方面。这三个方面，既相互依存，又相互制约，从而构成网络消费者完整的心理活动过程。

> **想一想**

结合自己的认识，谈一谈对消费心理的理解。

3.2.1 网络消费者心理的认识过程

心理学认为，认识过程是人的最基本的心理活动过程。网络消费者购买商品的心理活动，首先是从对商品的认识过程开始的。它是网络消费者购买行为的前提，也是其他心理过程的基础。网络消费者的认识过程是通过网络消费者的感觉、知觉、注意、记忆、想象、思维等心理活动实现的，具体可分为两个阶段，即认识的形成阶段和认识的发展阶段。

1. 网络消费者对商品认识的形成阶段

认识过程不是单一的、瞬时的心理活动。网络消费者对商品的认识，通常经过由现象到本质、由简单到复杂的一系列过程。网络消费者对商品认识的形成阶段便是认识过程的初始阶段，是网络消费者通过自己的各种感觉器官，获得有关商品的各种信息及其属性的资料的过程，主要包括感觉和知觉两种心理活动。

1）感觉

感觉是人脑对直接作用于感觉器官的客观事物的个别属性的反映，是我们日常生活中最常见的心理现象。人对客观世界的认识过程，是从感觉开始的。感觉是认识过程乃至全部心理活动的起点，是一切较高级、较复杂的心理活动的基础，是人们认识世界的开始。例如，网络消费者初到一家店面，感受到店面设计、色彩变化等，这些由感觉器官接收到的信息构成了网络消费者对该店面印象的基础。

（1）感觉的分类。感觉根据刺激物的来源不同和产生感觉的分析器不同，可以分为外部感觉和内部感觉。

① 外部感觉。外部感觉是指由人体外部客观事物的刺激所引起的感觉，它的感觉器都位于身体表面或接近身体表面的地方。外部感觉包括距离感受作用（视觉、听觉、嗅觉）和接触感受作用（味觉、触觉）。

视觉：人类可以看得到在 0.39~0.77 微米的波长之间的电磁波。

听觉：人类能听到物体振动所发出的 20~2 000 赫兹的声波，可以分辨出声音音调的高低、音强的大小和音色的波形等特点，由此不仅能分辨出声源的类型，还可以确定声源的位置、距离和移动。

嗅觉：人类能闻到挥发性物质的分子，由气味可以分辨物体。

味觉：人类能尝到溶于水的物质，主要有酸、甜、苦、辣、咸五种不同的味道。

触觉：人类能感觉到具有机械的和温度的特性物体的作用，主要有痛、温、冷、触（压）四种基本感觉。

② 内部感觉。内部感觉是指人的感受器对自己的机体内部各种刺激产生的相应反应。内部感觉主要包括运动觉、平衡觉、机体觉（内脏觉）等。

运动觉：它反映四肢的位置、运动以及肌肉收缩的程度，感受器是肌肉、筋腱和关节表面上的感觉神经末梢。

平衡觉：它反映头部的位置和身体平衡状态的感觉，感受器位于内耳的半规管和前庭。

机体觉（内脏觉）：它反映机体内部状态和各种器官的状态，感受器多半位于内部器官，分布在食道、胃肠、肺、血管以及其他器官。

（2）感觉的特性。

① 感受性。感受性是指感觉器官对于外界刺激强度及其变化的感觉能力。如眼睛对光波、色调的感觉能力，鼻子对气味的感觉能力等。

② 适应性。人对刺激的感受性还与刺激物的作用时间有关。这种人的感受性由于刺激物的持续作用而发生变化的现象叫适应。适应是一种普遍的感觉现象，它既可以引起感受性的提高，也可以引起感受性的降低。

> **小提示**
>
> 一般来说，强烈刺激的持续作用会引起感受性的降低，而微弱刺激的持续作用会引起感受性的提高。要使消费者保持较强的感受性，商业企业可以通过调整刺激物的作用时间或经常交换刺激物的表现形式来达到目的。

③ 关联性。人对一种刺激的感受性，不仅取决于感觉器官的机能状态，同时还会受其他感觉的影响。人体各感觉器官的感受性不是彼此隔绝的，而是相互影响、相互作用的。例如，一个笨重的物体如果采用明亮浅色的包装，会使人觉得很轻巧；而轻巧的物体使用浓重颜色的包装，会使人觉得笨重等。这个原理在网络营销活动中，常被用于商品设计、包装、店内装潢和陈列等方面。

（3）感觉在网络营销中的作用。

① 感觉使网络消费者获得对商品的第一印象。网络消费者通过对客观事物的各种感觉认识商品的各种属性，只有在感觉的基础上，才能获得对商品的全面认识。

② 感觉是网络消费者对客观事物产生某种情感的依据。客观环境给予网络消费者感觉上的差别，会引起他们不同的情绪感受。

③ 对消费者发出的刺激信号要适应人的感觉阈限。网络消费者认识商品的心理活动，首先是从感觉开始的。由于每个人的感觉阈限不同，有的人感觉器官灵敏，感受性强；有的人则感觉器官迟钝，感受性低。企业在做广告、调整价格和介绍商品时，向消费者发出的刺激信号强度应当适应他们的感觉阈限。

2）知觉

知觉是人脑对直接作用于感觉器官的客观事物的整体反映。知觉是在感觉的基础上形成的，是多种感觉器官联合活动的结果，是感觉的深入。知觉是各种感觉信息的有机综合，是对事物的各种属性、各个部分及其相互关系的综合的、整体的反映。

（1）知觉的分类。

① 根据知觉反映的事物特征，可分为空间知觉、时间知觉和运动知觉。空间知觉是指人脑对物体的形状、大小、远近、方位等空间特性的知觉。通过空间知觉，我们可以认识事物的各种形状、大小以及物体的上下、左右、前后的方位等。时间知觉是反映客观事物现象的延续性和顺序性的知觉，即对事物运动过程的先后和时间长短的知觉。运动知觉是对物体的空间位移和运动速度的知觉。通过运动知觉，我们可以辨别事物的静止和运动及其运动速度的快慢。

② 根据知觉过程中哪一种器官活动起主导作用，可分为视知觉、听知觉、触知觉、嗅知觉、味知觉等。

（2）知觉的特征。网络消费者的知觉具有选择性、理解性、整体性、恒常性、相对性等特征。

① 知觉的选择性。人体对外界各种信息有选择地进行加工的能力就是知觉的选择性。比如，我们逛网店时，面对琳琅满目的商品，能一眼看到自己熟悉的、喜欢使用的品牌，而对其余商品不太注意，这就是由知觉的选择性引起的，如图3-1所示。

图 3-1　知觉的选择性

② 知觉的理解性。知觉的理解性是指在知觉过程中，人们总是运用过去所获得的有关知识和经验来帮助理解当前所感知的对象。例如，有丰富购买经验的网络消费者在挑选商品的时候，要比一般网络消费者知觉得更快、更细致、更全面。不同的经历和知识，会产生不同的理解和反映，从而形成知觉上的差异，如图 3-2 所示。

图 3-2　知觉的理解性

③ 知觉的整体性。知觉的对象都是由许多部分综合组成的，虽然各组成部分具有各自的特征，但是人们不会把知觉的对象感知为许多个别的、孤立的部分，而总是把对象知觉为一个整体。例如，网络消费者对衣服的款式、色彩十分中意，但如果它价格昂贵，那么网络消费者对这件衣服的知觉就不会协调。平时购物时我们讲究物美价廉，就是整体协调性的表现。

④ 知觉的恒常性。当知觉的客观条件在一定范围内有所改变时，知觉仍保持相对不变，这就是知觉的恒常性，如图 3-3 所示。

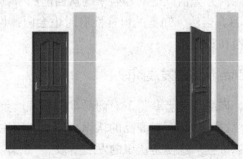

图 3-3　知觉的恒常性

⑤ 知觉的相对性。知觉的相对性是指当感知到一个物体存在时，不能把该物体孤立地作为引起知觉的刺激，必须同时看到物体周围所存在的其他刺激。这样，物体周围其他刺激的性质与两者之间的关系，势必会影响我们对该物体所获得的知觉经验。例如，同一形象放在不同的背景中，会产生不同的知觉，如图3-4所示。

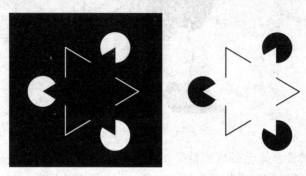

图3-4　知觉的相对性

> **小提示**
> 知觉作为客体在人脑中的主观印象，有的是符合客观现实的，有的则不符合。我们把不符合客观实际的知觉叫错觉。它是由人的各种生理和心理原因引起的。错觉现象相当普遍，差不多在各种知觉中都会发生。

（3）知觉在网络营销中的作用。

① 知觉的选择性帮助网络消费者确定购买目标。当网络消费者进入网店时，各种商品和宣传物品同时作用于网络消费者的感官，但网络消费者只能对其中的某些或某一商品具相对清晰的感知，这些商品成为知觉的对象，因为这些商品符合网络消费者的需要、兴趣、爱好和经验，其他商品则相对地成为知觉对象的背景，网络消费者常常视而不见。

② 知觉的理解性与整体性有助于广告制作。知觉的整体性特征表明，具有整体形象的事物比局部的、支离破碎的事物更具有吸引力和艺术性。因此在广告制作中，把着眼点放在与商品有关的整体上的效果比单纯把注意力集中在商品上的效果要更为突出，更有利于网络消费者的理解。

③ 知觉的恒常性有利于系列产品的销售。知觉的恒常性可以使网络消费者根据原有的消息来解释新的信息，并凭借以往的经验来确认当前的事物，因此对企业相同品牌的系列产品也会产生好感。当然，知觉的恒常性有时也会阻碍网络消费者接受新产品，从而不利于新产品的推销和宣传。

2. 网络消费者对商品认识的发展阶段

在认识的形成阶段，网络消费者获得了对商品本身直观形象的了解。但这仅仅局限在商品的表面，消费者要进一步加深对商品的认识，还要利用注意、记忆、想象、思维等心理活动来完成其认识过程。这便是认识的发展阶段。

1）注意

注意是指人的心理活动对一定对象的指向和集中，注意的指向性表现出人的心理活动具有选择性。这种选择性不仅表现为选取某种活动和对象，而且表现为心理活动对这些活动和对象的比较长时间的保持。注意的集中性不仅指离开一切与活动对象无关的东西，而且是对干扰的刺激的抑制，以保证注意的对象能得到比较鲜明和清晰的反映。

（1）注意的功能。注意是一种复杂的心理活动，一般来说有以下三种功能。

① 选择功能。面对纷繁复杂的商品世界，网络消费者只能把心理活动指向和集中于少数商品或信息，将它们置于注意的中心，而排除其他。

② 维持功能。网络消费者会把某种选择贯穿于对商品的认知、决策和行为的全过程，而不致中途改变方向和目标。

③ 加强功能。网络消费者可以自动排除干扰，克服心理倦怠，对错误和偏差及时进行调节和矫正，从而使心理活动更加准确和高效率地进行。

（2）注意在网络营销中的应用。注意是实践活动的重要心理条件。任何实践活动都需要人们集中注意，这样才能顺利地完成任务。网络营销人员首先需要准确判断目标客户群，然后根据目标客户群的思维习惯和兴趣偏好，制定能够抓住其眼球和兴趣的营销策略和主打广告语。吸引目标顾客的注意力，策略就成功了一半。例如，某儿童牙膏将其广告制成儿童爱看的动画片，吸引儿童的注意，并促其家长购买。

2）记忆

记忆是过去经历过的事物在人脑中的反映。人们过去曾感知过的事物、思考过的问题、做过的事情以及体验过的情感，都可以以影像的形式保留在人的头脑中，在必要的时候可以再现，这个过程就是记忆。记忆与感觉、知觉不同，感觉和知觉是人们对当前直接作用于感官的事物的反映，相当于信息的输入，而记忆是对信息的编码、存储和提取。

（1）记忆的过程。记忆是个复杂的心理过程，主要包括识记、保持、再认和回忆四个基本环节。

① 识记。识记是指人们为了获得对客观事物的深刻印象而反复进行的感知过程。识记是记忆的开端，是记忆过程的第一步。比如，欲购买手机的网络消费者在网络购物平台上对各种手机的品牌、性能、质量、价格等信息的全面了解和记忆过程。

② 保持。保持是巩固已获得知识经验的阶段，也就是指知识经验在头脑中积累、储存和巩固的阶段。保持是记忆过程中的一个关键阶段，是联结识记与再认、回忆的中间环节。

③ 再认。对过去经历过的事物出现时能够识别出来，就是再认。例如，网络消费者能够很快认出购买过的商品、光顾过的店面、观看过的广告等。一般来说，再认比回忆容易。

④ 回忆。回忆是指过去感知过的事物，现在不在眼前，但能让它在头脑中重新出现的过程。比如，网络消费者选购商品时，常常把商品与自己使用过或见过的类似的商品在头脑中进行比较。这种回想过程就是回忆。

记忆的识记、保持、再认和回忆四个基本环节是紧密联系又相互制约的。识记和保持是再认和回忆的基础，再认和回忆是识记和保持的结果，并能进一步巩固和加强识记和保持。

（2）记忆在网络营销中的应用。记忆对网络消费者的认识发展具有十分重要的作用。当网络消费者初步感知商品后，他们往往运用记忆把过去曾使用过的商品，体验过的情感、动作回想起来，进一步加深对商品的认识。因此，商品的命名、商标、包装、广告都是企业要注意加深网络消费者记忆的主要方面。特别是商品的商标，它是网络消费者识别、购买商品的最主要标志。

3）想象

所谓想象，是指人脑对过去形成的表象进行加工改造而产生新形象的心理过程。表象是指保留在人脑中的感知过的事物形象。想象是在记忆表象的基础上进行的，它与记忆有联系，但又不同于记忆。记忆是知识经验的积累、贮存和提取，而想象则是以改造旧表象、创造出过去没有直接感知过的新形象的过程。想象是新形象的创造，但任何想象都不是凭空产生的，想象来源于人们的社会生活实践。

（1）想象的种类。

① 根据想象有无目的性，可以分为无意想象和有意想象。无意想象是没有特定目的，不自觉的想象。有意想象是指带有一定目的性和自觉性的想象。

② 根据想象内容的新颖性、独特性和创造性的不同，可分为再造想象和创造想象。再造想象是根据语言、文字的描述或条件的描绘（如说明书、图纸等）在头脑中形成有关事物的形象的过程。创造想象是在个人头脑中独立创造出事物的形象的过程。创造想象是在个人头脑中独立创造出来的事物的新形象。例如，层出不穷的新产品设计等。

（2）想象在网络营销中的作用。在网络消费者形成购买意识、选择商品、评价商品的过程中，想象力都有参加。例如，网络消费者看到一件款式新颖的衣服，会想象到它穿在自己身上时是如何高雅时髦。通过想象，网络消费者就能深入认识商品的实用价值、欣赏价值和社会价值，其结果是能增强商品对网络消费者的诱惑，激发其购买欲望。在某些情况下，想象会导致网络消费者进行冲动性购买。所以，想象对于推动网络消费者的购买行为具有很重要的作用。在商业活动中，运用想象激发网络消费者购买欲望，强化宣传效果，几乎是必不可少的手段。此外，在企业各项营销活动中，如商品的包装、命名、陈列、宣传、促销等方面，想象的运用也极为广泛。

4）思维

思维是人脑对客观事物概括的、间接的反映。它反映的是事物的本质和规律性的联系。思维是大脑运用分析、综合、比较、抽象、概括等一系列活动，把握事物的本质特征和规律，在知识和经验的基础上，认识和推断未知事物的过程。

（1）思维的特征。概括性和间接性是思维的两个主要特征。

① 思维的概括性。思维的概括性就是把同一类事物的共同特征抽取出来加以概括。例如，我们把苹果、橘子、香蕉等一类东西，概括起来叫"水果"；把猴子、老虎、兔子等概括为"动物"等。

② 思维的间接性。人们认识某些事物时，没有直接或无法直接认识其内在本质，而是以其他事物为媒介，经过判断、推理来认识客观事物，这就是思维的间接性。例

如，随着商品房销量的增长，可以预测家庭装潢和居室配套设施将成为新的消费热点，这就是运用判断、推理的间接思维活动。

> **小提示**
> 思维的间接性与概括性紧密联系，间接性以概括性为前提。例如，消费者能够根据物价的趋势性变动推测市场前景，是因为知道物价变动与市场前景变动之间的因果关系，而这种认识是先由思维的概括性获得的。思维的间接性和概括性可归结为一点，即思维是对客观事物的本质特征或内在联系的反映。

（2）思维在网络营销中的作用。在网络营销活动中，为适应激烈的市场竞争的需要，企业经营者必须掌握灵活多样的思维方式，形成良好的思维品质。

思维的变通性与经营活动。思维的变通性即灵活性，是指善于根据事物的变化发展，运用已有的知识经验，灵活机动地进行思考，及时地改变解决问题的步骤和方法的思维能力。在现代企业经营中，运用变通性思维，也常常能使企业摆脱困境。

思维的敏捷性与市场决策。思维的敏捷性表现为一个人能够迅速地做出反应的思维能力。在现代市场竞争中，经营者要善于把握时机，看清商品的销售走势，及时、迅速地做出正确的经营决策，这就需要有敏捷的思维能力。

思维的独创性与经营活动。思维的独创性是指思维活动具有新颖、独特的思维品质。所谓"新颖"，就是不墨守成规，前所未有；"独特"就是与众不同，别出心裁。

3.2.2　网络消费者心理的情感过程

人们通过认识过程，实现了对客观事物的了解和认识。但人的心理活动并不停留在认识水平上，还赋予所认识的事物不同的情感，这便是情感过程。情感过程具体表现为情绪和情感两种形式。消费者的购买活动也是充满情感体验的活动过程。

1. 网络消费者的情绪

情绪一般是指短时间内的、与生理需要相联系的一种体验，如喜欢、气愤、忧愁等情绪形式。

1）网络消费者的情绪表现及其影响因素

网络消费者的情绪表现，大多是通过其神态、表情、语气和行为等来表达的。各种情绪的表达程度也有着明显的差异。

（1）网络消费者在购买活动中的情绪表现。网络消费者在购买活动中的情绪表现大致可以分为以下三大类。

① 积极的感情，如好感、依恋感、热忱、喜爱、满意、愉快等。

② 消极的感情，如消沉、厌烦、排斥、悲哀等。

③ 中性的感情，中性的感情表示人对事物的认识完全是理智的或无所谓的。

（2）影响网络消费者情绪表现的因素。网络消费者在购买活动中的情绪主要受购买环境、商品本身等因素的影响。

① 购买环境。购买环境条件是影响网络消费者情绪的重要因素。如色彩柔和、美观典雅的店面设计，会引起网络消费者愉快、舒畅的情绪反应，使网络消费者处于喜悦、欢快的积极情绪之中，从而刺激网络消费者的购买欲望；反之，购买环境条件差，则会使网络消费者产生厌恶、烦躁的情绪。

② 商品本身。当商品能使网络消费者产生符合自己过去经验所形成的愿望需要的想法时，就会产生积极的情绪，从而导致购买；反之，就会形成消极情绪，打消购买欲望。在现实购买活动中，网络消费者的情绪演化，是随着对商品的认识过程而发生变化的。随着对商品的深入了解，会产生对商品的"满意—不满意""愉快—失望"这样的对立性质的情绪变化。如在购买商品时，网络消费者发现某种商品的外观好，则会产生愉快情绪，但在深入认识商品时，发现商品的品质较差，则会转变情绪，产生对商品的不满意态度。

③ 网络消费者自身所带有的情绪。如欢愉、开朗、振奋或忧愁、悲观等。网络消费者的这种持久情绪的形成，是以他的心理状况为背景的。这种心理状况背景包含多项内容，如网络消费者的生理特点、性格倾向、生活经历、事业成败、需求顺逆、道德观念、社会地位、理想信念乃至生活环境、身体状况和社会关系等。这些心理背后的差异致使网络消费者的情绪也各不相同。

2）情绪在网络营销中的应用

消费者所有的购买决策总是为了追求快乐，或者为了逃避痛苦。快乐与痛苦是我们与生俱来、不可抑制的原始情绪。应用情绪开展网络营销的策略有以下三个。

（1）情绪激发作为产品利益。情绪总是伴随着正面或负面的评价，那些让人感到快乐的产品总是能赢得更多消费者的青睐。在产品与服务高度同质化的今天，客户越来越期望在各种商品体验中获得正面、有情感、值得回忆的感觉。这种快乐体验既可能来自产品的主要利益或次要利益，又可能来自客户的购买过程。

（2）情绪降低作为产品利益。很少有人喜欢感受悲哀、无助、羞辱或恶心。面对这一境况，营销者们设计出许多防止或缓解不愉快情绪的产品。这类产品中最典型的就是各种各样用于抑制忧郁或焦躁症状的非处方药品。人们常常光顾线下的百货商店和零售店以消除疲倦、感受刺激、引发渴望。现在，世界上甚至出现了线上专门激发顾客情绪的一种商业模式。鲜花被宣传为能够消除悲哀；减肥产品和其他有助于自我完善的产品常常根据其缓解内疚感、无助感、耻辱感或厌恶感等利益来定位；个人清洁护理产品也常以缓解焦躁和忧虑作为其主要利益。

（3）情绪激发形成顾客购买动机。动机是引发并维持个体行为的内在动力，由动机引发、维持的行为是有组织、有目的、有方向的活动。情绪是激励人的活动，唤起人性，可使身心处于活动的最佳状态，进而推动人有效地完成工作任务。研究表明，适当的紧张和焦虑能促使人积极地思考和成功地解决问题；而没有一点紧张，或者过度的紧张以及焦虑将不利于问题的解决。当网络消费者的需要和欲望从隐藏状态转化为显性状态时，网络消费者便会出现紧张情绪，即感到不便、不满与抱怨。这时候，恰到好处的营销方案其实就是在帮助消除网络消费者的紧张情绪，引发购买动机。

2. 网络消费者的情感

情感是长时间内与社会性需要（社交的需要、精神文化生活的需要等）相联系的一种稳定的体验，如道德感、理智感、美感等。

1）情感的特点

每个人都会体验到各种各样的情感，可是人的情感品质有很大差异，一般表现在以下四个方面。

（1）情感的倾向性。情感的倾向性主要是指人的情感指向。基于情感基础上的产品认同，会使消费者在选择商品时具有明确的倾向性。

（2）情感的深刻性。情感的深刻性是指情感在思想行动中表现的程度。能深入地渗透到消费者生活各方面的情感，才是深刻的消费者情感。对某个品牌的高忠诚度会让消费者在生活的各方面表现出对这个品牌的喜爱。

（3）情感的稳定性。情感的稳定性是指情感的稳固程度和变化情况。

> **小提示**
>
> 消费者的情感反应会随着情境的改变而改变，消费者对产品的评价是在特定的情境中做出的，因此，特定消费者对于某个产品的情感反应也会随情境的改变而改变。

（4）情感的效能性。情感的效能性是指情感在人的实践活动中发挥作用的程度。对情感效能高的消费者而言，任何情感都会成为购买行为的动力。相反，情感效能低的消费者，虽然他们也常常会有一些情感的体验，有时也似乎很强烈，但是往往只停留在体验上，而缺乏具体行动。

2）情感在网络营销中的应用

应用情感开展网络营销的策略有以下四个。

素质培养

了解消费者需求，主动站在消费者的角度思考问题，用超前的服务意识和顶级的产品质量服务消费者，与消费者达成情感共鸣。

（1）设计情感产品与包装。情感产品与包装是指通过感性设计赋予商品包装一定的情感，使顾客觉得买回来的不仅是商品，而且是有情感、有思想的活物。情感产品与包装的设计主要是围绕网络消费者的消费心态和产品或包装本身自有的独特功效或其他特点，寻找二者的最佳结合点，将人性化的思维和理念以创意的方式提供给消费者。

（2）制定情感价格。情感价格是指满足消费者情感需要的价格。如"会员卡""粉丝团"制度是对多次购买的回头客给予价格折扣优惠，使网络消费者体会到商家对顾客的善意和感激之情，从而强化了其惠顾心理，增强其对商家的依赖性和信任感。产品价格的制定，同样需要与顾客进行感情沟通，需要网络消费者的理解和认同。

（3）建立情感分销渠道。分销渠道是产品或服务从企业转向消费者的通道，是产品或服务的价值和使用价值的实现过程。经销商总是希望通过自己的努力，建立相对稳定的销售网络，获得长期稳定的销售收入，提升市场经营的知名度，成为市场经营的领头羊。

（4）应用情感广告。网络消费者购买和使用商品在很多情况下是为了追求一种情感上的满足或自我形象的展现。当某种商品能够满足网络消费者的某些心理需要或充分表现其自我形象时，它在网络消费者心目中的价值可能远远超出商品本身的价值。也正因为这样，情感诉求广告在现代社会得以诞生，在今天更是得以蓬勃发展。因此，情感广告诉诸消费者的情绪或情感反应，传达商品带给他们的附加值或情绪上的满足，使消费者形成积极的品牌态度。

> **小提示**
> 情感广告一定要有真情实感，避免虚情假意；要把握感情的限度，避免广告中出现不道德的内容；如果是跨文化的情感广告，还需要注意避免文化冲突，千万不要伤害了当地消费者的情感。

3.2.3 网络消费者心理的意志过程

人们不仅要认识客观世界，更重要的是还要有意识、有目的、有计划地改造客观世界，这就是意志行为。

1. 网络消费者的意志认知

网络消费者意志是指导网络消费者自觉地确定购买目的，并根据目的支配、调节自己的购买行为，克服各种困难，实现预定购买目标的心理过程。

1）网络消费者意志的基本特征

网络消费者的意志行为总是表现在人的实际行动之中，主要有以下几方面特征。

（1）有明确的目的性。一般来说，网络消费者在购买一种商品或采取某一行动之前，该行动的结果已作为意志行为的目的，以观念的形式存在于其头脑之中，并以此目的来指导其行为。网络消费者购买行为的产生都有它的目的性。网络消费者购买目的越明确，购买行动就越迅速和坚决。

（2）意志行动是与克服困难相联系的。这是指在意志行动中不断与来自内部和外部的各种困难作斗争的顽强表现。没有困难与阻力的行动，谈不上意志行为。对待困难的态度与克服困难的大小，往往是衡量一个人意志水平的重要标志。网络消费者在购买活动中也要克服各种困难。比如需要与支付能力的矛盾、相矛盾的购买动机之间的冲突等，都需要网络消费者排除和克服，才能最终实现购买行为。

（3）调节购买行为全过程。意志对人的心理状态和外部动作具有调节作用。这些调节作用包括发动和制止两个方面。发动行为表现为激发起积极的情绪，推动网络消费者为达到既定目的而采取一系列行动；制止行为则表现为抑制消极的情绪，制止与达到既定目的相矛盾的行动。

2）网络消费者意志的基本品质

（1）意志的自觉性。自觉是指网络消费者对购买活动的目的和意义有明确而深刻的认识，并受坚定的信念和价值观所控制，使行动达到既定目的。自觉性较强的消费者在购买活动中,往往经过深思熟虑,并善于分析权衡,对行动计划考虑再三,从不盲目和草率,活动效率也较高。反之,网络消费者则表现为缺乏信心和主见,易受别人的暗示和影响,购买行为无计划性。

(2)意志的果断性。意志的果断性是指一个人善于明辨是非,适时而合理地做出决定、执行决定的品质。富于果断性的网络消费者能够迅速地分析购买过程中发生的情况,不失时机地做出购买决策,而且一旦决定,不会轻易改变。而缺乏果断性的网络消费者在购买活动中常表现为优柔寡断、缺乏主见,购买目的和手段取舍不定。

(3)意志的自制性。这是指一个人善于控制自己的情感,并能有意识地调节和支配自己思想和行动的品质。主要表现在两个方面:一方面是善于促使自己去执行已经采取的决定,并能制止与执行无关的行动;另一方面是善于在实际行动时,控制由消极情绪引发的冲动行为。消费者在购买活动中,往往会遇到一些不顺心的人或事,若不能较好地控制自己的情绪,会导致买卖双方的矛盾冲突。

(4)意志的坚定性。这是指人具有充沛的精力和坚忍不拔的毅力,克服一切困难和挫折坚决地完成既定目的的品质。富于坚持性的网络消费者在购买活动中,一旦制订了购买计划,就会千方百计地去完成,不怕困难和麻烦,特别是完成长期的购买计划行为,更能反映人的坚持性。

2. 意志过程对网络购买活动的影响

网络消费者购买的意志过程就是网络消费者在购买活动中有目的地、自觉地支配和调节自己的行动,克服各种困难,实现既定的购买目标的心理过程。

1)采取购买决定阶段

采取购买决定阶段是消费者意志行动的初始阶段,主要包括以下三个方面。

(1)购买动机的取舍。网络消费者的购买动机是由网络消费者对商品的需要所激发的。由于网络消费者的需要是多种多样的,因而,动机也呈现多样性,甚至是相互对立的。当多种购买动机同时出现时,网络消费者必须认真比较权衡,进行取舍,恰当地选择主导动机。

(2)购买目的的确定。网络消费者在购买活动中,总是首先经过反复认真地思考,明确购买某种商品的目的,然后有意识、有计划地根据这一目的去支配和调节自己的购买行为。

(3)购买商品的选择。网络消费者在确定购买目的以后,面对琳琅满目的商品,还有一个具体选择的问题。网络消费者将根据商品的性能、特点、品牌、价格等因素,并结合自己的经济条件和需要的轻重缓急,最后做出具体购买商品的决定。

2)执行购买决策阶段

执行购买决策阶段是意志行动的完成阶段,是真正表现意志的中心环节,它不仅要求网络消费者克服自身的困难,还要排除外部的障碍,为实现购买目的,付出一定的意志努力。

3)评价购买决策阶段

评价购买决策阶段是网络消费者意志行动过程的最后发展阶段。这个阶段直接影响到网络消费者今后的购买行为。这是指购买商品后，网络消费者在消费过程中的自我感觉和社会评价。

> **课堂实训**

试从网络消费者心理的角度分析：卫龙辣条、三只松鼠等品牌为何能迅速成为"网红"级别的食品？它们的走红对你有哪些启示？

3.3 网络消费者购买行为

网络消费者购买行为是指消费者为满足自身需要，借助网络平台发生的购买和使用商品或劳务的行为活动。深入分析研究各种类型的网络消费者购买行为的相关内容，对于满足网络消费者需要、搞好网络营销工作具有十分重要的现实意义。

> **想一想**

根据自己的网络购物经历，分析在实际的网络购物过程中，消费者要做出完整的购物决策，需要经历哪几个阶段。

_____

_____

3.3.1 网络消费者购买行为过程分析

网络消费者的购买过程也就是网络消费者购买行为形成和实现的过程。从酝酿购买开始到购买后的一段时间，网络消费者的购买过程可以分为五个阶段，即诱发需求、收集信息、比较选择、购买决策和购后评价，如图3-5所示。

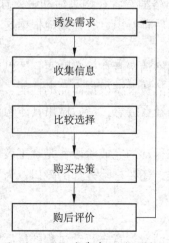

图3-5 网络消费者的购买过程

1. 诱发需求

网络购买过程的起点是诱发需求。消费者的需求是在内外因素的刺激下诱发出来的。有了消费需求，当消费者对市场中出现的某种商品或某种服务产生兴趣后，就会产生购买欲望。这是消费者做出消费决策不可缺少的基本前提。

在传统的购物过程中，诱发需求的动因是多方面的。人体内部的刺激，如饥饿、口渴的刺激，可以引发对食物、饮料的需求。外部的刺激也可以成为诱因，如看到朋友穿了一件新西服，感到非常得体、潇洒，手感也非常好，因而产生了自己也要买一件的想法。但对于网络营销来说，诱发需求的动因只能局限于视觉和听觉。文字的表述、图片的设计、声音的配置、动画的设置是网络营销诱发消费者购买的直接动因。从这方面讲，网络营销对消费者的吸引有难度。这就要求企业注意了解与自己产品有关的实际需求和潜在需求，了解这些需求在不同时间的程度水平，了解诱发这些需求的刺激因素，巧妙地设计促销手段以吸引更多的消费者浏览网页，诱导他们的需求欲望。

诱发需求阶段的营销任务主要包括：一是了解引起与企业产品有关的现实需求和潜在需求的驱使力，即引起网络消费者购买企业产品的原因；二是设计引起需求的诱因，增强刺激，唤起网络消费者需要，引发购买行为。

> **素质培养**
>
> 随着中国供应链的成熟，越来越多的中国企业把销售范围向全球市场发散。近几年越来越多的中国品牌得到国外消费者的认可，并且正在为"中国制造"正名，"中国制造"的印象正在转变为"中国智造"，这无疑彰显了我国日益强大的综合国力。但中国品牌要在全球范围内打造"爆款"，仍然需要在了解国外消费者文化背景、生活习惯等基础上为他们解决"痛点"需求，打造创新性的产品，弘扬"中国智造"之美。

▶▶ **想一想**

互联网还有哪些诱发需求的经典案例？

_____

_____

2. 收集信息

在购买过程中，收集信息的渠道主要有内部渠道和外部渠道两种。内部渠道是指消费者个人所储存、保留的市场信息，包括购买商品的实际经验、对市场的观察及个人购买活动的记忆等。外部渠道则是指消费者可以从外界收集信息的通道，包括个人渠道、商业渠道和公共渠道等。

（1）经验渠道。经验渠道是指内部渠道的主要形式，如通过亲身使用产品而得到的相关信息。

（2）个人渠道。个人渠道主要提供来自消费者的亲戚、朋友、邻居、熟人和同事的购买体会。这种信息和体会在某种情况下对购买者的购买决策起着决定性的作用。网络营销绝不可忽视这一渠道的作用。在没有实物作为信息载体的情况下，在线产品评论对消费者的网络购物行为影响非常大。而且这种影响往往是大范围的，在网络环境下，对一件质量好的商品而言，一次成功的销售可能带来若干新的顾客；对一件劣质产品而言，一次失败的销售可能带来商誉的严重损失乃至毁灭。

（3）商业渠道。它主要是指通过厂商有意识的活动把商品信息传播给消费者，如展览推销、中介推销、各类广告宣传等。网络营销的信息传递主要依靠网络广告和搜索系统中的产品介绍，包括在信息服务商网页上所做的广告、营销中介搜索系统上的条目以及企业主页上的广告和产品介绍。

（4）公共渠道。公共渠道是指大众传播媒体，在网络营销中主要指互联网和移动网络。在传统的购买过程中，消费者的信息收集大都是被动进行的，而网络购买的信息收集带有较大的主动性。一方面，网络消费者可以根据已经了解的信息，通过网络跟踪查询；另一方面，网络消费者不断地在网上浏览，寻找新的购买机会。

收集信息阶段的营销任务主要是了解不同信息来源对网络消费者购买行为的影响程度，注意不同文化背景下收集信息的差异性，以及有针对性地设计恰当的信息传播策略。

▶▶ 想一想

在我国，智能手机不同品牌专注的信息传播渠道有什么不同？为什么？

_____

_____

3. 比较选择

比较选择是购买过程中必不可少的环节。消费者对由各种渠道汇集而来的资料进行比较、分析、研究，了解各种商品的特点和性能，从中选择最为满意的一种。一般来说，消费者的综合评价主要考虑产品属性、品牌等。通常对一般消费品和低值易耗品的选择比较简单，而对耐用消费品的选择则比较慎重。在选择商品时，消费者主要考虑以下因素。

（1）产品属性。产品属性是指产品能够满足网络消费者需求的特征，涉及产品功能、价格、质量、款式等。在价格稳定的情况下，网络消费者对提供产品属性多或可靠的产品感兴趣。使用者不同，对产品属性的要求也不同。

（2）品牌信念。品牌信念是指网络消费者对某种品牌产品的看法。它带有个人主观因素，受选择性注意、选择性曲解、选择性记忆的影响。网络消费者的品牌信念与产品的真实属性往往并不一致。

（3）属性权重。属性权重是指网络消费者对产品有关属性给予的不同权数。如购买冰箱时，网络消费者如果注重它的耗电量，就会重点选择耗电量低的冰箱，所以很多冰箱制造企业针对消费者这一购买特征，纷纷在冰箱外观上标出每天耗电量的度数，以吸引更多消费者购买。

（4）效用要求。效用要求是网络消费者对某种品牌产品的各种属性的效用功能标准的要求。如果产品能满足网络消费者的效用需求，网络消费者就愿意购买。

由于网络购物不直接接触实物，消费者对网上商品的认识主要依赖于企业对商品的描述，包括文字和图片的描述。企业对自己的产品描述得不充分，就不能吸引消费者。如果对产品的描述过分夸张，甚至带有虚假的成分，则可能永久地失去消费者，所以必须重视对产品进行恰如其分的描述。

▶▶ 想一想

OPPO等手机企业的广告"轰炸"，对消费者购买决策的不同过程起什么作用？

4. 购买决策

购买决策是指通过产品评估，消费者对备选的某种品牌产品形成偏爱，形成购买意向，产生实际购买行为。网络消费者的购买决策主要有产品种类决策、产品属性决策、品牌决策、购买时间及购物平台及商家决策等。购买决策是网络消费者购买活动中最主要的环节，直接引起网络消费者购买行为的出现。与传统的购买方式相比，网络消费者的购买决策具有其独特性。

一方面，消费者理智动机所占的比重较大，而感情动机占的比重较小。这是因为消费者在网上寻找商品的过程本身就是一个思考的过程，消费者有足够的时间仔细分析商品的性能、质量、价格和外观，从容地进行选择。

另一方面，网络购买受外界的影响较小。消费者常常是独自上网浏览、选择，与外界接触较少，决策单位的范围比较窄，大部分的购买决策是消费者自己或与家人商量后做出的，决策参与者较少，网上购物的决策行为较之传统的购买决策往往要快。

> **小提示**
>
> 网络消费者在决定购买某种商品时，一般必须具备三个条件：第一，对企业有信任感；第二，对支付有安全感；第三，对产品有好感。所以，树立企业形象，改进货款支付办法和物流方式，全面提高产品质量，是参与网络营销的企业必须重点抓好的三项工作。只有抓好了这三项工作，才能消除或减少引起可觉察风险的因素，增强消费者购买信心，促使其做出购买决策。

5. 购后评价

购后评价是指消费者在购买产品以后产生的某种程度的满意或不满意所带来的一系列行为表现。消费者购买商品后，通过使用，往往会对自己的购买选择进行检验和反省，考虑这种购买是否正确，使用是否理想，以及服务是否周到等问题。这种购后评价往往决定了消费者今后的购买动向。商界中流传着这样一句话："满意的顾客就是最好的广告。"网络市场更能体现满意顾客的重要性,因为网络的开放性、泛在性,顾客的评论往往能迅速地大范围传播,影响其他顾客的购买行为。在这里,满意的标准是产品的价格、质量和服务与消费者期望值的符合程度。产品的价格、质量和服务与消费者的期望值相匹配,消费者会感到心理上的满足;否则,就会产生厌烦心理,并往往会寻找渠道发泄不满。因而对消费者的期望值管理是非常必要的,消费者对产品的期望值越高,不满意的可能性越大。企业在营销活动中,如果盲目地扩大消费者的期望值,虽然在短期内会提高产品的销售量,但容易引起消费者的心理失衡,退货、投诉增加,从长期来看有损企业形象,影响网络消费者以后的购买行为。

▶▶ 想一想

商家为什么重视差评?修改评论对网络市场有什么影响?

企业必须虚心倾听消费者反馈的意见和建议。网络为营销者收集消费者购后评价提供了得天独厚的优势。方便、快捷的电子邮件、产品评论及各种沟通工具紧紧连接着企业和消费者。企业从网上收集到消费者的评价之后,通过计算机的分析、归纳,可以迅速找出工作中的缺陷和不足,能够及时了解消费者的意见和建议,从而及时改进自己的产品性能和售后服务。

> **素质培养**
>
> 企业在面对客户异议时,也应自觉增强忧患意识与危机意识,清醒认识客户对企业或产品的接受程度,细心探求客户需求的真实性,力求从客户的不满意中获得更多关于改进产品、改善服务的信息,从而做到未雨绸缪,防微杜渐,化异议为动力,化危机为契机。

购后评价阶段的主要营销任务有三个:一是采取有效措施减少或消除网络消费者的购后失调感,及时处理网络消费者的意见,给网络消费者提供多种解除不满情绪的渠道;二是广告宣传等促销手段要实事求是,最好是有所保留,引导网络消费者形成恰当的期望值,提高消费者的满意度;三是建立与网络消费者长期沟通的机制,主动与消费者联系和沟通。

3.3.2 网络消费者购买行为的影响因素

网络消费者购买行为受到诸多因素的影响,可以分为内在因素和外在因素两大类。

▶▶ 想一想

试思考影响网络消费者购买决策的因素。

1. 内在因素

影响网络消费者购买行为的内在因素包括心理因素和个人特征因素。

1)心理因素

消费者的购买决策受到四种主要心理因素的影响,即动机、知觉、学习、信念和态度。

(1)动机。心理学认为动机是当人产生某种需求而又得不到满足时,心理上就会出现不安和紧张,这种不安和紧张进而形成的一种内在驱动力。在人类动机理论中,最流行的是马斯洛的需求层次理论,也称马斯洛动机。马斯洛认为人类的需求是以不同层次的形式出现的,由低级需求开始逐级向上发展到高级需求,他将个人需求分为五个层次,即生理需求、安全需求、社交需求、尊重需求和自我实现需求。

① 生理需求。生理需求是指维持个体生存的生理方面的需求,如人对饮食、睡眠、休息的需求。网上购物可以方便人们购买生活用品,部分满足了人们这一方面的需求。

② 安全需求。网络消费者通过网络搜索寻找能满足自身需求的商品,其购买动机建立在对网络商品具有的客观认识的基础上。网络消费者大多是中青年,具有较强的分析判断能力,也比较理智。而理智购买动机的最大特点就是安全需求,因此购买的安全性是网络消费者的基本要求。

③ 社交需求。互联网为网民提供了各种交流平台和工具,人们可以随时在网上发布包括售后评价、意见、建议等在内的信息,也可以开展网络社交活动,这对消费者产生了巨大的吸引力。

④ 尊重需求。尊重需求包括自我表现和受人尊重。前者包括独立、自由、自信、自尊、自豪等,后者包括地位、荣誉、威望、被尊重等。例如,人们要求开展网络营销的企业提供各种饰品、化妆品的销售,提供适合自身需要的旅游信息服务,提供个人主页或企业主页的宣传,提供会议服务等方面的综合服务等。

⑤ 自我实现需求。自我实现需求包括充分发挥个人的潜力,实现个人的理想与抱负。网络市场不仅仅是推销商品的场所,也是为商品的流转创造更便利条件的场所。在网络市场中开展活动的企业应提供更多、更好的服务,为消费者创造更广阔的购物空间,为自身创造充分发展的市场机遇。

我们也可以将购买动机分为需要动机和心理动机。影响网络消费者购买行为的主要需要动机有兴趣需要、聚集需要和交流需要,主要心理动机有理智动机、感情动机和惠顾动机。

(2)知觉。由于3.2节中已经讲解了知觉的基础知识,因此,这里将重点阐述知觉对网络消费者购物的影响。人们对同一刺激物会产生不同的知觉,原因就在于知觉具有选择性。知觉的选择性是人们对同时作用于自己感觉器官的各种刺激有选择地做出反应的倾向,包括选择性注意、选择性曲解和选择性记忆。

选择性注意是指人们在注意时,从当前环境中的许多刺激物或活动中选择一种或几种,使自己产生高度的兴奋、感知和清晰的意识。企业开展网络营销面对的挑战在于分析人们会注意哪些刺激物。人们一般会更多地注意以下几方面的刺激物:一是与当前需要有关的刺激物，如一位想购买计算机的消费者会注意网上的计算机广告；二是人们期待的刺激物，如消费者对联想品牌有消费偏好，就可能会期待网上多出现联想计算机广告，而对其他品牌的计算机广告则不太敏感；三是与正常的刺激物相比有较大差别的刺激物，如消费者会更多地注意减价1 000元的联想计算机广告，而不大会注意只减价50元或100元的联想计算机广告。

选择性曲解是指人们有选择地对某些信息进行加工理解，使之符合自己的想象。如一位消费者已经被在线客服告知竞争对手的计算机品牌的一些优缺点，但是只要他倾向于某个品牌的计算机，就极有可能扭曲其他品牌计算机的优点，从而断定自己选择的计算机品牌是最好的。

选择性记忆是指人们由于观点、兴趣、生活经验的不同，对自己所经历过的事物有选择地进行识记、保持、再现或再认。一般来说，选择性记忆倾向于保留那些能够支持其态度和信念的信息。如由于存在选择性记忆，消费者很可能只会记住联想计算机的优点，而忘记作为其竞争对手的同类计算机的优点。

（3）学习。人类的行为大都来源于学习，学习就是对驱使力（动机）、刺激物、提示物进行反应和强化的结果。企业在开展网络营销的过程中，应运用各种形式的刺激性暗示和提供积极的强化印象等手段使网络消费者对本企业商品产生需求。

（4）信念和态度。通过学习，人们形成了自己的信念和态度，这些又会反过来影响人们的购买行为。信念是指人们对某些事物所持有的描绘性思想。如消费者也许会认为一台联想计算机拥有强大的存储功能，且坚实耐用、价格低廉。人们往往会根据自己的信念做出行动，如当他们对某种商品的品牌树立起信念时，其他企业对同类商品的宣传就不会影响他们的抉择。

态度是指人们对某些事物或观念长期持有的好与坏的认识上的评价、情感上的感受和行动上的倾向。例如，网络消费者可能会持有这样的态度："买最好的计算机""联想公司能制造世界上最好的计算机"。这位消费者对联想公司的计算机印象最深刻，因为它同这位消费者既有的态度完全一致。

2）个人特征因素

网络消费者的年龄、性别、所处的家庭生命周期阶段、个性、生活方式及自我观念等都是影响网络消费者购买行为的个人特征因素。

（1）家庭生命周期。家庭生命周期是指以家长为代表的家庭生活的全过程。按年龄、婚姻、子女等因素，家庭生命周期可分为未婚期、新婚期、满巢期（Ⅰ期、Ⅱ期、Ⅲ期）、空巢期（Ⅰ期、Ⅱ期）和鳏寡期。在不同阶段，家庭的消费内容、消费需求、消费能力等都有明显区别。

① 未婚期。单身的青年人。这一阶段的消费支出以服装、娱乐为主。处于未婚期的人追逐时尚，是新产品促销的重要目标群体。

② 新婚期。没有子女的年轻夫妻。这是人生中的一个消费高峰期，他们购买的商品种类多，是住房、家用电器、家具、服装等单价较高的耐用消费品的主要购买者。

③ 满巢Ⅰ期。年轻夫妻，家中有6周岁以下的孩子。这个阶段在孩子的启蒙教育、营养方面开支较大。

④ 满巢Ⅱ期。年轻夫妻，家中有6周岁及6周岁以上的孩子。这个阶段家庭经济状况较好，孩子的教育支出逐渐增多，会购买大额商品，以及自己喜爱品牌的商品。

⑤ 满巢Ⅲ期。中年夫妻，有经济未独立的子女。通常情况下，这是一个家庭经济状况最好的阶段。他们是商品房的重点销售对象，也是二手房的主要购买者；他们又是家用电器、家具等消费品的主要购买者；这个阶段夫妻二人的负担也比较重，上有父母需要赡养，下有子女需要抚养；子女的教育开支较大。

⑥ 空巢Ⅰ期。未满60周岁的中年夫妻。其子女经济独立并已组成自己的小家庭；夫妻二人经济条件较好，是旅游产品、保健品的主要购买者。

⑦ 空巢Ⅱ期。年龄在60周岁及60周岁以上的老年夫妻。这一阶段的消费支出主要在医疗保健方面，经济条件好的家庭外出旅游增多。因此，这个阶段的家庭是旅行社比较重要的目标受众。

⑧ 鳏寡期。单身独居的老人。这一阶段的消费支出主要是医疗保健品、健身器材。另外，单身老人的再婚问题、护理问题也值得商家关注。

（2）个性。个性也称人格，是指个人稳定的心理品质，包括人格倾向性和人格心理特征。人格倾向性指人的需要、动机、兴趣和信念等，决定着人对现实生活的态度、趋向和选择。人格心理特征指人的能力、气质和性格，决定着人们行为方式上的个人特征。由于遗传素质的差异，以及社会活动的不同，每个人拥有的人格倾向性和人格心理特征都各不相同，从而形成了不同的人格。这种个性的差别也会导致购买行为的不同。如在选择服装方面，性格外向的人通常喜欢色彩明亮、款式新颖的服装；性格内向的人通常喜欢色彩深沉、款式简洁的服装。在购买行为方面，性格外向的人活泼多言，通常容易受推销、广告等外界因素影响并很快做出购买决策；性格内向的人沉默寡言，通常在购物时犹豫不决。因此，营销人员需要针对网络消费者的个性特点开展营销活动。

▶▶ **想一想**

举例说明社会文化对消费者的购买行为有哪些方面的影响。

（3）生活方式。生活方式是指在一定社会制度下，社会群体及个人在物质和文化生活中的各种活动形式和行为特征的总和，包括劳动方式、消费方式、社会交往方式及道德价值观等。生活方式具有社会性、民族性、时代性、类似性、多样性、差异性等特点。生活水平和生活质量是生活方式在质和量两个方面的反映。生活方式不同的人的消费重点也有所区别。例如，"娱乐型"的人的生活丰富多彩，追逐时尚潮流；"生活型"的人购物主要是为了满足家庭生活的舒适要求；"事业型"的人往往喜欢购买书籍及与工作相关的商品。

（4）自我观念。自我观念也称自我概念，是指个体对自身的认识。它包括三个方面：一是认知，指对自己的品质、能力、外表、社会意义等方面的认识；二是情感，包括自尊、自爱和自卑等；三是评价意识，指自我评价。自我观念可分为现实的我、理想的我、动力的我和幻想的我。由于自我观念不同，人们的购买行为有很大的差异性。如在服饰的选择方面，网络消费者如果想把自己塑造成风度翩翩的"绅士"，就会偏向于选择名牌西装、领带等；网络消费者如果想把自己塑造成悠闲自在的人，通常就会选择以休闲风格为主的服饰。

2. 外在因素

网络消费者的购物行为还受到许多外在因素的影响，主要包括以下六个方面。

1）商品价格

价格虽然不是决定消费者购买商品的唯一因素，却是影响消费者购买商品的非常重要的因素。消费品的需求弹性一般比较大，互联网的起步和发展都依托于免费和低价策略，因此消费者对网络商品或服务拥有免费和低价的心理预期，网络商品或服务普遍具有价格优势是网购的生命力所在。

2）商品本身

在网上销售商品，一般要考虑其新颖性和个性化以及消费者的购买参与程度等。

（1）商品的新颖性和个性化。追求商品的新颖性和个性化是许多消费者重要的购买动机，他们特别重视商品的款式、格调、流行趋势或自身个性化需求的满足，不太关注商品的使用程度和价格高低。这类商品一般都是个性化商品、新式高档消费品、新式家具、时髦服装等。

（2）消费者的购买参与程度。一般来说，要求消费者参与的程度比较高，且必须进行现场购物的商品，不宜在网上销售。这类商品可以采用网络营销推广的方式来扩大宣传，以辅助传统的营销活动；也可以采用新零售模式，整合线上线下资源。

3）购物时间

网店一天24小时营业，用户可以随时下单购物，没有任何时间限制。网购为人们上班前和下班后进行购物提供了极大的便利，也节省了大量的时间。

4）商品挑选的便捷性

消费者在进行网购时可以突破地域限制，足不出户地货比多家，挑选商品的余地非常大。消费者挑选商品通常有两种方法：一种是消费者可以通过网络提供的众多检索途径，方便快速地搜寻全国乃至全世界的相关商品信息，挑选自己满意的厂商和满意的商品；另一种是消费者可以通过公告板等渠道公开自己所需要的商品或服务，吸引商家与自己联系，从中筛选出能满足自己需求的商品或服务。

5）购物的安全性与可靠性

影响消费者在网上购物的另一个重要因素就是安全性与可靠性。网上交易的付款和收货一般是分离的，让人有一种失去控制的感觉。安全与可靠的购物环境，如网购平台作为中介提供7天支付期限，保障了消费者权益，增强了消费者的网购信心，满足了消费者对购物安全的基本需求。

6）参照群体

参照群体也称相关群体，是对个人的信念、态度和价值观产生影响并作为其评价事物标准的群体。它既可以是实际存在的,也可以是想象中的。网络信息传播的便捷性和广泛性使人们更易受到别人的影响,如购物过程中其他消费者对有关商品的评论对个人购买行为具有重要的影响。

参照群体可分为直接参照群体和间接参照群体。直接参照群体也称成员群体,是指某人所属的群体或与其有直接关系的群体。直接参照群体又分为首要群体和次要群体两种。首要群体是指人们经常面对面直接交往的群体,如邻里、同学、家人、同事等,多为非正式群体。次要群体是指人们不经常面对面直接交往的社会组织,如企业、学校、消费者协会等。间接参照群体是指某人的非成员群体,即虽不属于这个群体,但又受其影响。间接参照群体又分为厌恶群体和向往群体。厌恶群体也称隔离群体,是指网络消费者厌恶、回避甚至想要远离的群体,即网络消费者希望在各方面与其保持距离,甚至反其道而行之的群体。向往群体也称渴望群体,是指网络消费者渴望成为其中的一员,并模仿其成员的消费模式与购买行为的群体。

>> **想一想**

网红对消费者购买行为有些什么影响?

_____

_____

参照群体对网络消费者购买行为的影响主要体现在三个方面:一是参照群体为网络消费者展示出新的行为模式和生活方式;二是参照群体影响网络消费者对某些商品和品牌的选择,促使其行为趋于某种一致性;三是参照群体影响网络消费者对某些事物的看法和对某些商品的态度。

3.3.3 网络消费者购买行为决策分析

消费者是市场营销的目标对象,企业的产品、营销方式都是在迎合消费者需求和喜好的前提下产生的。因此,企业在确定目标市场后,还需要对目标市场进行深入分析,了解消费者购买行为。消费者购买行为是受消费心理支配而产生的产品购买活动过程。消费者购买行为由购买产品的种类、规格、型号及购买的数量、时间、地点等内容组成。关于消费者购买行为的分析可以采用"5W1H 分析法"。

1. 消费者购买什么(What)

通过分析消费者购买什么产品、为什么需要这种产品而不是其他产品,企业可以了解不同品牌的销售情况和消费者的偏好,以提供适销对路(适销对路指产品特性能够满足广大目标消费者的物质与精神需求)的产品。例如,有的消费者喜欢购买动漫产品,有的消费者热衷购买摄影产品;有的消费者大部分开支用于饮食支出,有的消费者大部分开支用于旅游支出;等等。

2. 消费者为何购买（Why）

不同消费者有不同的购买动机，购买动机是消费者为了满足一定的需要而产生的购买欲望。企业了解消费者的购买动机后，可以分析消费者产生购买动机的原因，以便为自身的营销决策提供依据。例如，有的消费者追求新奇，不在乎产品是否经济实惠；有的消费者追求物美价廉，看重产品的功能和实用性，对产品外观、样式不太重视；有的消费者喜欢名贵或时髦的产品。

3. 购买者是谁（Who）

企业应分析产品的购买者是谁及其特征，包括购买者的年龄、性别、职业、收入水平和兴趣爱好等。同时，购买者可能是产品的使用者，也可能不是产品的使用者。因此，企业需要弄清楚消费者的购买行为中的因素：购买的产品供谁使用，谁是购买的决策者、执行者、影响者，如儿童玩具的使用者是儿童，通常购买要求由他们提出，但最终是否购买往往由其父母决定，企业就应更加注重儿童玩具的益智性和安全性。

4. 消费者在何时购买（When）

企业应分析购买者对特定产品的购买时间的要求，以便适时将产品推向市场，分析各类电商购物节、自然季节和传统节假日对市场购买的影响程度等。例如，人们通常选择在节假日购入高档耐用消费品（因为高档耐用消费品较贵，消费者一般需要充裕的购物时间来筛选商品），在工作之余购买日用消费品。

5. 消费者在何地购买（Where）

消费者购买产品的地点往往受消费人群及产品性质等因素的影响，如粮食、蔬菜、调味品等日常生活用品会被频繁购买，为了节省时间，消费者通常到住所附近的商店购买；对于家庭装饰类消费品，消费者往往选择在品种较多的大中型商场购买。分析消费者对不同产品的购买地点的要求及其选择不同地点的原因，有利于企业寻找适销渠道，并针对不同渠道制定不同的推广策略。

6. 消费者如何购买（How）

不同消费者对不同产品会选择不同的购买方式，如很多20~30岁的年轻消费者喜欢在电商平台购买潮流服饰，多数40~50岁的中年消费者喜欢在品牌服装店购买服饰。分析消费者对购买方式的不同要求，企业可以有针对性地提供不同的产品或服务。

> **小提示**
>
> 1932年，美国政治学家拉斯维尔提出"5W分析法"。随后人们经过不断的运用和总结，逐步提出了"5W1H分析法"。"5W"即What（做什么）、Why（为什么做）、Who（谁去做）、When（在什么时候做）、Where（在哪里做），"1H"即How（怎么做）。无论是5W分析法还是5W1H分析法，在企业管理、日常工作中都得到了广泛应用。在分析问题时，先将问题列出，然后逐一回答，有利于做出高效或创新性的决策。

想一想

试分析不同年龄和性别的网络消费者有哪些不同的行为模式,企业应如何进行相应的网络营销。

课堂实训

村村乐是服务我国广大农村的互联网创业服务平台、农村整合营销传播平台、农村农资流通平台、农村金融服务平台,自 2009 年成立以来,一直致力于打造"基于熟人社会的新型农村互联网平台"。一开始,村村乐并没有行之有效的营利模式,创始人胡伟经过反复斟酌后,把其业务确定为刷墙、为村民对接项目、推荐村干部、帮村民成为品牌农作物代理商、整合营销渠道、为村民提供创业资金等。目前,村村乐为全国 60 多万个村庄分别建立了网络门户,现注册会员已超过 1 200 万人,近一半的村庄已拥有门户站长,共计 32 万人。村村乐充分发挥"村里有人"的优势,以数量庞大的门户站长为基点,采用网络众包模式引导农民致富。近几年来,村村乐一度受到资本的追捧,甚至被风险投资估值 10 亿元。而通过村村乐网站接任务赚到钱的村民大概有 10 万人,他们利用农闲时间接任务,如刷墙等,平均每人每年最少赚 1 000 元,最多的一年赚了 10 万元。

以小组为单位分析讨论:村村乐为什么能做起来? 在农村刷墙与消费者购买行为有何关联?

项目实训

1. 实训目的

结合网络市场调研,收集相关资料,通过"5W1H 分析法"分析消费者购买手机产品的行为特征,并在研究的基础上撰写分析报告。

2. 实训内容

(1)通过网络市场调研,获取手机消费者的群体特征。
(2)通过访谈你所访问的手机消费者提取共性关键词。
(3)根据以上研究,以小组为单位撰写一篇不少于 2 000 字的分析报告。
(4)交研究报告,并做成 PPT 在班级内进行展示。

3. 实训要求

完成实训作业《消费者购买手机产品的行为特征分析报告》。

复盘反思

经过本项目的实施和相关知识点的学习，对比自己总结的内容与知识讲解部分的内容是否契合，并填写表 3-2，完成项目评测，进行复盘反思。

表 3-2　本项目复盘反思表

姓名		班级	
学号		日期	
知识盘点	通过对本项目的学习，你掌握了哪些知识？ 请画出思维导图：		
任务自评	□优秀	优秀之处：	
	□良好	待改进之处：	
	□较差	不足之处：	
任务完成情况	□熟练掌握，可综合运用	□有所了解，可总结知识点	

项目评价

经过本项目的分组实训演练,按实训项目评价指标进行学生自评与小组成员互评(按优秀为 5 分、好为 4 分、一般为 3 分、合格为 2 分、不合格为 1 分五个等级评价),并填写表 3-3,完成实训项目评测,最后教师给出综合评价。

表 3-3 本项目综合评价表

	评 价 指 标	得分
自评	团队合作精神和协作能力:能与小组成员合作完成项目	
	交流沟通能力:能良好表达自己的观点,善于倾听他人的观点	
	信息素养和学习能力:善于收集整合资源,借鉴优秀思考方向	
	独立思考和创新能力:能提出新的想法、建议和策略	
组员 1 评价	团队合作精神和协作能力:能与小组成员合作完成项目	
	交流沟通能力:能良好表达自己的观点,善于倾听他人的观点	
	信息素养和学习能力:善于收集整合资源,借鉴优秀思考方向	
	独立思考和创新能力:能提出新的想法、建议和策略	
组员 2 评价	团队合作精神和协作能力:能与小组成员合作完成项目	
	交流沟通能力:能良好表达自己的观点,善于倾听他人的观点	
	信息素养和学习能力:善于收集整合资源,借鉴优秀思考方向	
	独立思考和创新能力:能提出新的想法、建议和策略	
组员 3 评价	团队合作精神和协作能力:能与小组成员合作完成项目	
	交流沟通能力:能良好表达自己的观点,善于倾听他人的观点	
	信息素养和学习能力:善于收集整合资源,借鉴优秀思考方向	
	独立思考和创新能力:能提出新的想法、建议和策略	
教师综合评价	优秀之处	
	不足之处	

项目 4
经典网络营销方法

 学习目标

知识目标	• 了解搜索引擎营销内容、方法及其优化 • 熟悉内容营销、事件营销的策划要点 • 掌握口碑营销、病毒营销的步骤、方法等 • 掌握网络广告形式及其策划流程
能力目标	运用经典网络营销方法的相关知识分析问题、解决问题
素养目标	形成全面的网络营销意识,提升营销者的战略思维和创新意识

 学习计划表

根据表 4-1,对本项目的学习进行合理规划。

表 4-1 本项目学习计划表

项 目		搜索引擎营销	内容营销与事件营销	口碑营销与病毒营销	网络广告
课前预习	预习时间				
	预习结果	1. 难易程度 □偏易(即读即懂) □偏难(需查资料) 2. 问题总结		□适中(需要思考) □难(不易理解)	
课后复习	复习时间				
	复习结果	1. 掌握程度 □精通 □掌握 2. 疑点、难点归纳		□熟悉 □了解	

 项目导读

一个优秀的网络营销从业者,可以熟练掌握多种网络营销方法,以便企业在多个推广渠道多点开花,让所有的网络营销推广途径连接成一个有机整体,使每一个推广渠道都可以成为营销成果的爆发点。

 项目讲解

4.1 搜索引擎营销

搜索引擎营销（search engine marketing，SEM）是网络营销早期经典的营销方式，由网络营销诞生之初的第一代营销工具——搜索引擎工具发展而来。直到今天，搜索引擎营销仍然是企业开展网络营销活动的常用方式之一。

4.1.1 搜索引擎营销的概念

搜索引擎是一种自动从互联网收集信息，并对信息进行整理和排序后，再将其提供给用户进行查询的系统。目前，常用的搜索引擎有百度搜索、搜狗搜索、360 搜索等，大多数企业都选择与这些有实力的搜索引擎合作，开展搜索引擎营销。

搜索引擎营销就是以搜索引擎为基础的网络营销。搜索引擎营销的基本思路是当用户使用搜索引擎检索时，将企业的营销信息展示在检索结果中。

搜索引擎营销的实现过程主要包括以下几个阶段。

（1）企业发布信息。企业将信息发布在网站上，成为以网页形式存在的信息源。

（2）搜索引擎收录信息索引。搜索引擎将网站或网页信息收录到索引数据库。

（3）用户信息检索。用户利用关键词进行检索，对于分类目录则进行逐级目录查询。

（4）搜索引擎反馈信息检索。搜索引擎在用户的检索结果中罗列出相关索引信息及链接 URL。

（5）用户判断检索结果。用户对检索结果进行判断，选择有兴趣的信息并单击链接 URL 进入信息源所在网页。

（6）用户浏览网站。用户浏览企业官方网站、相关网站或第三方电商平台，实现访问量转化。

> **小提示**
>
> 统一资源定位符（uniform resource locator，URL）是指用户在浏览器地址栏中输入的网站网址。互联网上的每个文件都有唯一的 URL，它包含的信息可以指出文件的位置。

一般而言，搜索引擎营销所做的是以较小的投入在搜索引擎中获得较大的访问量，并产生商业价值。用户在检索信息时所使用的关键词反映了用户对该产品的关注，这种关注是搜索引擎被广泛应用于网络营销的主要原因。目前搜索引擎营销的常用方法是搜索引擎竞价和搜索引擎优化。

4.1.2 搜索引擎营销的特点

搜索引擎营销的实质就是通过搜索引擎工具,向用户传递他们所关注对象的营销信息。与其他网络营销方式相比,搜索引擎营销有以下五个特点。

1. 用户主动创造"被营销"的机会

搜索引擎营销和其他网络营销方式最主要的不同点在于,用户主动创造了"被营销"的机会。以关键词广告为例,它平时在搜索引擎工具上并不存在,只有用户输入了关键词后,它才会在关键词搜索结果中出现,这就是用户主动创造了"被营销"的机会。

2. 以用户为主导

搜索引擎检索出来的是网页信息的索引而不是网页的全部内容,所以这些搜索结果只能发挥引导的作用。在搜索引擎营销中,使用什么搜索引擎、通过搜索引擎检索什么信息完全是由用户自己决定的,在搜索结果中浏览哪些网页也取决于用户的判断。搜索引擎营销这种以用户为主导的特点极大地减少了营销活动对用户的干扰,完美地贴合了网络营销的基本思想。同时,比起随便点选广告的人,搜索者的访问更有针对性,这使搜索引擎营销的效果更好。

3. 按效果付费

搜索引擎营销是按照点击次数来收费的,而展示是不收费的。这意味着企业投放的广告只有被网络用户检索并点击后才产生费用。而用户的点击则代表着其对该广告展示的产品或服务有一定的需求。因此,这种按效果付费的方式更为合理、科学,避免了企业广告费的无效投入。

4. 方便分析营销效果

企业在和搜索引擎建立业务联系后,可以很方便地从后台看到每天的点击量、点击率,这有利于企业分析营销效果,进而优化营销方式。

5. 用户定位精准

搜索引擎营销在用户定位方面表现突出,尤其是搜索结果页面的关键词广告,完全可以做到与用户检索时使用的关键词高度相关,从而提高营销信息被关注的概率,最终达到增强网络营销效果的目的。

除此之外,门槛低、投资回报率高、动态更新及时、使用广泛等都是搜索引擎营销的显著特点。

小提示

搜索引擎营销的效果表现为网站访问量的增加而不是销量的提高,其使命是使企业网站获得访问量,至于访问量最终是否可以转化为收益,不是搜索引擎营销可以决定的。要想真正提高销量,企业还要做好各个方面的工作。

4.1.3 搜索引擎营销的内容

根据搜索引擎的工作原理和搜索引擎营销的原理,我们可以得知,搜索引擎营销的基本内容包括以下五个方面。

(1)构建适于搜索引擎检索的信息源。有了信息源才有机会被搜索引擎检索到,所以建立企业网站可以说是企业开展网络营销的基础。同时,信息源要适合被搜索引擎检索,且能让用户满意。由此可见,网站优化应包含用户、搜索引擎、网站管理维护三个方面的优化。

(2)创造信息源被搜索引擎收录的机会。因此,让尽可能多的信息源被搜索引擎收录是网络营销的基本任务之一,也是搜索引擎营销的基础。

(3)让网站信息源出现在搜索结果中靠前的位置。信息源被搜索引擎收录还不够,还需要让信息出现在搜索结果中靠前的位置。否则,被用户发现的机会大为降低,搜索引擎营销的效果就无法保障。企业信息源出现在靠前位置的方法,有免费的方法,如搜索引擎优化;也有付费的方法,如竞价排名等。企业可以根据网络营销战略设计适合的搜索引擎营销策略。

(4)以搜索结果中有限的信息获得用户关注。我们在设计企业的信息源时,要保证每个独立的页面都有独立的网页标题、网页摘要信息和网页内容的URL。

(5)为用户获取信息提供方便。用户进入网站之后,网站能不能提供满足用户需求的丰富信息或便利的渠道成为用户是否在该网站停留的重要因素。因此,网站的产品介绍、购物流程的设计、网站的易用性、客服的及时响应等都是影响用户转化的因素。

4.1.4 搜索引擎营销的基本方法

到目前为止,搜索引擎营销的方法可分为搜索引擎付费广告营销和搜索引擎优化两大类。

1. 搜索引擎付费广告营销

搜索引擎付费广告营销是指广告主根据自己的产品或服务的内容、特点等,确定相关的关键词,撰写广告内容并自主定价投放的广告。当用户搜索到广告主投放的关键词时,相应的广告就会展示出来。

2. 搜索引擎优化

搜索引擎优化又被称作网站优化技术。网站优化做得好,可以在搜索引擎中获得较好的排名。因此,为了提高网站对搜索引擎的友好度,提高用户的使用体验,需要对网站的结构、页面和内容等进行优化。

搜索引擎优化是指企业在了解搜索引擎自然排名机制的基础上,对网站进行内部及外部的调整优化,改进网站在搜索引擎中的关键词自然排名,获得更多的流量,从而达成网站销售及品牌建设的目标。

搜索引擎优化,一方面可以让用户更好地体验,让用户在使用网站时能够不假思索地浏览网站,寻找到所需的信息;另一方面让搜索引擎更容易爬行企业网站所有页面并抓取。具体包括结构优化、页面优化、内容优化。

（1）结构优化。为了使用户在浏览网站时更便捷地获取所需信息，同时也为了方便搜索引擎更全面地抓取网站数据，需要对网站结构进行优化，其内容包括 URL 设置、网站结构设计等。

（2）页面优化。网站的页面优化直接与用户体验和搜索引擎的抓取效果有关，并影响着最终的销售效果，因此应该予以重视。页面优化包括页面标题优化、描述标签优化、关键词标签优化等内容。

（3）内容优化。网站的内容优化主要是对关键词与文章内容间的联系、关键词的密度和更新频率等进行优化。

> **小提示**
>
> 企业即使做了竞价排名，也应该对相关网站进行搜索引擎优化，并将网站加入各大搜索引擎，如通过搜索引擎收录入口提交网站及通过高质量的原创内容使自己的网站被搜索引擎认可。

▶▶ 想一想

一家数据分析培训机构开展搜索引擎竞价推广时，可以选择哪些关键词？企业如何调研用户频繁使用的与推广信息相关的关键词？

_____

_____

课堂实训

在站长之家网站上查询上述页面优化内容，诊断你所在学校官方网站存在的问题，并提出相应的解决办法。

4.2 内容营销与事件营销

随着人们对网络营销认识和运用的加深，单一营销模式的效果将会越来越弱。内容营销、事件营销等资源整合的网络营销方法成为引爆流量的不二之选。

4.2.1 内容营销

在自媒体时代，内容为王。这是很多企业投入大量时间和资源，通过内容营销做品牌传播的原因。内容营销要求企业通过创造有价值的内容，吸引特定消费者主动关注。内容营销的重点是内容是否有吸引力，是否能够吸引消费者关注，是否影响消费者的搜索与购买行为。

1. 内容营销的概念

内容营销是以高质量的内容吸引消费者来提高转化率的一种营销策略，以图片、音频、动画、视频等为介质向消费者传达企业的产品和品牌等信息，从而实现网络营销的目的。

内容营销的表现形式非常多样，包括软文、新闻稿、图片、幻灯片、音频、动画、视频或电视广播、游戏、在线教学等。内容营销作为一种营销策略，并没有固定的形式或方法，企业可以选择合适的形式或方法在媒介渠道和平台上开展内容营销。图 4-1~图 4-4 所示为不同媒体平台的内容营销页面。

图 4-1　微信内容营销

图 4-2　微博内容营销

图 4-3　京东内容营销

图 4-4　淘宝内容营销

> **小提示**
>
> 内容营销首先考虑的是人。如何进入用户的生活圈，如何融入他们的新媒体社交，如何跟他们互动，如何影响他们的决策，是内容营销必须考虑的问题。在进行内容营销时，必须了解目标对象，了解他们怎样使用社交媒体，然后据此打造出迎合他们需求和喜好的"内容性"产品。

2. 消费者需求主导营销内容

企业在进行内容创作前，需要先明确目标消费者，并以消费者的需求为导向。把握消费者的需求，有利于创作出优质的、有创意的内容，加强消费者与品牌之间的关系，推动企业与消费者进行更深入的互动，为消费者提供指导和帮助，并促使消费者购买。例如，企业业务与健身、时尚潮流等领域有关，消费者往往需要寻求好的建议和推荐，企业就可以以该需求为导向。

除了消费者已有的需求外，企业还可以引导消费者的需求，即当消费者不清楚想要什么时，可以通过营销内容去激发他们的需求。例如，一家生产防辐射服的企业，目标消费者为孕妇，企业可以通过大量的推送内容让孕妇知道电子产品辐射的危害，从而形成防辐射服的潜在市场需求，之后产品的推出就变得顺理成章。

3. 内容营销亮点

消费者每天都会接收到大量的信息，并且会有选择性地筛选自己喜欢、感兴趣的内容。这会导致竞争环境激烈，获取流量变得更加困难，因此内容营销的亮点就显得越来越重要。打造内容营销的亮点，可以创造更多的品牌或产品价值。

企业在进行内容营销的过程中，要将亮点作为内容营销的重点。内容营销的亮点一般围绕关键词、价值、品牌和消费者等因素进行打造。

（1）关键词。能被消费者关注和搜索，内容才有机会发挥营销价值，当消费者读完一个推送内容，能够记住内容想要重点传达的关键词时，那么这个内容推送无疑是成功的。

> **素质培养**
>
> 互联网时代，企业更需要借助互联网平台，同舟共济，促进贸易和投资自由化、便利化，推动经济全球化朝着更加开放、包容、普惠、平衡、共赢的方向发展。

（2）价值。价值包含很多方面，如推送内容的价值、品牌的价值、产品的价值等。在市场上，产品类型、产品价格、销售渠道等同质化现象非常严重，普通消费者会进行准确区分，因此企业在进行内容营销时应该将产品或服务的价值充分凸显出来，让自己的产品或服务从同类产品中脱颖而出。

（3）品牌。现在的网络营销趋势逐渐向品牌化方向发展，品牌可以有效提高消费者对产品的辨识度、接受度和忠诚度，品牌化的产品也更容易被大众接受。因此，企业在进行内容营销时要有意识地树立和宣传品牌。

（4）消费者。消费者是内容营销的中心，拥有消费者才可以实现最终的营销效果。要想拥有消费者，就要了解消费者，学会寻找消费者的痛点，提供他们真正需要的信息。因此，很多内容营销事件都是站在消费者的立场上，从消费者的角度出发进行内容策划的。

▶▶ 想一想

请列举两个影响力较大的内容营销案例，并分析它们各自的特点和优势。

_____

_____

4. 内容营销策划要点

在内容营销中，消费者大多是普通人，因此真实、自然、有感情的普通人的故事更贴近消费者的生活，更容易让消费者产生共鸣。这也可以拉近消费者与品牌的距离，增进消费者对品牌的情感。

为了让内容营销引起消费者的情感共鸣，企业需要洞察社会情感和心理，了解和剖析消费者的情感需求，通过表达消费者的情感需求，策划出容易引起消费者共鸣的营销内容。例如，现在很多节日营销借助消费者对亲人、朋友的情感，设计出感性的营销内容，再通过高质量的视觉展示和阅读体验，使消费者感同身受，从而给消费者留下深刻的印象。

案例 4-1 ➔ **有温度的品牌广告片《在快手点赞可爱中国》**

快手曾在央视投放过一支品牌广告片《在快手点赞可爱中国》，致敬那些真正热爱生活的人。

广告片整体围绕"可爱"二字展开，用七个具有代表性的故事聚焦普通人平凡中的闪光时刻，总结了当今国人生活态度的转变。故事之外，片子里还有40位快手作者剪辑的彩蛋，透过他们在平凡中寻找精彩生活的经历，鼓励大家在生活中寻找"可爱"。

为了配合不同媒体的宣传，同一支广告片，快手推出了央视版和网络版两种不同的文案。央视版广告文案让所有人看到了中国人的自信、精彩、有趣，网络版广告文案聚焦普通人生活中的"难"，传递普通人"倔强的可爱"。两个不同版本的广告文案都十分具有震撼力。

产品促活拉新固然重要，抵达人心也同样重要。甚至有网友评价：《在快手点赞可爱中国》经得起时间的检验。尤其对快手这种国民级的平台而言，向公众传递的内容越是关注普通人的精神世界，也就越容易获得消费者的情感认同。

4.2.2 事件营销

一些受到广大消费者主动关注的事件自带热度和传播性，既是企业进行网络营销的天然素材，也是成本低廉的传播媒介。因此，事件营销是时下十分流行的网络营销模式，成功的事件营销，社会公众关注度高，信息传播范围广且传播速度快，可以在短时间内帮助企业获得好的营销效果。

1. 事件营销的类型

事件营销是指企业通过策划、组织和利用具有价值的人物和事件，引起媒体、社会团体和消费者的兴趣和关注，从而提高企业产品或服务的知名度、美誉度，树立良好的品牌形象，促进产品或服务的销售的一种手段和方式。对企业来说，事件营销中容易吸引消费者关注，同时有利于提高品牌形象的事件主要包括以下几种类型。

（1）节庆活动。以节庆活动为主的事件营销是各类企业最常使用的营销模式之一。元旦、春节、端午节、七夕节、中秋节、国庆节及劳动节、母亲节、父亲节、情人节等社会公众关注度高的节日，既是企业开展网络营销活动的好时机，也是事件营销的绝佳素材。每到临近关注度高的节日，借助节日热度开展网络营销的事件营销便纷至沓来，一时间铺天盖地的品牌宣传海报、广告视频、促销活动等信息通过微博、微信等社交媒体，迅速在网络上传播开来。至今，仍为人们津津乐道的典型案例当属微信的"春晚"红包营销。微信曾在2015年春节期间与央视春晚合作，主持人在春晚节目进行过程中口播，让观众参与进来，"摇一摇"抢红包。此次营销使其移动支付产品"微信支付"绑定银行卡的消费者迅猛增长，为微信支付快速跻身移动支付的第一梯队奠定了基础。微信的成功也给了各类企业启发，2016—2023年，阿里巴巴、百度、快手、抖音先后与春晚达成合作关系，都获得了不错的营销效果。

▶▶▶ **想一想**

借助端午节的节日热度为一家销售生活电器的企业策划网络营销活动，同时，要求在海报中宣传企业品牌并融入产品，策划并设计抽奖活动来提高消费者的参与度，吸引人气并拉动销售。

（2）热点事件。在事件营销中，热点事件一直是重要的借力对象。热点事件通常具有消费者面广、突发性强、传播速度快等特点。合理利用热点事件可以为企业节约大量的宣传成本，同时带来爆炸性的营销效果。如今，硬广告的宣传推广效果不断减弱，企业更加偏向于比较受广大消费者关注的新闻或信息推广方式，并使出了各种各样的软性推广手段。企业借热点事件营销的典型案例不胜枚举。例如奥迪的"乌龙营销"，起因是奥迪在微信朋友圈投放广告，却被放上了英菲尼迪的广告片。事后，虽然腾讯广告第一时间进行了处理，但"乌龙事件"本身引起的舆论热议，让这起事件升级为一次大规模的现象级传播事件，许多汽车品牌纷纷利用该事件打起了广告。

小提示

借势型网络事件营销是指借助热点事件开展网络营销活动，与之对应的是造势型事件营销。前者是借助热点，搭乘便车；后者是无中生有，制造事件。

▶▶ 想一想

你认为什么样的热点事件适合企业的品牌传播？

_____

_____

（3）公益活动。公益活动是对打造口碑非常有利的一种事件营销类型。企业通过参与公益活动，不仅能够引起消费者关注、提高人们对品牌的认知度和提升品牌的美誉度，还能树立良好的品牌形象。比如，可口可乐的"一个能打电话的瓶盖"活动。为了解决迪拜当地南亚劳工打不起电话这一问题，可口可乐开发了一款可以用可口可乐瓶盖当通话费的电话亭，并把这些电话亭放到工人生活区，工人们可以用可口可乐瓶盖免费进行3分钟的国际通话。

（4）危机公关。一般来说，企业危机公关主要包括两个方面：一方面是危害社会或人类安全的重大事件，如自然灾害、疾病等；另一方面是企业自身因管理不善、同行竞争或外界特殊事件引发的负面影响。发生危机公关时，合理的公关手段不仅可以提高企业形象，增强消费者对企业的信任，还可以改变消费者的观念，打开市场。例如，网友在网上披露海底捞某分店后厨卫生状况不佳的信息后，海底捞立刻发表声明，对旗下所有分店进行详查和整改，并对出问题的分店做出处理，既接受了消费者的批评，又表明了改正错误的态度，赢得了大量消费者的好感。

案例4-2 ▶ 爱奇艺新年活动"就地不将就"

近年来，很多在外地工作的人选择留在工作地过年。在此期间，爱奇艺通过"娱乐不将就""压岁钱不将就""年夜饭不将就""爱美不将就"系列海报，发起"就地不将就"新年活动，提倡大家保持"就地过年不将就"态度。美团外卖、自如网、海马体照相馆等品牌也根据自身特色，结合"就地不将就"理念参与到了这场"就地不将就"的态度表达活动中，号召更多网友积极表达自己"就地不将就"的方式，给这个特殊的春节带来别样的年味。活动话题"就地不将就"阅读量短时间内破亿，超过25万人参与话题讨论并发表自己的不将就方式。经过网友投票，"就地年夜饭不将就"成为呼声最高的不将就方式。为了给网友"就地年夜饭不将就"提供一个情感表达的出口，爱奇艺发起"就地年夜饭大赏"征集活动。

该活动两天内有超过3 000人来参加，大家纷纷晒出自己"不将就年夜饭"的图片或视频。此外，爱奇艺也顺势将平台内影视剧、综艺、动漫等板块的优质内容精心筛选编制成春节观影指南，为网友呈现视觉上的饕餮盛宴。

近年来，越来越多的品牌关注和聚焦普通大众的情感与精神诉求，在真实、接地气的场景中表达品牌态度。爱奇艺"就地不将就"新年活动，借助春节和"就地过年"事件的热度，给在外工作的人一个情感表达的出口，为"就地过年"送上一份温暖。

> **小提示**
>
> 　　名人也可以是营销的好素材。企业可利用名人达到引人注意、扩大影响的效果，即名人效应。名人效应在事件营销中的应用非常广泛，如通过名人代言来刺激消费，通过名人出席慈善活动带动人们对某些社会人群的关怀等。名人效应不仅可以提高产品的附加值，还可以培养用户对产品的感情和忠诚度，因此很多企业都喜欢借助名人效应来提高营销效果。

2. 事件营销的步骤

　　成功的事件营销需要经过精密的策划，而不是盲目进行。事件营销应该结合企业自身条件制订具体计划。事件营销可按照以下几个步骤实施。

　　（1）选择平台。选择传播平台是事件营销的第一步。事件营销以互联网为传播载体，微博、微信等都可以成为事件营销的平台。企业要想扩大影响力和覆盖范围，可以在多个传播平台上发布信息。

　　（2）策划事件。事件的策划是事件营销的核心工作。事件营销借助于新奇、独特、有趣的热点事件，但是切入事件的角度要与自身的产品或服务相关。企业需要将自身的诉求点、消费者的关注点和事件的核心点相融合。文案不能生搬硬套，在搭载热点事件的基础上，传达的信息要与品牌价值、品牌理念及产品竞争力相关联。

> **素质培养**
>
> 　　现在网络导向性越来越强，国家对网络环境加强了治理，更加强调主流价值观，且现在网络受众多为新一代的年轻人，他们更加关注社会现状、民生等相关的事件和新闻。以这些内容作为事件营销的素材内容，对受众进行社会正面价值观的引导，会更容易获得受众的认同与好感，这也是未来网络营销可能的发展趋势。

　　（3）预热。事件信息发布后，企业要想获得更多的关注，可进行预热，与种子消费者和核心粉丝分享、沟通，通过他们将信息主动传播下去。

　　（4）传播。企业可以吸引名人、主流媒体或平台的关注，让信息更大范围地进行传播，进一步扩大其影响力，让更多层面的人群知道。

　　（5）效果评估。对事件营销的实施结果进行评估。事件营销效果的评估主要分为两个阶段：第一阶段是从事件的熟知率、认知渠道和对具体内容的评价等方面对事件进行评估；第二阶段是通过消费者对品牌的认知、情感和意愿等方面对事件进行评估。

> **小提示**
>
> 　　事件营销可能会涉及事件中相关的人物、企业的肖像和标志等版权问题，因此营销人员在实际操作中应该从多方利益角度考虑各个细节。

3. 事件营销策划的要点

　　现如今，网络媒体传送速度快、互动性强，可以更好地用来发展企业网络营销，使其产生更大价值，这也是事件营销的价值所在。在事件营销里，企业要想达到与消费者共鸣的成效,需要将产品的特性与媒介活动相结合,借事件的"势"做出自己的亮点,从而实现双赢。此外,企业还需要掌握以下五点关键因素,让事件营销得到持续关注。

(1)真实性。无论做什么事件营销,事件本身都应该是真实的,是自然形成的或特意布设的。必须保障事件的真实性,切忌虚张声势。企业要从自身的实际情况出发,对事件可能产生的后果负责。

(2)相关性。事件在心理上、利益上和地理上越接近与消费者相关的事实,其价值越大。所以,在策划事件营销时,企业可以关注消费者的相关性特点,以引起人们的广泛注意。

(3)重要性。重要性指事件内容的重要程度,是影响网络事件营销的重要因素。一般而言,对越多的人产生越大的影响,事件价值就越大。判断内容重要与否的标准主要是其对社会产生影响的程度。

(4)显著性。事件中人物、地点和内容的知名度越高,就越容易引起消费者的关注。这也是企业多用名人、名山、名水营销的原因。

(5)趣味性。大多数消费者对新奇、反常、有人情味的东西感兴趣,因此,在事件营销过程中,增加趣味性是一种很好的手段。从心理角度来说,多增加趣味性会为事件增添色彩。

一般情况下,事件只要具备一个要素就具有了很大的价值。事件具备的要素越多,其价值自然越大。

▶▶ 想一想

我们可以通过哪些途径去挖掘热点事件?

_____

_____

课堂实训

一家粤式大排档在某大学城隆重开业,虽然该大排档菜品丰富,价格实惠,而且味道上佳,但由于开业时间短,知名度不高,前来就餐的顾客数量远未达到预期。为摆脱不利的经营现状,老板计划采用网络事件营销的方式招徕顾客。为此,他请同学们为自己的大排档撰写一份网络事件营销策划书。

4.3 口碑营销与病毒营销

网络营销时代,消费者拥有了更多的发言权。因此,企业需要转变观念,创新方法,通过正确的沟通引导,使每个消费者都有可能成为企业产品的营销者,并使接受传播的对象也由笼统的群体变成一个个具体的、精准的目标对象。

4.3.1 口碑营销

与传统的营销环境相比较,现在的营销主体、营销对象和营销方式都发生了巨大的变化,企业主动灌输、自我推荐的营销方式已经逐步被消费者主动获取、主动接受的方式所取代。特别是在网络营销时代,很多时候再精美的广告都比不上网络消费者的一句称赞,因此,让每一位消费者都能正面传播自己的品牌、产品或服务,成了企业梦寐以求的营销效果。

1. 口碑营销的概念

口碑营销是一种以口碑传播为途径的营销方式,主要是利用分享心理来引发消费者的主动传播欲望并提高其积极性,其成功率、可信度均较高。从企业营销的实践层面来看,口碑营销是企业在进行市场调查和定位后,制订一系列口碑推广计划,运用各种有效手段引发消费者对其产品、服务和形象的交流和传播,并激励消费者主动向其周边人群进行介绍和推荐的市场营销方式和过程。消费者主动传播企业产品、服务并做出正面评价的过程,可以为企业树立好的口碑,让更多人了解产品,达到提升销售额的目的。

在当今这个信息爆炸、人人都是"自媒体"的时代,消费者对各种信息都具有极强的免疫能力,甚至部分消费者始终对企业推广抱有怀疑的态度,反而是消费者之间广泛传播的正面宣传,或者新颖的口碑话题更容易吸引大众的关注与议论。

传统的口碑营销具有非商业性、可信度高、主动性强、成本较低等特点,而与传统口碑营销相比,基于网络的口碑营销呈现出传播成本低、传播形式多样、传播效率高、互动性强和效果相对可控等新的特征。

2. 口碑营销的步骤

口碑营销的策划可分为三个主要步骤,即策划传播话题、选择传播渠道、监控营销效果。这三个步骤相互衔接,使口碑营销的效果最佳化。

(1)策划传播话题。话题是口碑营销的中心内容,也是引发口碑效应、实现口碑传播的关键。所有的口碑营销都由一个话题引发,通过具有讨论性的话题来加强消费者之间的交流,并促使他们将内容口口相传下去。

(2)选择传播渠道。合适的传播渠道可以加快口碑传播的速度。新媒体的多样化为口碑营销提供了效果显著的传播途径,如主流的微博、微信等社交平台,可以为消费者提供评论参考的论坛、贴吧、社区,甚至天猫、京东等电子商务平台,都可以作为口碑传播的渠道。当然,根据实际的口碑营销需求,企业也可以采取传统媒体和新媒体相结合的方式,创造更大的影响面。

(3)监控营销效果。要监控营销效果,企业需要做到以下两个方面:一方面是参与到消费者的口碑传播中,与消费者交流互动,获取反馈信息,了解消费者的看法和需求;另一方面是对营销效果进行数据监控,如通过微博进行口碑营销,微博的转发量、评论量、点赞量、话题讨论度等数据就相当重要。监控营销效果有利于企业通过消费者反馈的情况和营销数据监控,适时调整口碑营销计划。

3. 口碑营销方法

口碑效应是衡量口碑营销的标准之一。口碑效应是指由于消费者在消费过程中获得的满足感、荣誉感而形成对外逐步递增的口头宣传效应。一般来说，具备公众讨论条件的话题往往能催生高效的传播效果，打造好的口碑效应。那么，营销者该如何策划话题，从而引发口碑效应呢？

（1）以服务引发口碑效应。服务是提升消费者体验的重要环节，最能提升消费者好感。很多企业进行网络营销的目的，都是依靠服务来赢取消费者口碑，形成口碑效应，培养消费者忠诚度。

案例4-3　海底捞用极致的消费者服务撑起品牌口碑

海底捞的服务一直是口碑营销的标杆，很多消费者之所以钟情于海底捞，主要原因就是海底捞一流的服务质量，甚至有很多消费者慕名前往，专门去体验海底捞的服务。在海底捞，消费者可以吃着水果、喝着饮料，一边享受免费上网、擦鞋、美甲等服务，一边排队等待。用餐时，服务员会为长发女士提供皮筋和发夹，防止头发垂到食物里；为戴眼镜的消费者提供擦眼镜布；为消费者提供保护手机的小塑料袋等。正是这些贴心细致的个性化服务，让海底捞拥有了良好的口碑。

> **小提示**
> 如今，周到的服务几乎是消费者对产品的基本要求，其他增值服务、差异化服务、个性化服务才是征服消费者的关键。

（2）以质量引发口碑效应。产品质量是企业进行口碑营销的基础，质量不过关，口碑营销注定会失败。一些在质量上有优势的产品和企业，也可以在质量上"做文章"，通过质量对产品进行口碑推广。

（3）以公益引发口碑效应。公益行为很容易为企业树立起良好的品牌形象，在引发消费者传播的同时，还能提升品牌美誉度。

（4）以事件创造口碑效应。重要的社会事件、新闻事件通常很容易给消费者留下深刻的印象，并引发大范围的讨论和分享，所以很多企业都开始将品牌口碑和事件结合起来，提高品牌的影响力。

素质培养

褚橙创始者褚时健一生一波三折，以实例说明法律面前人人平等，但其年迈后并未放弃理想，反而成功打造了"励志橙"，其"老年创业"的精神又激励着青年一代不论遇到什么困难都要勇往直前，乘风破浪，更要保持积极的人生态度，要心中有梦，也要勇敢追梦。

（5）以故事引发口碑效应。一个吸引人的故事容易打动消费者，影响他们的购物选择，并引起他们的口口相传。很多品牌都有富有传奇色彩或充满情感的故事，甚至很多品牌都因传奇故事而诞生。例如，褚橙创始者褚时健的一生一波三折，大起大落，最终成功打造了"励志橙"；雕爷牛腩花费数百万巨资购买香港食神的独家秘方，巨资、食神、秘方都为品牌赋予了传奇色彩，提升了品牌的知名度。

案例 4-4　褚橙与雕爷牛腩的名人口碑营销

水果品牌何其多，北京餐饮竞争何其激烈，为何这两个品牌成为热词？消费者需要传奇故事来代入感情，他们利用网络和网络名人进行影响力和口碑扩散。在这之外，对于产品本身有着足够的雕琢，传递出一种精英但不高贵的形象，并且品牌和产品高度集中，产品线高度凝练，细节上做到极致。

昔日烟草大王褚时健事业跌入谷底，年逾八旬种橙子东山再起，这已然是一个非比寻常的传奇故事，人生起落没几个人比这更为跌宕了。雕爷牛腩花费数百万元买香港食神戴龙的独家秘方，巨资与食神，加上秘方，这便足够吸引眼球。

橙子与牛腩并不是龙肝凤髓，一旦被赋予这样的传奇色彩之后，平常的食物也就成为不寻常的事物，似乎中华几千年文明的沧桑感、人生大起大落之后的淡然都沉浸到这食物之中，仿佛动漫《中华小当家》描述的那样，饱含着人类真挚感情的食物才是最美味的。

有着这样的故事脉络显然是不够的，就像故事中的人物需要有血有肉一样，故事本身也需要各种各样的细节。于是，褚时健一次次改良橙子口味、施肥浇水、修剪枝丫的故事与照片见诸报端；雕爷牛腩对餐具和装修的精雕细琢、对食材的精挑细选成为美谈。

（6）以情感引发口碑效应。物质上的满足可以赢得消费者的信任，情感上的满足同样可以赢得消费者的忠诚。很多时候，消费者选择产品或服务并不以功能性为唯一标准，产品的感情附加价值也是影响消费者选择的重要因素，特别是在口碑营销上，感情话题往往具有巨大的作用。例如，在节日营销中借助春节团圆的话题引发消费者的共鸣，突出品牌温情、温馨的特色，可以扩大品牌影响力，形成良好的口碑效应。

案例 4-5　联想看家宝"思乡体"击中回家痛点引共鸣

看家宝是联想早年推出的一款基于云端存储的视频服务。一年一度的春运，是每个国人心中的痛，谁不想"常回家看看"？但一张小小的车票，让回家的距离显得那么遥不可及。背井离乡的人们归家心切，在外漂泊一年的辛酸苦辣都浓缩成了那一句内心深处的思乡话语。联想精心策划了"思念的距离"创意话题，同时打造了易于传播的"思乡体"句式，通过情感营销策略引发共鸣。

新浪微博曾发起"思念的距离"话题活动。作为看家宝推广的重点，联想官微大力传播，再加上很多红人也纷纷参加活动，撰写"思乡体"，让"思念的距离"话题快速扩散，不管是什么类型的人，都参与其中，各种奇妙的思乡体句式层出不穷，将"思念的距离"话题讨论推向高潮，并迅速登上微博热门话题榜，再一次扩大了活动的自媒体影响力。

（7）以互动引发口碑效应。口碑营销的过程离不开消费者的参与，保持与消费者的互动，调动他们的积极性，也是进行口碑营销的一种有效方式，如设计简单、有趣、个性化的活动，与消费者建立深刻的情感联系等。

> **小提示**
> 除了上述引发口碑效应的方法外，企业也可以利用免费信息、特色产品等进行口碑话题的打造，如很多计算机防护软件和杀毒软件依靠免费杀毒打造出知名度与口碑。

（8）以广告创造口碑效应。好的广告可以成为口碑活动的话题。罗瑟里夫斯曾说："消费者只会记住广告中的一件事情——或是一个强烈的主张，或是一个突出的概念。"而这一个主张或突出的概念可能成为人们谈论的话题。广告一旦掀起话题，引发舆论，就可以在大量的信息中脱颖而出，成为人们关注的焦点。事实上，口碑中相当一部分实际上就是产品的广告。例如，曾经风靡全国的"陈欧体""脑白金体"都是由广告引出的话题。

案例 4-6 聚美优品："陈欧体"制造的口碑效应

"你只闻到我的香水，却没看我的汗水；你有你的规则，我有我的选择；你否定我的现在，我决定我的未来；你嘲笑我一无所有，不配去爱，我可怜你总是等待；你可以轻视我们的年轻，我们会证明这是谁的时代。梦想是注定孤独的旅行，路上少不了质疑和嘲笑，但那又怎样？哪怕遍体鳞伤，也要活得漂亮。我是陈欧，我为自己代言。"

上面的这段话是聚美优品在电视广告中风靡一时的广告词，由聚美优品的CEO陈欧主演。这个宣传片由于其中充满正能量的广告词而受到观众的欢迎，网友们把"为自己代言"这种题材称为"陈欧体"。后来，这几句广告词在网上迅速走红，各种改编版的"高校体""城市体""行业体"等也迅速蹿红。"陈欧体"的走红，最大的受益者无疑就是聚美优品。

在"陈欧体"走红网络的短短一个月的时间里，陈欧的个人新浪微博的粉丝数量就从100万涨到了154万。聚美优品也随着"陈欧体"的走红而出现爆发式的增长。著名的网站流量信息排名网站Alexa的数据显示，聚美优品在一个月之内的访问量由100万成倍增长，日访问量直逼400万，每天有20多万个订单。若是把每个订单单价假设为100元来算，聚美优品每天要坐收2 000万元的销售额。这些骄人成绩的背后是"陈欧体"的走红所带来的口碑效应。

想一想

聚美优品网络口碑成功的原因是什么？这种成功可以复制吗？

4. 口碑营销的策划要点

一个成功的口碑营销往往能为品牌带来很多常规手段无法实现的效果，掌握口碑营销的策划要点势必使其效果锦上添花。

（1）挖掘消费者的真实需求。只有洞察消费者的真实需求，才能知道消费者对什么话题感兴趣，才能有针对性地制造话题并引爆话题，所以在网络口碑传播的过程中，对消费者的心理、行为进行跟踪调查十分有必要。在挖掘消费者的真实需求时，首先，企业需要对目标消费者的言论、社交行为等进行分析，了解他们的网络行为，如经常访问的论坛、贴吧、网站、社交媒体等，及时掌握他们的观念和动向。其次，企业可以举办有偿的消费者反馈调查，刺激消费者对产品和品牌进行积极反馈。最后，企业还可以建立完善的消费者互动平台，加强与消费者的互动，从互动中挖掘消费者的真实需求，或通过搜索引擎数据分析并了解消费者的真实需求。

（2）口碑测试与培养。企业在选择口碑话题时，通常会考虑自己具有优势或者便于打造的话题。然而口碑话题的选择并不是单一的，企业可以挑选比较有竞争力的多个口碑话题分别进行测试，然后选择效果更好的话题进行重点培养。比如，一款营养食品，可以提炼温情、家庭、方便、美味、健康等多个话题，经过测试发现目标消费者对家庭这个话题更有讨论热度，则可以从感情的角度出发，重点培养家庭这个话题。

（3）提高消费者互动质量。提高消费者互动质量可以保持消费者对品牌口碑的传播热情。消费者接触品牌和产品的时间越长，参与品牌口碑正面传播的积极性就会越高，所以保持与消费者的高质量互动，可以保证品牌在消费者中持续高质量的曝光率，深化品牌口碑在消费者心中的形象。

（4）发掘和培养意见领袖。意见领袖通常代表着一个领域、一个行业或一个团体中的权威，意见领袖的观点更容易被大众所接受，意见领袖的行为会对大众的行为产生重大影响，所以发掘或培养一个有影响力的意见领袖，可以对口碑宣传起到十分积极的作用。在网络口碑营销的过程中，可以寻找个人口碑较好的意见领袖，与他们进行合作，获得他们的支持，并充分发挥他们的引导作用，向消费者传递品牌理念，培养广泛的品牌口碑。

5. 负面口碑的控制与管理

负面口碑通常是指消费者对某品牌、产品或服务提出的负面意见。当消费者对某品牌、产品或服务产生不满情绪时，消费者很容易在各种渠道发布不利于品牌的负面信息。在互联网时代，负面口碑的传播速度非常快，往往在很短的时间内就会影响到大范围的消费者人群。负面口碑会严重影响企业的形象，降低消费者对品牌的忠诚度，所以企业在进行口碑营销的过程中，一定要学会对负面口碑进行控制和管理。

▶▶ 想一想

你有发表负面信息的经历吗？动机是什么？

_____

_____

从实践的角度来讲，保持企业与消费者之间的密切交流是及时控制与管理负面口碑最常用、最有效的方法之一。

（1）搭建有效的沟通平台。社交平台是口碑传播的重要渠道，作为大部分网络消费者的信息交流和聚集之地，负面口碑大多传播于社交平台，同时企业也可以借助社交平台进行口碑控制。为了进一步了解负面口碑的传播路径，企业必须熟悉不同平台的特点、文化、受众面和影响力，巧妙地利用各平台的功能和作用搭建企业与消费者的沟通平台，在倾听消费者意见的同时，与话题的提出者、回应者进行直接对话和互动，尽量降低负面口碑的影响，化解企业与消费者之间的矛盾。

▶▶ 想一想

试思考有哪些控制负面信息流的措施。

（2）及时进行回应。企业在对待负面口碑问题时，反应速度一定要快。快速反应可以阻止负面口碑的大范围传播，为处理负面口碑问题争取时间，同时能够让消费者通过企业的反应速度感觉到企业对产品或服务质量的重视，以便对负面口碑的消除产生积极作用。例如，消费者针对企业产品或服务的缺陷提出的质疑，很容易在社交平台上引起广泛传播，因此企业一定要时刻关注消费者反馈，及时对消费者的质疑和投诉进行回应，避免负面口碑不断扩散。总之，企业在发现口碑负面信息的第一时间，应该积极主动地介入，通过消费者可以接受和认可的方式与其进行沟通。

（3）引导舆论。在解决了负面口碑的问题后，企业如果想进一步消除负面口碑的影响，可以利用舆论对口碑的传播方向进行引导。比如，推荐消费者的正面言论和观点，感谢消费者的热心和支持；寻找并组织专家解答消费者的疑问，为消费者提供更多的售后服务；转载权威人士的观点，客观分析问题，引导大众了解事实真相，控制负面口碑的传播。

> **素质培养**
>
> 如果出现负面口碑，企业应态度坦诚，不能理所当然地对负面口碑问题进行遮掩或转移，这种态度不但不能有效降低负面口碑影响，而且十分容易让消费者产生企业不负责任的感受，从而使企业的负面口碑愈演愈烈。企业应该正确对待产品或服务中存在的问题，虚心接受批评建议，坦承自己的错误，发表道歉声明，勇于承担社会责任，并提出令用户满意的解决方案，才能给消费者留下良好的印象，消除负面口碑的恶劣影响。在处理负面口碑问题的过程中，如果用户反馈较好，对企业处理问题的方式和手段给予赞同和理解，企业可以借机对负面口碑传播进行引导，将其扭转成正面口碑。

（4）加强对重点消费者的管理。企业的重点消费者通常是指乐于传播品牌，容易受品牌影响的消费者，这部分消费者一般对品牌的感情较深，忠诚度比较高。通过对重点消费者进行优质的管理和服务，可以使他们主动站在品牌的角度对负面口碑进行引导，影响其他消费者对品牌负面口碑的传播，扭转品牌传播方向。

4.3.2 病毒营销

病毒营销是一种常用的网络营销方式，其原理是利用受众的积极性和人际网络，通过互联网的快速复制与传递功能让营销信息在互联网上像病毒一样迅速扩散与蔓延。病毒营销常被用于网站推广、品牌推广和为新产品上市造势等营销实践。需要注意的是，病毒营销成功的关键是关注受众的体验和感受，即是否能给受众带来积极的体验和感受。

▶▶ 想一想

病毒营销有很多成功的案例，但违反公众道德、误导公众的病毒营销也不少，典型的如"看到本文后请转发给身边至少5位亲朋好友，如不转发，××日内必遭劫难等"。你如何看待这个问题？成功的病毒营销该如何开展？

_____

_____

人们提起口碑营销便会联想到病毒营销，甚至很多人直接将它们合二为一，称为"口碑病毒营销"或"病毒口碑营销"。事实上，病毒营销和口碑营销是两种不同的营销方式。

1. 病毒营销和口碑营销的异同

病毒营销并不是指以传播"病毒"的方式开展营销，而是指利用口碑传播的原理，通过网络的快速复制与传递功能使营销信息像"病毒"一样蔓延和扩散，达到营销信息的高效传播和快速裂变，在短时间内将营销信息传递给更多的消费者。

虽然病毒营销和口碑营销的表现形式和操作手法很像，两者都是通过为消费者提供有价值的产品或服务，并发挥消费者的主动性，使营销信息得到高效传播，从而让企业的产品或品牌深入人心，实现品牌与销售的成功。但两者在本质上存在一定的差别，具体体现在以下两个方面。

（1）信息传播效果不同。病毒营销常用于品牌推广，侧重于提升品牌知名度，通过高曝光率在消费者中达成广泛认知，努力塑造品牌口碑，但是会出现消费者知道其品牌但却并不认可的情况。而在口碑营销中，口碑是一直存在的，口碑营销在于树立品牌美誉度，引导消费者口口相传，以达到提高消费者信任度和认可度的目的。

（2）消费者的传播动机和观点不同。在病毒营销中，消费者对接收到的信息感兴趣，就会将其分享给周围的人或者他认为相关的人群，但对传播的内容可能不了解，不会对传播的内容负责。而在口碑营销的过程中，消费者一般基于对内容的信任而主动传播，不但了解传播的内容，而且也认可传播的内容，并且愿意对传播的内容负责。

2. 病毒营销的步骤及实施方法

病毒营销主要分为三个步骤，分别是制造"病毒"、传播"病毒"和"病毒"营销效果跟踪管理。下面介绍病毒营销的流程及每个阶段的具体实施方法。

1）制造"病毒"

开展病毒营销的前提是制造出传播力度强的"病毒"。一般来说，要制造具有强传播力的"病毒"可以从以下几个方面入手。

（1）免费和利诱策略。免费的产品、服务、资源或者与权益有关的东西，很容易使消费者主动参与"病毒"的传播。要想得到好的传播效果，企业应提供足够的奖励，并通过免费赠送、免费服务、免费抽奖、低价换购等方式吸引消费者的注意力。例如拼多多的病毒营销，拼多多在前期推广时，推动其消费者利用人际网络，将安装链接发送到朋友圈，邀请亲朋好友下载安装，受邀者完成安装后，邀请者可获得现金奖励，而受邀者又可成为新的邀请者，如此循环，这种方式使拼多多在短期内获得了大量的新增消费者。到现在，拼多多内的一些活动，仍然采用病毒营销的模式拉新、促销。

（2）娱乐策略。很多人上网的主要目的是娱乐，因此以娱乐性质的方式呈现营销内容，很容易在消费者之间形成病毒式传播。搞笑的段子、图片、视频等内容就具有非常强的娱乐性，如抖音、快手这类短视频平台前期是通过娱乐视频来吸引消费者，并在短时间内实现大量拉新，为其快速发展打下了坚实的基础。此外，企业也可以对娱乐性质的内容进行投票活动，如对品牌 logo、品牌标语的选择，品牌形象代言人的选择，或其他社会热点事件、话题的投票等，以此来吸引消费者的注意力。

（3）情感策略。情感需求是消费者重要的心理需求，策划带有情感色彩的内容，如感人的内容、激发同情心的内容、对某事件或现象表达愤怒的内容，能够激发消费者的情感共鸣，引导消费者自主传播。

（4）节日祝福策略。每逢节日，亲朋好友之间就会相互送上祝福，这也让节日祝福成为制造"病毒"的上佳素材。因此，企业可以通过微信、微博、QQ 等渠道为消费者送上趣味十足、独具匠心的节日祝福，以此引发病毒式传播。

2）传播"病毒"

"病毒"制造好后，就需要传播"病毒"，以扩大"病毒"的影响范围。企业在传播"病毒"的过程中，要注意以下事项和技巧。

（1）使用简单的传播方式。口碑营销和病毒营销的传播媒介都是消费者，复杂的传播方式无疑会阻碍消费者参与的积极性。因此，在保证消费者参与度的情况下，企业可以尽量使用简单的、消费者容易操作的传播方式，如点赞、收藏、转发、@好友等。例如，支付宝为了推广境外付款功能，发布了一条抽奖微博，参与微博转发的消费者有机会获得丰厚福利：只要"十一"期间在境外使用支付宝支付指定产品，就可享受免单。该案例中，支付宝通过利诱策略，并使用"转发"这种简单的方式传播信息，截至抽奖时间，这条微博获得了 2 亿的曝光量。

（2）找准容易"感染病毒"的人群。传播"病毒"需要找到容易"感染病毒"的人群，这类人群热衷于关注新鲜事物，网络活跃度高，能够很快地收到网络信息，参与各类活动的积极性也很高。一般来说，低年龄消费者、感性消费者是比较常见的容易"感染病毒"的人群。当然，企业也可以鼓励粉丝、意见领袖、媒体参与"病毒"传播，借助他们的影响力"感染"更多消费者。

（3）选好发布渠道。其实，一切营销方法的内容传播，都需要选择好发布渠道。发布渠道的选择标准包括用户活跃度和集中度高、互动性强、传播迅速等。当前，病毒营销的发布渠道通常是微博、微信、社群等常用的社交媒体平台。

（4）提供充足的传播动力。为了扩大病毒营销的影响力，企业有必要为消费者提供充足的传播动力，包括提供免费产品、服务、资源以及营造舆论话题和进行情感沟通等。

3）"病毒"营销效果跟踪管理

与口碑营销的应用原理相同，病毒营销也需要跟踪管理营销效果。与口碑营销的基础发酵不同，病毒营销效果的持续时间一般较短，且内容传播力度往往会随着时间的推移而呈现出由强到弱的变化趋势。企业如果想要持续吸引消费者参与传播，就要及时更新"病毒"或继续造势，以维持"病毒"的传播活力。

▶▶ **想一想**

现有一款教育类 App 产品，为提高其知名度，请你使用病毒营销的流程和实施方法策划一次营销。此外，请思考采取什么方法能够有效避免新用户流失。

_____

_____

3. 病毒营销管理监测

当病毒营销实施之后，对于病毒营销的管理检测和效果分析是非常重要的，这不仅可以让企业及时掌握营销信息传播所带来的反应，也可以从中发现营销计划可能存在的问题，以及可能的改进思路，从而及时主动地改善营销进程，促进病毒营销的成功。

病毒营销离不开管理，离不开实施过程中的引导和控制，主要包括有效追踪反馈信息、及时调整病毒营销策略、有效控制"病毒"的负面效应等。

1）有效追踪反馈信息

病毒营销实施之后，是否能在目标消费群体中形成口碑、口碑是好是坏、是否能够达到预期的目的，都应该引起企业足够的重视，这就必须对病毒营销进行反馈跟踪。从这些反馈信息中，可以了解消费者接触"病毒"的途径、对"病毒"的意见等重要信息，以便对病毒营销方案及时进行相应的调整。追踪"病毒"的反馈信息有以下七种方法。

（1）定期进行问卷调查。可以用多种方式公布调查问卷，如发布在公司网站、电子刊物、新闻媒体、邮件资料中，以及放置在产品包装箱内等，也可以张贴在网上信息公告板上或电子邮件讨论列表中。

（2）为消费者创建在线社区。包括建立官方微博、QQ、微信群、留言板、讨论区等，定期了解消费者的看法。

（3）创建消费者服务中心小组。邀请10~12个忠诚消费者定期会面，向他们征询改进服务的意见。

（4）定期与消费者保持联系。可以通过邮件、电话、信件等形式询问他们对"病毒"信息的看法。

（5）通过百度舆情监控，监控网民对公司、品牌、产品的看法。

（6）在消费者的生日或假日定期表达祝福。

（7）邀请消费者出席公司会议、宴会，参观公司或参加讨论会。

企业通过合适的方法收集到反馈信息，就可以了解病毒营销的状况，同时也更进一步了解消费者的需求和市场的变化，有的放矢地开展后续工作。

2）及时调整病毒营销策略

跟踪反馈信息的目的是发现问题，及时解决问题。如果在反馈信息中发现很多用户不了解或者根本不知道该"病毒"，这说明传播渠道不通畅。针对这样的情况，必须对病毒营销策略中的渠道与途径因素进行细致的分析，找到问题症结所在，然后具体地对营销策略进行调整。

如果发现有人开始厌烦此"病毒"了，这说明自己的"病毒"失去了新鲜感，就要及时给"病毒"注入新元素，如升级换代、改善服务、提升价值等。如果发现"病毒"在传播过程被无意或恶意改变了，就要强化"病毒"包含的营销信息，及时纠正偏差，以免造成负面口碑。如果发现"病毒"成为真正的病毒，就要认真审视自己的产品或服务是否存在问题，及时改进质量，改善服务，否则形成负面口碑，则得不偿失。

3）有效控制"病毒"的负面效应

消除或者控制负面信息的传播在病毒营销中显得尤为重要。第一，充分利用反馈信息，及时发现并修正产品或服务的失误，并获取创新的信息，尽量将负面口碑扼杀在摇篮中。第二，妥善处理消费者的投诉和抱怨。企业应当鼓励消费者投诉，采用各种奖励和补偿的方式让对产品或服务不满的消费者主动将心中的不满反映给企业，同时要建立便捷的消费者投诉渠道，使消费者能方便地将投诉反映给企业，还要建立有效的投诉处理小组，能在最短的时间内对消费者的投诉进行处理，并将投诉处理结果反馈给消费者。经过灵活处理，使"负面口碑"转变为"正面口碑"。第三，诚信为本。如果自己的病毒营销确实已经形成"负面口碑"，就要诚心处理。自己存在的不足，要妥善改正，进而提高企业的名气和诚信度，扭转病毒营销的负面影响。

4. 病毒营销的效果评估

目前，病毒营销的应用规模还不算大，往往会和其他营销手段综合应用，对其效果进行测量和评估有一定难度。下面主要从产品销售利润、口碑影响力和口碑美誉度三个方面来对病毒营销的效果进行评估。

（1）产品销售利润。作为一种营销手段，病毒营销最直接的目的是销售企业的产品或服务，使企业获得利润。病毒营销以"低成本、高投入产出比"而备受营销人员的喜爱。因此，病毒营销能否为企业带来销售额或利润的提升，是最直接也是最可行的评估方法，同时可以量化，说服力强。

（2）口碑影响力。口碑影响力是用于衡量企业在病毒营销过程中，对用户、媒体及广告主等产生的影响力。其主要包括以下四个基本指标。

① 用户关注度。反映社区网民及企业网站网民对企业的关注程度，主要包括社区用户关注度、用户覆盖人数和用户点击次数三个基本数值。

② 用户参与度。指社区用户对相关帖子的回复率，反映用户参与相关话题的积极程度。

③ 媒体关注度。反映媒体对企业的关注程度，通过百度新闻和谷歌新闻搜索可获得。

④ 广告关注度。主要针对网络媒体，反映网络媒体作为广告投放平台的价值，主要包括广告投放量、广告主数量和广告投放金额三个基本数据。

口碑影响力计算公式为

$$口碑影响力 = 用户关注度 \times 30\% + 用户参与度 \times 30\% + 媒体关注度 \times 20\% + 广告关注度 \times 20\%$$

在实际操作中，并非所有事件都包括上述四个指标。在非网站类型的病毒营销中，如在"封杀王老吉"的病毒营销中，口碑影响力的衡量就只需考虑用户关注度、用户参与度和媒体关注度三个指标，其权重可以相应调整为40%、40%、20%。另外，在某些病毒营销中，口碑影响力只涉及用户关注度和用户参与度，权重可设置为各占一半。

（3）口碑美誉度。口碑美誉度是衡量网民和媒体对企业的评价的指标，主要包括社区用户的正负面评价和媒体的正负面评价两个基本数据。口碑美誉度计算公式为

$$口碑美誉度 = 社区用户评价 \times 80\% + 媒体评价 \times 20\%$$

同样在实际操作中，病毒营销未必会引起网络媒体的关注而被其报道，这样就只需考虑社区用户评价（企业、品牌和产品等在网络社区中被谈及的帖子数量及评价的正反面情况）。

病毒营销重在口碑效应，不是一个短期的营销行为，而是一个长期的战略。因此，建立病毒营销的效果评估体系，是促使其不断发展的重要动力。

课堂实训

查看本年度"3·15"晚会中曝光的各企业的舆情现状，并查找"3·15"晚会之后各企业的舆情应对方法及效果，并对企业的舆情应对方法进行评价。

4.4 网络广告

随着互联网的兴起与迅猛发展，数字媒体成为新的信息传播载体。数字媒体的发展极大地改变了人们的生活，也对传统的广告活动产生了深远的影响。广告领域的变化主要体现在网络广告异军突起并逐渐取代传统广告成为最主流的广告形式。

▶▶ 想一想

网络广告与传统广告的差异是什么?

_____

_____

4.4.1 网络广告的概念与特征

网络广告作为一个全新的广告媒体,是企业发展壮大、实施现代营销媒体战略的重要部分。

1. 网络广告的概念

网络广告是指以数字代码为载体,以国际互联网为传播媒介,以文字、图片、音频、视频等形式发布的广告。通俗地讲,网络广告是指广告主为了实现促进商品交换的目的,通过网络媒体所发布的广告。

> **小提示**
>
> 网络广告诞生于美国。1994 年 10 月 14 日,美国著名的 *Wired* 杂志推出了网络版 *Hotwired*,其主页展示了 AT&T 等 14 个客户的广告横幅,这是广告史上的一个里程碑事件。继 *Wired* 之后,许多传统媒体如美国的有线电视新闻网等,也都纷纷设立自己的网站,将自己的信息内容搬上网络,在刊登信息供用户浏览的同时,也在网络媒体上经营广告业务。从此网络广告作为一种新的广告形式逐渐被人们熟知。

虽然网络广告与传统广告一样,其最终目的都是实现商品的交换。但与传统广告相比,网络广告以数字代码为载体,采用先进的电子多媒体技术设计制作,通过互联网广泛传播,因而具有良好的交互性。

▶▶ 想一想

与传统广告相比,网络广告的特点主要有哪些?

_____

_____

2. 网络广告的特征

网络广告相比于传统广告,具有得天独厚的优势,具体特征如下。

(1)非强迫性。传统广告具有一定的强迫性,无论是广播、电视还是报纸、杂志等,均千方百计地要吸引受众的注意力,使受众接收有关信息。而对网络广告接受与否的选择权大多掌握在受众手里,因而通常网络广告具有非强迫性的特点。

(2)实时性与交互性。网络广告另一个突出的特点是能及时变更广告内容,包括改正错误内容。而在传统媒体上发布的广告一旦播（刊）出，就很难再变更。例如，某促销商品的价格发生了变化，在互联网上更改广告信息很快就能完成，并且更改成本可以忽略不计，这一优势是传统广告无法比拟的。网络广告实时性的特点可以帮助企业实现广告变化与经营决策变化同步，从而有助于提升企业经营决策的灵活性。

网络广告是一种交互式的广告，受众查询起来非常方便。网络广告的载体基本上是多媒体、超文本格式文件。受众只要对某种商品感兴趣，仅需轻点鼠标或轻触屏幕就能深入了解更多、更详细、更生动的信息，从而亲身"体验"商品与服务。

（3）广泛性。网络广告的广泛性表现在以下三个方面。第一，传播范围广，无时间、地域限制。网络广告通过互联网可以把广告传播到互联网覆盖的所有区域，受众浏览广告不受时空限制。第二，内容详尽。传统广告由于受媒体的播放时间和版面的限制，其内容必然受限；而网络广告则不存在上述问题，广告主可根据需要将广告做得十分详尽，以便受众进一步了解相关信息。第三，形式多样。网络广告的表现形式包括动态影像、文字、声音、图像、表格、动画、虚拟现实等，广告主可以根据广告创意需要进行组合创作，从而最大限度地调用各种艺术表现手段，制作出形式多样且能够激发受众购买欲望的广告。

（4）易统计性和可评估性。运用传统媒体发布广告时，评价广告效果比较困难，广告主很难准确地知道有多少人看到了自己所发布的广告信息。而在互联网上发布广告，广告主可通过权威、公正的访客流量统计系统，精确统计每条广告被多少人看过，以及这些人浏览广告的时间分布、地理分布等，从而正确评估广告效果，审定广告投放策略。

（5）检索性和重复性。网络广告可以将文字、声音、画面、视频等结合之后供受众主动检索，重复观看。

（6）视听效果的综合性。随着多媒体技术和网络技术的发展，网络广告可以集文字、动画、图像、声音、虚拟现实等于一体，营造让人身临其境的感觉，这既能满足受众收集信息的需要，又能使其获得视觉、听觉上的享受，增强广告的吸引力。

（7）经济性。目前，相对于在电台、电视、报刊等媒体上发布广告动辄需要成千上万元的广告费，在互联网上发布广告具有很强的经济性。

（8）广告发布方式的多样性。传统广告的发布主要是通过广告公司实现的，即由广告主委托广告公司实施广告计划，广告媒介通过广告公司来承揽广告业务，广告公司同时作为广告主的代理人和广告媒介的代理人提供双向的服务。而在互联网上发布广告对广告主来说有更大的自主权：广告主既可以自行发布，也可以通过广告公司发布。

▶▶ 想一想

以家中的一件闲置物品作为广告发布对象，为该物品设计广告文案，要求有文字和图片（如果是视频广告，则要求设计广告脚本）。

4.4.2 网络广告的形式

根据依托载体和发布方式的不同,网络广告可分为旗帜广告、企业网站广告、文字链接广告、电子邮件广告、搜索引擎广告、流媒体广告、富媒体广告、网络游戏广告、网络视频广告、移动广告等。并且随着国际互联网的不断发展,新的网络广告形式还在不断涌现。限于篇幅,我们仅介绍目前最常见的几种网络广告形式。

1. 旗帜广告

旗帜广告是一种常见的网络广告形式,又名"横幅广告",是互联网上最传统的广告形式之一。网络媒体通常在自己网站的页面中分割出 2cm×3cm、3cm×16cm 或 2cm×20cm 的版面(视各媒体的版面规划而定)用于发布广告,因其像一面旗帜,故称为旗帜广告,如图 4-5 所示。旗帜广告允许广告主用简练的语言、独特的图片介绍企业的产品或宣传企业形象。

图 4-5 旗帜广告

旗帜广告分为非链接型和链接型两种。非链接型旗帜广告不与广告主的主页或网站相链接;链接型旗帜广告与广告主的主页或网站相链接,用户可以通过单击链接看到广告主想要传递的更为详细的信息。为了吸引更多的用户注意并单击,旗帜广告通常利用多种多样的艺术形式进行处理,如做成动画跳动效果,或做成霓虹灯的闪烁效果等。

2. 企业网站广告

企业网站广告是指企业在自建的网站上所发布的广告。企业在自建网站上发布广告不受第三方媒体的限制,因此拥有完全的自主权。企业可以根据需要在网站上发布企业形象广告和产品及服务广告等,从而让用户全面地了解企业及企业的产品和服务。华莱士主页广告如图 4-6 所示。

图 4-6　华莱士主页广告

3. 文字链接广告

文字链接广告是以一个词组或一行文字的形式展现的,用户单击后可以进入相应的广告页面。文字链接广告的位置灵活,它可以出现在页面的任何位置,可以竖排呈现,也可以横排呈现。这是一种对用户干扰最少的网络广告,但对用户的吸引力有限。文字链接广告如图 4-7 所示。

图 4-7　文字链接广告

4. 电子邮件广告

电子邮件广告是指广告主通过互联网将广告信息发送到目标用户电子邮箱的一种网络广告形式。电子邮件广告具有推送目标精准、推广成本低、运作简单且广告内容不受限制等优点，但需注意不能滥发，否则很容易被用户当作垃圾邮件删去。电子邮件广告如图4-8所示。

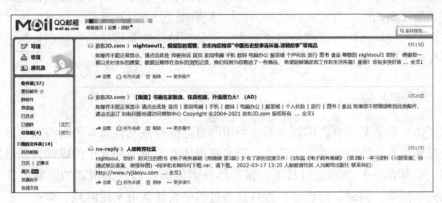

图 4-8　电子邮件广告

5. 搜索引擎广告

搜索引擎广告是指广告主借助搜索引擎，通过关键词搜索和数据库技术，把用户输入的关键词和商家的广告信息相匹配的一种网络广告形式。目前竞价排名是搜索引擎广告所采用的主要模式。当用户在搜索栏中输入关键词之后，搜索引擎广告即可在搜索结果中按竞价的高低顺序显示。搜索引擎广告如图4-9所示。

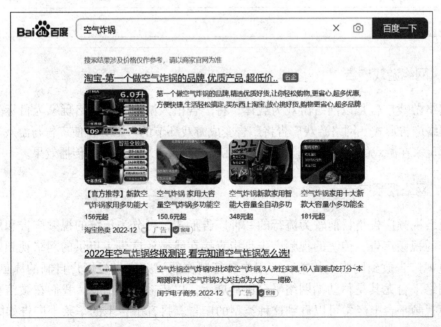

图 4-9　搜索引擎广告

6. 流媒体广告

流媒体广告是指广告主借助流媒体技术在网上发布广告的一种网络广告形式。流媒体技术可实现将一连串的媒体数据压缩后，经过网络分段发送数据，在网上即时传输影音，从而使媒体数据边传送边播放，因此大大节省了下载等待时间和存储空间。根据广告所传达的内容分类，流媒体广告可以分为静态广告和动态广告。静态广告指的是图文结合或高品质动画的广告形式，比过去的网络横幅广告更具观赏性。动态广告又可分为音频流广告和视频流广告这两种表现形式，可分别被认为是传统的广播广告和电视广告在网络媒体上的再现。

7. 富媒体广告

富媒体广告是基于富媒体技术的一种用浏览器插件或其他脚本语言编写的具有"视频"效果和交互功能的网络广告形式。其实富媒体并不是一种真正的媒体，而是指目前在网络上应用的一种高频宽带技术。富媒体技术能够突破网络带宽的限制，实现网络广告的流畅播放。同时，富媒体广告自身通过程序设计就可实现游戏、调查、竞赛等相对复杂的用户交互功能。此外，相对于传统的网络广告，富媒体广告的表现形式更为丰富，不仅有视频广告、扩展类广告和浮层类广告等，还包含地址栏广告、网页背景等广告表现形式。

>> **想一想**

何谓富媒体广告？该形式的网络广告有何优点？

_____

_____

8. 网络游戏广告

网络游戏广告是以网络游戏为载体，将广告植入游戏，以网络玩家为目标受众的一种网络广告形式。网络游戏广告将广告变成游戏环节的一部分，使广告与游戏紧密结合，让玩家在游戏的状态下体验产品的特性，从而大大增强广告的传播效果。

9. 网络视频广告

网络视频广告是目前较为流行的一种广告形式，可分为传统的视频广告和用户自行制作的视频广告。传统的视频广告是指直接在线播放广告主提供的网络视频，相当于将电视广告放到网络上传播。而用户自行制作的视频广告是用户自制的原创广告，通过网络平台尤其是移动端网络平台进行展示，以传播广告信息。我们在微信平台和各类短视频平台上经常可以看到这种类型的广告。抖音平台上的华莱士广告如图4-10所示。

10. 移动广告

移动广告是以智能移动终端（智能手机、平板电脑等）为载体发布的广告，具有针对性和交互性强、送达率高等特点。近年来随着移动网络用户的不断增加，移动广告开始备受广告主的青睐。移动广告的表现形式丰富，不仅包括传统的图片广告、文字广告、插播广告、链接广告、视频广告等，还有各种在 App 上创新的广告形式，如开屏广告、激励广告等。京东 App 上的开屏广告如图 4-11 所示。

图 4-10　抖音平台上的华莱士广告

图 4-11　京东 App 上的开屏广告

4.4.3　网络广告的策划流程

网络广告策划是根据互联网的特征及目标受众的特征对广告活动进行的运筹和规划，它的内容在本质上与传统的广告策划的内容相似，包括确定网络广告的目标、确定网络广告的目标受众、选择网络广告的发布渠道、进行网络广告创作等一系列活动。

1. 确定网络广告的目标

网络广告目标是一定时期内广告主通过在网上发布广告而期望取得的广告活动效果，如促进商品销售，提高商品知名度、美誉度，改变消费者认知，加强与目标消费者的互动，增强市场竞争能力等。因此，网络广告目标不是单一的，而是多元的。

▶▶ 想一想

确定网络广告目标时应遵循哪些原则？

企业确定网络广告目标的目的是通过信息沟通，使消费者产生对品牌在认识、情感、态度和行为等方面的变化，从而实现企业的营销目标。在确定网络广告目标时应遵循如下原则：第一，广告目标要符合企业的营销目标；第二，广告目标要切实可行；第三，广告目标要明确具体；第四，单个广告目标应单一；第五，广告目标要有一定的弹性；第六，广告目标要有协调性；第七，广告目标要考虑公益性。

2. 确定网络广告的目标受众

广告的目标受众即广告传播的诉求对象。目标受众决定了广告媒体的选择和传播策略，同时也决定了广告文案的内容。因此，企业发布网络广告前必须根据广告目标确定目标受众，这样广告才具有针对性。

通常用户在广告接受态度较理性的情况下，希望能够看到与自身需求相关的广告。以目标受众为核心的网络广告能够精准定位用户需求，改善用户体验和广告效果。随着精准投放和受众营销等概念的市场接受程度不断提升，开展实时竞价和受众购买业务的需求方平台企业逐渐被市场认可，基于受众购买的网络广告将日益受到广告主的重视。

3. 选择网络广告的发布渠道

选择网络广告的发布渠道时应注意以下几个问题：该平台用户是否与广告目标受众一致，是否有足够多的活跃用户，是否具备流量和数据优势，平台的管理水平如何，广告计价是否合理，平台能够支持哪些广告形式，在审核方面是否有特殊要求等。

企业应根据自身的需求，本着广告效应最大化的原则选择最佳的网络广告发布平台。

（1）企业网站。企业网站是企业在互联网上建立的站点，目的是为提高企业形象、发布产品信息、进行商业服务提供更多的途径和可能。网站是企业从事电子商务活动的基本平台，也是企业进行广告宣传的绝佳窗口。在互联网上发布的网络广告，无论是按钮广告还是链接型旗帜广告，都提供了快速链接至企业主页的功能。所以，企业建立自己的主页是非常有必要的。企业的主页地址应像企业的名称、标志一样成为企业独有的标志，并被转化为企业的无形资产。

（2）微博、微信等自媒体平台。随着微博、微信等自媒体平台的兴起，网络广告拥有了新的发布渠道。企业通过自建的微博和微信账号来推送广告，目标定位准确，针对性很强，受关注程度较高。

（3）搜索引擎网站或门户网站。搜索引擎是仅次于即时通信应用的第二大网络应用。百度、搜狗、360、神马等搜索引擎是网民检索信息的主要工具，每天的访问量巨大。在搜索引擎网站上投放广告，覆盖面广，针对性强，定位精准，而且按效果收费，性价比高。百度搜索引擎网站上的便携式打印机广告如图4-12所示。

企业也可以选择与门户网站合作，如搜狐、网易、新浪、凤凰网等，它们提供了大量的互联网用户感兴趣且需要的免费信息服务，包括时事、生活、财经等内容。因此，这些网站的访问量非常大，是十分引人注目的站点。目前，这类网站是网络广告发布的主要渠道，并且发布广告的形式多种多样。

图 4-12　百度搜索引擎网站上的便携式打印机广告

（4）专类销售网。专类销售网是指专门在互联网上销售某一类产品的网站。以汽车之家网站为例，只要消费者在网站页面上填写自己所需汽车的类型、价位、制造者、型号等信息，单击搜索按钮，屏幕上马上就会出现相应的汽车信息，包括在何处可以购买此款汽车等信息。因此，消费者在考虑购买汽车时，很有可能会先通过此类网站进行查询。所以，对于汽车代理商和销售商来说，此类网站是一个很有效的网络广告发布渠道。汽车代理商和销售商只要在该网站注册，那么它所销售的汽车的信息就能进入该网站的数据库，也就有可能被消费者查到。与汽车销售网站类似，其他类别产品的代理商和销售商也可以入驻相应的销售网站，从而无须付出太大的代价，就可以将产品及时地呈现在世界各地的消费者面前。

（5）友情链接。利用友情链接，企业间可以相互展示对方的广告。建立友情链接要本着平等的原则。这里所谓平等有着广泛的含义，网站的访问量、在搜索引擎中的排名、相互之间信息的补充程度、链接的位置、链接的具体形式（图像还是文本，是在专门的 Resource 网页，还是单独介绍对方的网站）等都是必须考虑的因素。

（6）虚拟社区和公告栏。虚拟社区和公告栏是网上比较流行的交流、沟通渠道。任何用户只要注册，就可以在虚拟社区或公告栏上浏览、发布信息。企业在其中发表与产品相关的评论和建议可以起到非常好的口碑宣传作用。

（7）网络报纸或杂志。在互联网迅猛发展的今天，新闻界也不甘落于人后，一些著名的报纸和杂志，如《人民日报》《文汇报》《中国日报》等早已在互联网上建立自己的主页。更有一些新兴的报纸与杂志，干脆脱离了传统的纸质载体，完完全全地成为一种网络报纸或杂志。

（8）新闻组。新闻组也是一种常见的网络服务，它与公告栏相似，人人都可以订阅它，并可成为新闻组的一员。成员可以在新闻组中阅读大量公告，也可以发表自己的公告或回复他人的公告。新闻组是一种很好的讨论与分享信息的渠道。对一家企业来说，在与本企业产品相关的新闻组中发表自己的公告是一种非常有效的传播自己的广告信息的方式。

（9）网络黄页。网络黄页是指互联网上专门提供查询检索服务的网站，代表性的网络黄页如黄页网，如图4-13所示。这类网站就如同电话黄页一样，按类别放置信息，便于用户进行站点查询。企业利用这种渠道的好处，一是针对性强，查询过程都以关键字区分；二是醒目，信息位于页面的明显处，易于被用户注意。

图4-13　黄页网主页

（10）短视频平台。短视频相对于文字和图片来说，其表现方式更为直观，对用户的刺激更为强烈，而且在内容上也更为有趣。随着移动互联网技术的发展，网速越来越快，视频播放越来越流畅。同时，手机流量资费的大幅下降，使资费因素对用户的限制越来越小，这为短视频的快速发展奠定了坚实的基础。如今，短视频App已成为时下最热门的应用之一，抖音、快手等短视频平台拥有数以亿计的用户，因此成为企业发布网络广告的重要渠道。

> **小提示**
>
> **国内外最早的网络广告联盟平台**
>
> 　　阿里妈妈是阿里巴巴集团旗下的一个全新的互联网广告交易平台，是针对网站广告的发布和购买的平台。阿里妈妈作为一个广告交易平台，延续了淘宝的C2C路线，淘宝交易的是各种商品，而阿里妈妈交易的是广告，因此，其可以被定位为一个"C2C式广告"平台。

4. 进行网络广告创作

网络广告策划中极具魅力、最能体现水平的部分就是创意。它包括两个方面：一方面是内容、形式、视觉表现、广告诉求的创意；另一方面是技术上的创意。网络广告的创意主要来自互联网本身。互联网是一个超媒介，融合了其他媒介的特点。它根据不同的传播目的、传播对象，可以承载不同的广告创意。同时，互联网作为计算机科技和网络科技的结合，注定具有高科技特性，这也为网络广告带来了更加多变的表现方法，为网络广告创作提供了更多的方向。

>> **想一想**

进行网络广告创作时，有哪几个关键问题？

网络广告要吸引用户，必须是生动的、能够吸引人视线的、有趣的并且让人无法拒绝的。网络广告要形成突破，必须依靠卓越的创意。网络广告创作要注意以下几个关键问题。

（1）营造强有力的视觉冲击效果。网络信息浩如烟海，广告如果不具有强大的视觉冲击力，必然不能被目标受众关注。因此，广告创作者一定要创作能瞬间吸引受众注意的广告作品，以引起受众的兴趣。

（2）传递简单易懂而又有趣的信息。当今社会，生活节奏加快，人们的时间越来越碎片化，广告内容如果冗长或晦涩难懂，又或是平淡无奇，都将难以吸引受众。事实上，简单易懂而又有趣的广告更容易被受众关注。为什么抖音上的很多广告都不会让我们反感？因为这些广告很短而且非常有趣。当然，这也与抖音强大的后台算法有关——它可以根据受众的喜好进行精准的广告推荐。

（3）适度的曝光率。网络用户的一个基本特点是"喜新厌旧"，即用户的关注度会随着广告投放时间的增加而降低。因此，当某一则广告的曝光率达到某种水平后出现下降趋势时，企业就必须考虑更换该广告。

（4）发展互动性。随着网络技术的发展，未来的网络广告必定朝着互动性方向发展。广告创作者若能在网络广告中增加游戏活动功能，则会大幅提高点击率。索尼在线的娱乐站发布的凯洛格仪器公司的网络游戏广告以一组面向儿童的游戏为特色，使玩家参加其中一个游戏后有机会赢得一盒爆米花。发布这则广告后，凯洛格仪器公司主页的访问量增加了3倍，访问时间增加了2倍，该广告的浏览率高达14.5%。

案例4-7 ▶ 快手的广告形式

短视频平台快手目前有两种广告形式。一种是快手粉丝头条，主要针对"快手视频"进行推广，用户如果拍摄了快手视频并且有推广的需求，即可通过快手粉丝头条自行充值开通推广服务。该项服务按每千人印象成本计费。快手粉丝头条能满足增加视频曝光量、增加快手粉丝等推广需求。快手粉丝头条推广的素材来自"快手视频"，并且会面临严格的审核，对于不适合使用快手粉丝头条进行推广的视频，平台将会拒绝用户使用其进行推广的要求。另一种是快手开辟的专门的视频信息流广告,广告位在快手"发现""同城"频道页的第五个位置。在该广告位,广告主可以通过官方的广告后台投放符合要求的广告。广告形式可以为视频、图片及超链接等。相较于快手粉丝头条,该广告可以更大限度地满足广告主的宣传需求。

4.4.4 网络广告的效果评估

网络媒体具有较强的机动性和可调整性,一旦网络广告效果不佳,广告主就应该对其进行调整,如调整曝光次数、修正广告内容等,一般检测期为一周或 10 万次曝光后。评估网络广告效果的较准确的指标是曝光次数及广告点击率。曝光次数是指有广告的页面被访问的次数,即广告管理软件的计数器上所统计的数字。点击率是指访问者点击广告的次数占广告曝光次数的比率。

评估网络广告效果还要考虑事先设定的广告目标,不同的目标将导致不同的结果。例如,当广告的目标是建立品牌形象时,点击率并不是主要的指标,优质的、有效的曝光次数才是评估的重点。

为了获得客观的网络广告效果评估结果,广告主除了运用网站自身的广告管理软件和稽核工具外,还可以利用第三方认证机构。许多传统的大广告主,如宝洁、英特尔、微软等,都愿意在客观的数字稽核下,以比传统媒体更高的价格来刊登网络广告。

课堂实训

利用内容营销、事件营销、口碑营销、病毒营销中的任意一种方法,或整合多种营销方法,宣传推广自己家乡的特色产品。

项目实训

1. 实训目的

了解"网红"品牌的网络广告策略。

2. 实训内容

(1)以小组为单位,组建任务团队。

(2)各任务团队在广泛收集资料的基础上,从广告受众、广告创意特点和网络广告效果评价三个方面对江小白、卫龙辣条和喜茶的网络广告进行对比分析。

(3)撰写分析报告,并做成PPT进行展示。

3. 实训要求

完成实训作业《"网红"品牌的网络广告分析》。

复盘反思

经过本项目的实施和相关知识点的学习，对比自己总结的内容与知识讲解部分的内容是否契合，并填写表 4-2，完成项目评测，进行复盘反思。

表 4-2　本项目复盘反思表

姓名		班级	
学号		日期	
知识盘点	通过对本项目的学习，你掌握了哪些知识？ 请画出思维导图：		
任务自评	□优秀	优秀之处：	
	□良好	待改进之处：	
	□较差	不足之处：	
任务完成情况	□熟练掌握，可综合运用	□有所了解，可总结知识点	

项目评价

经过本项目的分组实训演练,按实训项目评价指标进行学生自评与小组成员互评(按优秀为 5 分、好为 4 分、一般为 3 分、合格为 2 分、不合格为 1 分五个等级评价),并填写表 4-3,完成实训项目评测,最后教师给出综合评价。

表 4-3 本项目综合评价表

	评 价 指 标	得分
自评	团队合作精神和协作能力:能与小组成员合作完成项目	
	交流沟通能力:能良好表达自己的观点,善于倾听他人的观点	
	信息素养和学习能力:善于收集整合资源,借鉴优秀思考方向	
	独立思考和创新能力:能提出新的想法、建议和策略	
组员 1 评价	团队合作精神和协作能力:能与小组成员合作完成项目	
	交流沟通能力:能良好表达自己的观点,善于倾听他人的观点	
	信息素养和学习能力:善于收集整合资源,借鉴优秀思考方向	
	独立思考和创新能力:能提出新的想法、建议和策略	
组员 2 评价	团队合作精神和协作能力:能与小组成员合作完成项目	
	交流沟通能力:能良好表达自己的观点,善于倾听他人的观点	
	信息素养和学习能力:善于收集整合资源,借鉴优秀思考方向	
	独立思考和创新能力:能提出新的想法、建议和策略	
组员 3 评价	团队合作精神和协作能力:能与小组成员合作完成项目	
	交流沟通能力:能良好表达自己的观点,善于倾听他人的观点	
	信息素养和学习能力:善于收集整合资源,借鉴优秀思考方向	
	独立思考和创新能力:能提出新的想法、建议和策略	
教师综合评价	优秀之处	
	不足之处	

项目 5
新媒体营销方式

 学习目标

知识目标	• 熟悉五种新媒体营销方式 • 了解新媒体营销平台的机制 • 掌握五种平台的营销与策划 • 能够进行合理的营销内容定位 • 可撰写并展示新媒体营销策划方案
能力目标	运用新媒体营销方式的相关知识分析问题、解决问题
素养目标	培养新媒体营销人员的法治意识与职业素养

 **学习计划表**

根据表 5-1,对本项目的学习进行合理规划。

表 5-1 本项目学习计划表

项 目		微信营销	社群营销	直播营销	短视频营销	微博营销
课前预习	预习时间					
	预习结果	1. 难易程度 □偏易(即读即懂)　　　　　□适中(需要思考) □偏难(需查资料)　　　　　□难(不易理解) 2. 问题总结				
课后复习	复习时间					
	复习结果	1. 掌握程度 □精通　　　　□掌握　　　　□熟悉　　　　□了解 2. 疑点、难点归纳				

 **项目导读**

随着时代变迁,营销环境也在发生改变,新媒体营销应运而生。它不仅对传统媒体产生了很大的冲击,也为各行各业的发展提供了新的营销平台。本项目主要带领大家从整体上认识五种新媒体营销方式,帮助大家了解新媒体运营及其策划等基础知识。

 项目讲解

5.1 微信营销

微信是腾讯公司于 2011 年推出的一款通过网络快速发送语音短信、视频、图片和文字，支持多人群聊的聊天软件。

从微信用户的角度上看，微信是可以通过手机、平板、网页等跨通信运营商、跨操作系统平台的方式，快速发送免费（需消耗少量网络流量）的语音短信、视频、图片和文字的即时通信服务工具。同时，微信用户通过使用"查看附近的人""摇一摇""朋友圈""公众平台"等基于位置的社交服务插件可以实现资源的分享，还可以通过"红包""转账"等微支付功能快速完成支付、提现等资金交易流程。微信软件本身完全免费，使用大部分功能都不会收取费用，发送微信时产生的上网流量费由网络运营商收取。因为信息通过网络传送，所以微信不存在距离的限制，即使是在国外的好友，也可以使用微信与其对讲。

从企业的角度来看，微信是具有组建微信群、分享朋友圈、查找附近的人、二维码扫一扫、参与摇一摇、微信小程序等多样化的互动分享沟通功能，可以开展创意活动的营销推广、产品的销售、粉丝群体的构建和维护等活动，最终实现强化客户关系管理，提升用户参与体验的新媒体营销平台。无论是作为应用程序还是作为服务工具、营销平台，微信都是一项服务，是以沟通为基础形成互动关系，并且通过互相交流来满足客户需求的服务。微信成为新业态下的一种新的生活方式。

现如今，从聊天到创业，微信逐渐融入人们的生活当中，成为人们生活中不可或缺的一部分。毫无疑问，微信营销已成为营销推广的重要方式之一。

素质培养

互联网时代，促使校园主流文化发展欣欣向荣、社会舆论风清气正的关键在于牢牢掌控话语权，主动发出大量具有先进性、代表性的声音，以社会主义核心价值观引领舆论导向，引导大学生对正确、积极和健康的信息喜闻乐见，不为刺耳的"噪声""杂音"所迷。

▶▶ 想一想

你见过微信朋友圈广告吗？你认为微信朋友圈广告和你过去见过的广告的最大的区别是什么？

5.1.1 微信营销认知

微信营销是网络经济时代企业对营销模式的创新,是伴随着微信的迅猛发展产生的一种网络营销方式,是社会化媒体营销中运用非常广泛的手段之一。具体来说,微信营销是基于微信进行的营销,包括销售、公共关系维护、品牌形象塑造、客户服务等一系列营销形式。只要注册有微信账号的用户都可以进行微信营销,因为一旦成为微信用户,就意味着与所有已经注册的人形成某种联系。这种联系就犹如一张大网,一方面可以在他人的平台上订阅自己所需的信息,享用自己所需的服务;另一方面也可以为对方提供相关的信息和服务,从而实现互动式的双向营销。

1. 微信营销的特点

微信营销是在互联网经济时代兴起的一种新型的营销模式。企业或商家利用微信平台向用户推广自己的产品或服务信息,进而实现产品的营销推广。微信营销有很多自身的特点,是以往纸媒、传统网络营销方式所不具备的。

(1)营销形式灵活多样。微信是一个可以实现多功能营销的平台,且不同的功能各具特色,能达到不同的营销效果。企业或商家可以通过朋友圈发布文字、图片;通过微信群实现一对一或一对多的互动;通过二维码添加朋友;通过微信公众号发布文章等。

(2)传播更精准。微信沟通模式是点对点的沟通,从社会学角度看,代表着一对一的强关系,具有私密性,可使每条信息都能一对一推送,让每个参与者都有机会接收到所推送的信息。这对营销而言就意味着可以获得大批的精准客户。微信营销的精准性还表现在:作为连接一切的入口,可使相关产品和服务直接与客户需求对接,直接或间接地带动多行业的升级。

(3)互动更及时。互动的双方可进行文字、图片、音频等多种形式的沟通,有利于信息的高效传递。之前的微博、博客其实也具有较强的互动性,但缺点是无法即时送达,大多数时候只是一方向另一方的延时传递,如果不天天守在计算机面前,很难做到即时反馈。而微信就不一样了,无论对方在哪里,只要带着手机就能够轻松地收到信息,完成整个沟通过程。

(4)强有力的关系网。微信点对点的产品形态注定了其能够通过多层面的互动将人与人之间的关系拉得更近,与用户建立起牢固的联系,形成强有力的关系网,从而带动产品更大范围、更快速度地传播、推广与销售,为用户答疑解惑,提供信息和服务,甚至娱乐。微信让企业和更多的消费者逐步形成了一种强关系。企业用一切形式与消费者形成朋友关系,因为谁都可以不相信陌生人,但不会不信任自己的"朋友"。当朋友越来越多,越来越稳固时,传播面就会越来越广。随着微信的普及、微信用户的增多,微信用户之间的关系越来越紧密,这也为微信营销奠定了坚实的用户基础。

2. 微信营销的作用

微信营销已成为各大企业或商家都会选择的重要营销方式之一。那么,对企业来说，微信营销到底有哪些作用呢？下面对微信营销的作用进行图解分析，如图 5-1 所示。

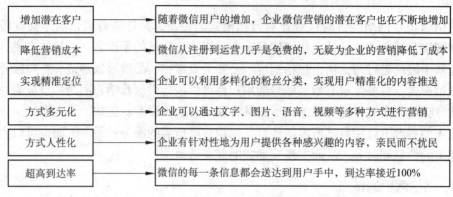

图 5-1　微信营销的作用

3. 微信营销的技巧

微信营销带来了移动互联网时代的营销革命，它凭借广阔的发展空间、强互动性的信息交流及方便实用的顾客体验让营销者品尝到甜头。有了微信的助力，很多企业的业绩都会在短时间内快速翻番。微信营销的传播率很高，影响很大，传播面广，传播时间快……它所传送的信息和发送的短信一样，可以直接到达手机上，让用户百分之百地看到这些信息。因此，企业在进行微信营销的时候，切记不可盲目，要运用技巧，为用户提供价值，而非简单地吸引人的眼球。

（1）满足求知欲望。事实上，受众喜欢学习和掌握更有价值的知识。营销创新只要找到受众的知识需求，然后提供相关的有价值的知识内容，以满足粉丝的求知欲，那么就有助于企业获得客户和业绩。

（2）营销新鲜度与热点。每个人都对新事物和热点事件感到好奇和关心。在营销中，挖掘行业、企业、产品媒体未被发现和广泛传播的新鲜点、热点，然后为这些点制定有针对性的营销传播策略，通过这种方法，不仅可以迅速吸引粉丝的注意，操作良好，而且还可以让自己的官方账户获得更多流量。

（3）善于使用痛点。我们应该把注意力集中在满足粉丝的核心需求上，放弃一些不必要的附加服务是明智的。放弃这些不必要的附加服务可能会让粉丝感到不满意，但在微信营销中，如果你能很好地利用痛点，让粉丝对核心需求满意，他们会逐渐忽视这些附加需求。

（4）创造归属感。为顾客创造归属感，可以延长顾客的生命周期，留住顾客，延长其活动时间，使其最终成为品牌的忠实顾客。在微信上还可以推出一系列活动来创造归属感，比如免费体验新产品和新服务；邀请线上顾客参加线下活动，甚至参与品牌的宣传活动，拉近顾客和品牌之间的距离。

5.1.2　微信个人号营销

微信个人账号不仅仅可以用来与朋友沟通交流，其实它也是一个很好的网络营销工具。相比微信公众平台，微信个人号有朋友圈、附近的人和漂流瓶这些功能，可以无限制地群发等优势。因此，在此重点介绍如何使用微信个人号对产品或服务进行营销推广。

1. 微信个人号的设置

微信个人号主要用于处理个人的人际社交关系，通过手机号或者QQ号就可以相互添加，然后可以进行文字、语音和视频的交流，包括一对一、多对多的交流。

对需要建立个人品牌的营销者来说，个人微信号就是一张非常直观的名片。利用个人微信号的昵称、头像、个性签名等，就可以树立起一个人的基本形象，并进一步决定着其他人与之产生联系的可能性。

（1）取名字。一个好的名字，方便传播，可以让其知名度提升好几倍。微信个人号的名字建议由产品或者服务加个人名称构成，不建议用外文名称，很难识别。此外，微信个人号的名字不要太复杂，建议用数字或者简单英文字母，便于传播。

（2）选头像。

① 配合名字的真人而且美观的照片。男性：阳光、积极、快乐、帅哥、明星脸。女性：可爱、活泼、调皮、时尚、明星脸。可以从手机相册中选取比较真实、漂亮、有生活场景的照片。

② 与专业或者职业贴近。如品牌照片、形象照。

（3）写签名。签名的填写要体现产品的品牌、核心与优势；要体现带给客户的好处。不要委婉、怕被厌恶嫌弃，要简单直接，最好让人立刻就知道所营销推广的产品或服务是什么。注意：切勿与主题无关，用语意不明的文艺签名。

（4）封面的设置。封面设置的几个要素：个人的照片（职业装），包含清晰的品牌或企业优势的图片，企业的品牌名称与标志，企业的核心广告语，企业的服务热线或地址，企业的活动现场，企业门面。注意事项：图片要清晰；照片上要有电话；以暖色为主，最好不要用冷色。

（5）好友备注。如果微信个人号的好友很多，要分清楚每个账号的真实姓名和相关情况就需要备注标记好每个用户名称。打开微信通信录，找到好友，点击头像进入详细资料界面，点击右上角的"..."，接着点击"设置备注和标签"就可增加好友备注；备注格式建议是"行业+姓名"，如"服装+蒋晓芳"。

（6）如何出现在微信通信录靠前位置。

① 微信名称以A开头，如"A01陈晓霞"。如果中文名称的首字拼音是以"A"开头，效果也一样。

② 让你的朋友把你设置为星标朋友。打开微信通讯录，找到好友，点击头像进入详细资料界面，接着点击右上角的"..."，最后点击"设为星标朋友"。

（7）设置朋友圈的纯文字内容。在微信个人号的朋友圈里发送纯文字内容的设置方法：打开微信朋友圈，按住右上角相机按钮2~3秒。特别注意：80个字符或6行以内的文字不会折叠，如果有产品的网站，在文字中还可以加入网址链接，从而带来精准客户。

（8）二维码。在多数时候，我们会通过扫描二维码添加好友。当到处都是默认的黑白二维码样式时，一个个性化的二维码能够吸引用户的注意。通常可在微信中直接更换二维码的样式，也可使用应用程序来设置二维码的样式。本项目在介绍二维码营销方式时，会详细地对其设置进行讲解。

微信营销是现在最被关注的营销模式，宜早不宜迟。加好友是微信营销的第一步。建立起信任感后，朋友圈中还需要有好的内容分享和活动吸引，没有好的内容是不能吸引用户的。将内容优化与微信技巧巧妙结合，才是微信营销的真谛。

2. 微信个人号营销策略

在微信个人号营销中，朋友圈营销是主要方式之一。朋友圈营销倾向于个人，用来向朋友销售，通过"熟人"关系的购买率十分高，也被称为"熟人经济"。可以将手机应用、PC客户端和网站中的精彩内容快速分享到朋友圈中，支持网页链接方式打开。优点在于交流比较封闭，口碑营销会更加具备效果；缺点是开展营销活动比较困难，因为圈子的人数不够。这种方式适合于口碑类产品或者私密性小产品。

微信朋友圈营销是一种很典型的强关系营销。强关系营销中的"强关系"一词是指个人的社会网络同质性较强（即交往的人群从事的工作、掌握的信息都是趋同的），人与人的关系紧密，有很强的情感因素维系着人际关系。在强关系营销中，营销活动能够使用户免去购买环节中"考虑"与"比较"的环节，而直接进入"体验"与"购买"的环节，从而大大减少营销的传播时间，能够更好地达到营销目的。在朋友圈中进行营销信息发布时，对于发布的营销信息的内容必须要谨慎，如果不进行思考就随意发送内容，只会引起朋友的反感而造成不好的效果。

1）在朋友圈发布内容

在人际交往中，人们通过朋友圈恰当地向别人展示自己的形象，所以朋友圈形象管理是一个非常重要的窗口。在朋友圈发布内容的过程中，一定要放弃推销思维，不能一加好友就向其发广告，沟通第一句就是要求其转发，一进群就发布广告，这些都是没有礼貌、让人反感的做法。

（1）注意"软度"——广告不能太生硬。利用微信朋友圈进行营销，建议在朋友圈发布的内容1/3与业务有关，不建议只做产品广告，还要穿插一些其他类型的内容，如写干货、做免费分享、定期清理朋友圈、保留大家想看的内容等。有一种朋友圈内容的分配方式供参考：1/3内容与社会、行业有关，如行业大新闻；1/3内容与个人有关，如生活趣事、容易引起共鸣的事等；最后的1/3内容才是广告。

（2）注意频率——人人都反感"刷屏"。即使你的朋友圈广告很有效，也要注意自己发广告的频率。你如果经常在朋友圈发广告"刷屏"，很可能被朋友"拉黑"，得不偿失。

（3）注意长度——注意阅读的场景。朋友圈是小屏阅读，大家一般都缺乏读长文的耐心。你需要用较少的文字把内容写得轻松有趣，引发大家和你互动，了解更多信息。不要把朋友圈当成展示的平台，引导好友评论、私聊、点开文章等互动才能创造真正的沟通机会。

（4）注意速度——碎片消费"拼冲动"。在选择过多的情况下，人们会因为对比选项耗费的精力过多而直接放弃做决策。朋友圈中的交易行为经常是碎片生活中一瞬间发生的行为，用户在有冲动消费的时候能最快做出购买决策。为了加快用户做出购买决策的速度，需要注意以下两个关键点：一是精简产品品类，减少选择，杜绝"决策瘫痪"，这也是很多互联网公司做"单品爆款"的原因；二是客单价最好不要过高。产品的客单价最好不超过200元，超过200元的产品，一般销量都不太好，因为200元是一个门槛，也可以称为"试错的成本"。客单价越高，试错成本就越高，用户在购买的时候，考虑的因素就会越多。

（5）注意梯度——购买习惯需递进。潜在用户的付费意识、习惯是需要培养的，建议先在小范围内尝试再梯度变化，慢慢渗入。当用户开始愿意为一个低价位产品买单时，他就有可能购买更多的产品。

（6）注意准度——对症下药有疗效。假如你的好友比较多，采取一定的策略，可以大大提高受众人群的精准度，也可以避免长期"刷屏"。

① 按分组发布。在朋友圈发布广告时，可以选择公开或分组。分组可以选择给指定的用户观看，方便更好地对意向用户进行产品宣传和推广，推荐合适的内容给合适的人。分组时可以运用用户分层运营思维管理微信好友。

陌生人：破冰，先通过互动使其成为熟人，即潜在用户。

潜在用户：维护好熟络的关系，持续发布优质内容，使其向一般用户转化。

一般用户：至少成交过一单，则需要更进一步稳固关系，如利用福利、奖励等，一方面促成更多的交易，另一方面让其愿意为自己宣传。

核心客户：主动发朋友圈替自己宣传，自己应主动为其提供所需要的服务。

② 按时间发布。一般来说，在朋友圈发布广告可以抓住以下四个黄金时间：7：00—9：00是新一天的开始，也是人们在上班路上的时间，信息需求量大；11：30—13：30是人们吃饭、午休时间，玩手机的概率大；18：00—19：00是人们在下班路上的时间；22：00以后，很多人会躺在床上玩手机，此时也是发布广告的好时机。当然，更佳的手段是针对产品所对应的目标用户的活跃时间段进行广告发布。

③ 使用提醒功能。注意使用"@"提醒功能，以提醒你的强目标用户。不过注意不要每条都提醒，而是有重要信息才提醒你的强目标用户。

（7）注意风度——感知也许要大于事实。每个人在工作和生活中都有心态不好的时候，但如果把这些负面情绪宣泄到朋友圈，别人看到就会产生不好的感受，一旦别人对你有了不好的印象，你再去做推广，就容易遭到别人潜意识里的拒绝。因此，在朋友圈发布这类内容时可以依次点击"谁可以看"→"私密"（仅自己可见）或"部分可见"（选中的朋友可见）；如果是已经发布的消息，可以通过依次点击"我"→"朋友圈"→"朋友圈相册"→"我的朋友圈"将图片朋友圈设为私密。在互联网上，朋友圈里的你也许就是大家眼中的你。在互联网的世界里，感知也许会大于事实。

（8）注意黏度——有黏度才有关注。你如果有一些认可你的用户朋友，那么在朋友圈里要想办法设计一些互动，主动在发布内容时提醒他们到你朋友圈互动，当然互动的内容一定要有趣，可以给他们意外的惊喜或者实在的福利，加深彼此之间的认可度，从而创造更多的产品成交机会。另外特别注意在互动时要及时回复，慎用统一回复，这样会显得没有诚意。

（9）注意尺度——凡事有度才有得。凡事都有度，都得有分寸。朋友圈内容一旦过了某个分寸，可能就会适得其反。特别是自夸没有底线、跟风转发谣言、内容过于敏感等。其中，通过发布含低俗趣味的内容、敏感话题来博取人们眼球的做法是不可取的。

> **小提示**
> 坚决不能发的三种朋友圈内容：内容低俗的，阴暗不堪的，炫耀卖弄的。

（10）注意角度——各个角度向推广。真正的高手会非常巧妙地将生活化的信息与自己的产品无缝连接起来。生活中真实的、有趣的内容都会成为微信内容运营里的亮点。一般朋友圈推广做得好的人，都会利用一根主线把所有不同角度的内容串起来。在朋友圈中发布的内容或许多而杂，角度丰富，但是只要主线不乱，就能达到预期目的。

（11）注意热度——找到载体促推广。每天都会有热点新闻、热传段子、视频或者一些巧妙的营销活动。作为运营者，不要总把这些当作热闹看，要善于多联系自己，多问自己"如果将我的产品与这个热点结合，可以怎么做？""如果将这个形式用于我的产品，可以怎么做？"……尝试让自己的产品和热点产生交错、碰撞，就有可能产生很多的想法和创意，让流传的每一个热点、每一个段子都可以为自己所用。将热点作为传播的载体，就会使你的内容"插上翅膀"，引爆朋友圈。

（12）注意深度——深挖专业是正道。即使前面的11个技巧都掌握不好，但还能把专业性做到极致，依然可以获得丰厚的回报。例如，做专业的服务，如制作PPT培训这类服务，首先要把自己培养成这方面的专家，偶尔还要在朋友圈分享相关的深度文章，解答一些问题，行业专业性的深度才是最有力的名片。所以对于运营者来说，自己就是品牌。很多人没有什么特别的技巧也可以做得很好，只因为他们在某一方面的专业性很强。

2）在朋友圈做活动

如果你的微信朋友圈有足够多的好友，也可以利用朋友圈策划活动，让大家参与并主动转发到自己的朋友圈中，基于社交能量去传播。如果想在微信朋友圈中策划一场微活动，并且让活动取得一定成效，需要进行系统策划。

> **素质培养**
> 个人微信号运营首先要秉持"分享""互助"的理念，以平等、宽容和尊重的态度面向用户，"以情动人，以理服人"，让用户在情感上受到触动，产生共鸣，从而为其在现实中付诸实践创造基础。

（1）活动形式。

① 转发。通过奖品福利促使微信好友转发，基于传播结果给予一定的回报。

② 集赞。集赞活动包括集赞获取礼物、集赞定向发红包、集赞抵现金或送代金券等。

③ 试用。购买A产品可免费试用B产品，用户只需要填写一份试用报告，反馈试用效果，邮费就可以被退还。或者支付邮费就可以试用，用户只需要在试用后填写试用报告，即可免费领取一定金额的代金券，用于下次购买产品时。

④ 筛选。说明一定要求，请满足要求的人点赞，由此筛选出自己需要的人群，进行进一步的安排。

⑤ 引流。通过朋友圈的小活动获取的奖品需要到线下店铺或其他平台领取。

⑥ 互动。举办朋友圈活动的目的是激发用户的活跃度。常见的互动有以下三种形式。

- 顺序互动。根据点赞的顺序进行互动，由于点赞的人完全不知道自己会是第几个点赞，所以会有期待感。
- 点名接龙。例如，冰桶挑战、微笑挑战、A4腰挑战、锁骨挑战等，都曾经刷爆过朋友圈。
- 互动游戏。运营者如果有一定的技术，可以将互动游戏做成有趣的H5形式。例如，秋叶团队设计的"相识多年，你对我了解多少"的互动小游戏，用户可以在其中设置题目，然后转发到朋友圈里测试好友对自己的熟悉程度，甚至还可以在题目中巧妙植入广告。

（2）活动预热。在开展朋友圈活动前，最好能提前在朋友圈预热，如可以提前1~3天在朋友圈预告，先采用神秘的方式告知，在活动前一天再进一步透露，预告时告知活动内容、活动时间、参与方式，最好还要公布奖品，因为这是吸引用户参与的重点。在活动正式开始前的一小时尤其要重点预热，以达到一个好的宣传效果。预热时要积极和用户进行互动，让他们对活动产生兴趣，互动时还要保持一定的神秘感，给用户留下一些期待的空间。当然，活动预告除了在朋友圈推广之外，还可以在微信群、QQ群、微博、QQ空间等渠道推广，以达到更好的效果。

（3）活动公布。经过预热和宣传，朋友圈已形成了一定热度。要想提高用户的参与热度，在活动公布的时候，要具备以下四点。

① 主题要鲜明。活动必须有一个主题，如"评论就有奖""三八节美丽专场"等，让用户一看就知道是什么活动，以及有什么好处。

② 内容要简洁。在朋友圈发布活动，字数不要太多，内容要言简意赅，文字建议控制在150字以内，这样内容就可以完整显示；若超过150字，就会只显示一行字，这样用户就很难一次阅读完整，阅读体验不太好。

③ 流程要简单。在朋友圈开展的活动，不能太复杂，要尽量简单，参与和评选都要简单，因为用户"刷朋友圈"本身就是用来打发时间的，很少有人愿意花太多精力去参与复杂的活动。

④ 时机要斟酌。发布朋友圈活动选择目标人群大量在线且有时间"刷屏"的时间段，效果会更好。例如，在21:00以后发布活动，在线人数多，"刷屏"时间充足，而且活动如果受欢迎，也会产生二次扩散传播。

（4）活动监测。活动开始后，要随时关注用户的参与情况和反馈意见，如活动是否有什么问题、流程是否顺畅、用户参与度是否很高等，要根据实际情况进行调整和应对。

所以在活动开展前，最好制订几套应对方案，在出现意外情况时可以及时调整和应对。

(5）活动总结。

① 效果评估。不论是为了促销，还是互动，活动开始之后都一定要时刻注意目标的实现效果，如果效果不理想，要思考是不是可以及时补救；如果效果超出预期，要思考是不是要趁着活动热度再来一轮。

② 复盘总结。活动结束后要对整个过程进行复盘总结，把好的经验、教训及时写下来。单纯做活动只能叫经历，只有经过总结、改进之后才能变成经验。经历多不代表经验多，一个人不是活动做得越多，经验就越多，也许他只是不断机械重复地做一件事而已。

> **小提示**
> 做微信营销和互联网营销其实都是互通的，要懂得如何去分析你的精准用户群体，通过哪些平台吸引你的用户群体来关注你，再维护好你与客户的基本关系，分析用户的需求。微信营销需要的就是参与感、存在感、价值感。

5.1.3 微信公众号营销

微信公众号是个人或企业在微信公众平台上申请的应用账号。通过微信公众号，商家可以在微信平台上利用文字、图片、语音、视频与特定群体进行全方位的沟通与互动，形成线上线下微信互动营销。那么，到底什么是微信公众平台及平台营销呢？

1. 微信公众号认知

微信公众平台简称微信公众号，于2012年8月23日正式上线，是腾讯公司主要面向政府、媒体、企业、名人等推出的合作推广业务，也曾被命名为"官号平台""媒体平台"等，体现了腾讯公司对微信延伸功能的更大期望。利用微信公众平台进行自媒体活动，简单来说就是进行一对多的媒体活动，如商家通过申请微信公众号，进行二次开发，展示商家微官网、微会员、微推送、微支付、微活动、微报名、微分享、微名片等。到目前为止，一种主流的线上线下微信互动营销方式已经形成。微信公众平台的类型有企业微信、服务号、订阅号和小程序四种类型。

（1）企业微信（原企业号）。企业微信（原企业号）主要用于企业管理，类似于企业内部的管理系统，面向的是企业内部的员工或企业运营流程中的上下游客户。

（2）服务号。服务号主要用于客户服务，如平安银行服务号，客户将个人平安银行账号与该服务号绑定后，在每次消费时都会收到平安银行的服务号发来的消息。

（3）订阅号。订阅号主要用于传播资讯。商家通过订阅号展示自己的特色、文化、理念而树立品牌形象。订阅号具有较大的传播利用空间。

（4）小程序。小程序是一种新的开放功能。小程序可以让商家在微信内被便捷地获取和传播，同时可以让客户感受到出色的使用体验。

▶▶ 想一想

初创公司没钱没人没资源，应该怎样选择合适的平台做营销？说说你的看法。

_____

_____

2. 微信公众号定位

要做好微信公众号营销活动，一定要从有效的定位开始，这是微信营销活动中最关键的一个方面。微信公众号定位主要包括用户定位、内容定位、服务定位等。

（1）用户定位。用户定位主要是指企业需要了解用户属性及其行为特征，为其画像，从而找到目标人群，确定辐射受众面，设计公众号功能特色、服务模式、推送风格等。

（2）内容定位。内容定位主要是企业利用品牌调性，结合自身品牌受众，总结出品牌内容的个性，有选择地进行内容的取舍与发布，以吸引用户注意力、增强用户黏性和体现品牌价值。

（3）服务定位。服务定位主要是指为用户提供什么样的服务，用户能够从中获取什么，微信公众号能为企业创造什么价值。如餐饮企业公众号，除推送美食文章内容外，还能提供在线订餐、连接Wi-Fi等基础服务。

3. 微信公众号营销的方法与技巧

那么如何做好微信公众号的营销工作呢？总的来说要做好以下六点。

（1）明确目标。企业做的微信公众号无非是两种：一种是具有销售目的的公众号；另一种是具有品牌强化作用的公众号。前者需要实时向用户传递活动、优惠、促销等信息，因为用户关注具有销售目的的公众号是明确地表示想及时获得企业的折扣信息，因为用户已经认可企业的产品，现在更需要一个新的购买理由。后者则需要通过公众号内容规划及服务的及时性体现企业的品牌文化，在帮助用户的同时传递企业的文化，在传递文化的同时优化用户体验，这样更能绑定用户的心。

（2）精准的内容定位。微信公众号的内容定位非常重要，运营者必须精耕细作。无价值的内容、纯粹的广告推送，往往会引起用户的普遍反感。所以微信公众号在定位的时候一定要注意以下几点：第一，自身定位、市场导向、用户喜好决定了平台的推送内容。要注意平衡，同时兼顾以上几点。第二，谨慎跨领域发展。选取内容时一定要认真用心，按照自身定位，选取合适的内容，尽量不发与自身定位无关的话题。第三，多原创，少转发。微信公众号重点在于沟通，也就是无限拉近与用户的距离，如果一直转发别的平台的内容，文章千篇一律，迟早会被淘汰。

（3）完成认证。很多实践者忽略了一点，微信公众号一定要尽早、及时认证。因为认证的微信号会有搜索中文的特权，而微信认证的门槛也相对较低，只需要有500名订阅用户，绑定个人或者企业的认证微博即可。认证后的最大益处就是可以直接在微信的添加好友内搜索中文，而且还支持模糊查找，会为后续的推广起到很多的积极作用。

（4）做好内容的推送。微信公众号的后台可以获取订户的全部信息，并提供了强大的订户分组功能，可以按地域、性别、喜好、需求等不同的指标分组。这为新闻信息的分组精准推送提供了实现渠道。分组推送即微信公众号在群发消息时，可以选择性别、分组、用户所在地区等属性，或者根据消息的类型和地域进行有选择的定向投放，将消息发送给某一类用户。分组推送的实现，能够避免用户的信息过载，让媒体的各类信息资源发挥相应的最大价值。

（5）搭建自定义回复接口。自定义回复接口的功能非常强大，通过自定义回复接口，一些微信公众号可以实现查询周边路况、查询违章，更重要的是可以在微信内生成微信贺卡，可以当微信"电子狗"，并且还能实现微信导航。因此，在策划、设计微信公众号的时候，应该充分规划和设计其应用功能，以此来吸引用户关注。

（6）策划互动活动。在微信公众号的运营中，与粉丝的互动是增加关注以及提高用户黏度的一个很重要的方法。接下来就介绍策划微信公众号互动活动的运营要点。

① 活动规划前需要先了解微信订阅用户的属性，在进行市场调研后策划并进行全方位预热推广，在微博、线下广告、官网等多方面都宣传本次微信活动的情况。

② 活动运营期间需要有专门的客服在后台记录和解答问题，引导用户积极参与活动，并通过自定义回复接口不断推送活动参与说明，利于关注用户快速参与。

③ 通过设置多种奖品来刺激参与者，并且在推广渠道不断宣传来提高参与度。奖品方面不仅可设置单次的大奖，还可以设置多个参与奖，来调动用户的积极性。

④ 由于微信的互动是隐秘的，所以特别适合设置和企业品牌有关的问题来开展有奖答题活动，首个答对的就可以获得奖励，而且利于统计中奖名单。当然也可以设置只要答对就有积分，通过后期统计的总积分来获得奖励的模式。目前这块暂时还是需要手工统计，后期估计会有基于后端活动的平台出现。

⑤ 要注意互动的便利性，尽量让用户采用选择的方式来参与。可以设置多个问题的总积分模式，让用户只需要输入简单的数字或者英文即可参加，从而大大提升活跃度。

⑥ 抓住节日时效性活动营销热潮。活动的策划建议多采用与节日和热门事件结合的方式。

5.1.4 微信小程序营销

1. 微信小程序认知

1) 小程序的产生

微信的订阅号、服务号、企业号和小程序目前是并行的体系。微信方面强调，微信不应该只是停留在微信公众平台上，停留在订阅和推送上，而应跳开微信公众号，能够提供更多新的服务，而这种新的服务更像是应用程序的能力，而不是应用App。2017年1月9日，微信小程序正式上线。腾讯创始人在2017年微信公开课中首次公开阐述微信小程序，表示小程序是微信的一种新应用形态，重在给优质服务提供一个开放的平台。

简单来说，微信小程序就是将用户手机上的各种 App 集成到微信中，不用下载，也不用安装，直接点开即可使用。微信小程序的出现实际上是微信颠覆整个网络应用的一种尝试。它的出现使网站、App、实体商店，都变成了一个个即用即走、无须访问网站、无须下载软件的小程序，从而给人们带来更加便捷的上网体验。只是小程序要想完全取代甚至超过 App，还需要商家和顾客的配合。因为只有商家开通了微信小程序，顾客愿意通过扫码进入小程序，小程序才能获得足够的流量，获得发展的动力。小程序的开发可以说是一个技术活，如果没有专门的 HTML5 开发人员，单靠个人摸索是很难完成的。虽然这从一定程度上提高了小程序的准入门槛，但是随着小程序的发展，将来市场上前端工程师也会有很多。

2）小程序的安全性

小程序作为微信的一个部分，受到微信的严格控制。一家公司要想成功开发小程序，就必须保证其制作符合微信的相关规范，并且小程序在上线之前还会面临微信的审核。从信息保护的角度来看，开发商能拿到的信息仅仅为登录小程序者的昵称、头像、性别等公开资料，至于微信账号和密码等私密信息，开发商是无法获知的。另外，小程序不允许放链接，即无法实现小程序与其他网页的跳转。正是因为这些因素的保障，小程序的安全系数相对来说是比较高的。

3）搜索和体验微信小程序

（1）激活小程序。在成功激活小程序的情况下，小程序的入口会出现在微信的"发现"界面。如果用户没有订阅任何小程序，那么即使进入微信的"发现"界面，也看不到小程序的入口。用户需要先将微信更新至最新版本，然后搜索或者随便点开朋友分享的任一小程序，进入后再次退出时，才可发现在"发现"界面下方出现了小程序入口（见图 5-2）。

（2）搜索小程序。搜索小程序最常见同时也是最简单的方法是在小程序的搜索栏中直接输入小程序的名称，其具体操作如下。

① 点击进入微信"发现"界面中的"小程序"界面（见图 5-2）。

② 点击小程序界面中的搜索栏，进入小程序搜索界面。在搜索栏中输入小程序的名称，并点击"搜索"按钮，查看搜索结果。

（3）进入小程序。小程序的页面体验可从流畅性和便利性这两个方面进行分析。

① 流畅性。从流畅性的角度来看，小程序的页面加载速度整体较快，甚至部分小程序的

图 5-2　小程序入口

加载速度会超过原生 App。因此，小程序的流畅性可以说是比较好的。

②便利性。从便利性来看，小程序无须下载，可省去用于下载软件的时间和流量成本。并且，用户只要使用过某个小程序，该小程序便会自动出现在"小程序"界面的搜索栏下方。小程序的这种使用记录使用户下次再进入同一小程序时，只需在"小程序"界面进行选择。

2．微信小程序营销理念

要进行营销，运营者首先要做的就是制定合适的营销理念。小程序的营销理念可以从下列方面考虑。

1）符合规则

任何平台的运营活动都有一定的规则，小程序自然也不例外。"微信公众平台小程序"的"运营规范"界面，对小程序运营的相关规范进行了详细的介绍。

比如，运营规范中明确指出："微信小程序的页面内容中，不得存在诱导类行为，包括但不限于诱导分享、诱导关注、诱导下载等。"如果运营者为了获得更多用户，不顾该规范，多次诱导用户分享小程序，那么，微信发现之后，很可能会直接将小程序下架。因此，运营者在进行营销活动之前，一定要仔细阅读微信官方发布的关于小程序的运营规范，并确保营销活动符合运营规范，否则，运营者不但无法让小程序获得更好的发展，反而可能会让小程序被下架。

2）构建合适的场景

小程序的场景构建可以说是营销理念中非常重要的一环，因为只要场景构建得好，用户使用率高，小程序便可能借庞大的用户群获得突破。小程序的场景构建大致可分为以下三步。

（1）调查市场，了解需求。构建场景的前提就是调查市场，了解用户的需求。因为只有满足了用户的特定需求，小程序才有被使用的可能。否则，如果小程序对用户来说并没有太多用处，那么用户用完之后很可能会直接将小程序删除。当然，关于了解需求的具体方式，运营者可以根据自身情况选择，但进行调查和评估是必不可少的。对于市场需求强烈的领域，运营者只需开发对应的小程序即可。

（2）基于需求构建场景。在了解了需求之后，接下来需要做的就是通过场景的构建满足用户的特定需求。关于这一点，共享单车便是一个很好的例子。共享单车定位于解决用户"最后一公里"的问题，因此，如何让用户随时用上是最关键的一个问题。对于这个问题，它选择通过三种方式解决：第一种是增加共享单车的数量，让共享单车变得随处可见；第二种是简化租赁流程，用户只需扫描共享单车上的二维码并进行一些简单的操作，便可获得共享单车的使用权；第三种是提供低廉的租赁价格，保证人人都能够用得起。其实，运营者在基于需求构建场景时，也可以效仿共享单车的做法。比如，对于店铺类小程序，运营者可以通过在店铺内大量张贴二维码的方式，让用户进入小程序更方便。另外，在小程序中，运营者可以提供一些实用性功能，这样，即使是为了更方便地进行相关操作，用户也会增加小程序的使用率。

（3）通过连接，由点成面。经过上述两步之后，运营者构建小程序场景的工作可以说已经初步完成，而使用小程序的用户也可能有所增加。但是说到底，上述场景构建仍停留在一个或几个点上，用户只有在特定的情形下才能接触到运营者为小程序构建的场景。因此，除了针对某些点构建场景之外，运营者还需要采取一些措施，将构建的场景与其他事物进行联系，使场景的影响范围由一个点变成一个面。比如，在为小程序构建场景之后，运营者可以通过小程序与服务号、订阅号以及 App 等平台的联系，将构建的场景与自身甚至是他人的多个平台进行连接，让更多人可以了解构建场景的相关信息，进而扩大小程序的影响面。

3）打造品牌

从用户的角度来看，大品牌的产品用着往往更让人放心，其实，小程序也是如此。面对各种小程序，用户会将更具知名度的品牌作为首选。以外卖为例，用户使用小程序点外卖时，一般都会选择"饿了么""美团外卖"，其中很重要的一个因素就是这些小程序知名度相对较高。小程序的知名度无疑是非常重要的，可以通过以下三种方式来打造小程序品牌。

（1）通过版面设计打造。在开发和设计小程序时，运营者不仅可以让小程序所属的品牌尽可能多地出现在小程序信息介绍、菜单栏及相关的具体内容中，还可以通过与其他大品牌产生联系的方式，突出自身的品牌价值，让用户对品牌留有更深的印象。当然，在此过程中，运营者还需把握一个度，切不可为了一味宣传品牌而忽略用户的感受，否则，不但得不到预期的效果，还可能会引起用户的反感。另外，运营者还可以通过规范化小程序页面的打造，给用户一种"有范儿"的页面设计体验。这样，即使小程序的知名度有所欠缺，用户也会由于独特的用户体验，记住小程序及其所属品牌。

（2）通过宣传推广打造。品牌打造最直接的一种方式就是宣传推广。正所谓"酒香也怕巷子深"，如果没有一定的宣传推广，用户可能都不知道小程序的存在。因此，从一定程度上来说，只有进行必要的营销，才能更好地实现"赢销"。所以，在小程序的运营过程中，宣传推广是需要重点对待的工作之一。当然，在宣传推广小程序时，运营者也可以有意识地将小程序所属的品牌融入其中，进而实现小程序与品牌的共同宣传。

（3）通过产品质量打造。一个品牌之所以可以获得用户的青睐，除了它的知名度之外，往往还有一个原因，那就是产品的质量好。如果一个产品质量好，那么用户一传十、十传百，产品的口碑和知名度自然也就提高了。也就是说，质量好的产品，用户会自动变成产品的推销员，由此不难看出，提升产品质量不失为一种有效的品牌打造方式。当然，在小程序中，产品质量不仅包括小程序中所有产品的质量，更包括相关的服务。而这些综合起来其实就是用户体验的打造。无论是小程序的产品，还是小程序的相关服务，只有让用户觉得满意，才能增加小程序的使用率，在良性循环中增强小程序的品牌效应。

4）基于战略

战略是一种计划，更是一种定位，它是相关人员为达到某一目的所进行的谋划，对具体行动起着指示作用。小程序运营者在开发和设计小程序之前，对小程序的未来发展方向可能已有盘算，而这个盘算即可视为战略的一部分。当然，战略更多的只是指示某一段时间内的总体方向，具体细节可根据实际情况进行调整。但是，如果完全不顾战略，甚至朝着与战略相反的方向前行，那么，结果只能是越努力与最初的目标相距越远。因此，运营者在制定小程序的营销理念时，一定要充分考虑当时的战略，根据战略进行针对性的营销，从而更快地获得阶段性的胜利。切不可与战略背道而驰，或者随意改动战略，否则，所取得的成果很可能难以达到预期。比如，当总体方向为获得更多用户时，运营者可以通过各种营销方式增强小程序及与小程序相关的事物对用户的吸引力，而不适合急于提供有偿服务，一味地将流量转化为收益。因为这样不仅起不到增加用户的作用，还有可能使原有用户因为无法方便地获得想要的服务而减少使用小程序，甚至直接删除小程序。

5.1.5 微信视频号营销

微信视频号是一个主要以图片和视频的形式进行内容记录与创作的平台。微信视频号是一个全新的内容记录与创作平台，也是一个了解他人、了解世界的窗口。在2020年1月22日，第一批有幸拥有"内测资格"的微信受众很惊喜地在他们的微信界面发现叫作"视频号"的功能。

经过一年的沉淀，视频号不仅培养了用户的使用习惯，让浏览短视频像查看朋友圈一样成为日常，也不断向营销变现方向持续改进。无论是B2C营销还是B2B营销，视频号都不失为一个低成本、大流量的便捷营销选择。如今，众多企业布局视频号，那么视频号究竟该如何运营？

1. 选择合适的视频号认证方式

目前视频号认证方式有兴趣认证、职业认证、企业和机构认证三种。前两者使用的是个人身份认证，皆需要满足一定的门槛条件才可认证成功。相对来说，这两种认证方式更适合个体运营，也适合MCN机构用来打造个人IP，如尚品宅配知名的设计师IP——设计师阿爽，使用的便是兴趣认证方式。对于企业品牌视频号运营者来说，企业和机构认证方式较为妥帖。一方面认证门槛相对较低，仅需拥有同名企业/机构身份的微信公众号便可认证成功；另一方面也更能体现该账号的官方性与专业度。当然，由于现在视频号已经可以实现不同视频号之间通过@方式彼此导流，精力足够的企业也可以尝试同时运营多个视频号，尝试不同视频风格，并实现彼此导流。

2. 视频号运营关键

（1）视频号作品发布时间。根据用户习惯判断，大多数用户会在这三个时间段内刷视频号：7:00—9:00；12:00—14:00；20:00—22:00。具体到不同领域视频号可能存在一定差异，例如职场类的视频号在8:00—10:00的早高峰时期较受欢迎，而情感类的视频号则在22:00—24:00更受欢迎。另外，受限于视频号推荐机制的时间差，刚发视频号的30分钟之内基本不会获得平台推荐流量，在视频发布的2~3小时后，才会受到视频号的流量推荐，因此运营者可以选择在自己领域流量高峰期前的 2~3 小时发布作品，并利用这一段时间通过社群、朋友圈等额外渠道实现初始流量的积累与冷启动，这样一来，视频号的流量推荐时期正好达到用户浏览高峰期。

（2）视频号内容设计。根据实践经验可知，真人出镜的视频内容更受用户的欢迎：如果是 B2C 企业，可以选择短剧情的形式，在轻松活泼的氛围当中植入品牌价值或者内容营销活动；如果是 B2B 企业，可以选择干货分享的形式，让员工出镜拍摄通俗易懂的视频，讲解专业内容。无论哪一种形式，内容设计都需要同时兼顾趣味性，具有故事性与共鸣感的视频内容将带来更高的完播率。

（3）注重细节设计。在发布视频号内容时，也要注重标签、底部拓展链接、顶部引导关注这三个细节。

标签可以在其他视频号用户主动搜索相关关键词时，帮助你的视频获得更好的前端展示位，拥有更多的曝光机会，另外视频号常嵌入的标签也会被自动置顶在视频号个人主页上，用户可以直观看到你的视频号内容方向，所以标签一定要嵌入得体，且尽可能采用符合用户搜索习惯且搜索量较大的词汇。

视频底部拓展链接是最有效的视频号向公众号导流的入口，链接标题文案是否有吸引力将直接影响打开率和导流效果。因此该链接标题文案需要尽可能地采用明显字眼，让观众一眼就知道点击链接关注公众号后能有什么收获，例如"限时福利""干货礼包""加入群组"等。在拓展链接文案内嵌入完整的白皮书清单与带参二维码，使用户扫描带参二维码关注公众号便可获取视频号自动发送的相应白皮书合集。这样一来，企业可以自动区分哪些用户来自视频号导流链接，也让用户服务更加精准与及时。

顶部引导关注设计是很多人都会忽略的地方。用户在浏览到有趣的内容时，常常会点赞但不会顺手关注该账号，这便需要运营者在视频顶部不断地关注引导，提醒用户顺手关注。

3. 微信视频号运营技巧

（1）辅助宣传。企业不光能将视频号内容直接分享至用户，也可以通过对话框将用户直接引导至视频号内。例如通过对话框发布"#视频号：华为"，社群用户点击该字样便会自动跳转至华为官方视频号。辅助宣传不仅能帮助视频号内容实现初期流量积累，也可以带来更多的流量曝光。最重要的是，视频号也可以作为与公众号并肩的企业官方发声平台，持续为用户传递信息，不断积累用户对企业品牌的信任与好感。

（2）个人微信信息栏允许添加视频号。作为视频号最新发布的功能，视频号绑定的微信用户可以将视频号一键嵌入个人微信信息栏内。对于个人认证的视频号来说，这不失为一个流量曝光与自我展示的新机会；对企业来说，该功能目前可能不是非常有用，但我们也可以期待，在视频号不断迭代发布新功能的当下，未来视频号必定会实现更多的微信生态打通方式。

课堂实训

选取学校周围的超市或者小吃店，利用所学的微信营销知识，设计微信营销方案，然后通过朋友圈、微信群、公众号开展营销互动与交流。

（1）分析产品特性，提炼卖点。

（2）确定微信营销的目标。

（3）撰写微信营销的软文。

（4）任选两种及两种以上微信营销方式进行营销推广。

（5）评估微信营销的效果。

（6）将方案实施情况在班级进行展示和汇报。

5.2 社群营销

社群营销以社群为基石。社群以社交文化为基础，基于移动网络和社交工具，拥有特定的表现形式。一个完整且典型的社群通常有稳定的群体结构、一致的群体意识、一致的成员行为规范和持续的互动关系，同时社群成员之间能够保持分工协作，具有一致行动的能力。社群是一种关系连接的产物，是一群相互间有联系的人形成的网络区域。其成员可以在这个网络中交流互动，互相了解，培养情感，共同进步。互联网的便利性，让社群成员间的沟通可以不受空间上的限制，不仅方便社群成员之间的沟通，还方便运营者的管理。

▶▶ 想一想

构建一个社群的要素都有什么？

5.2.1 社群营销认知

社群营销是在网络社区及社会化媒体的基础上发展起来的用户连接及交流更为紧密的网络营销模式，主要通过连接、沟通等方式实现用户价值。社群营销是一种基于圈子和人脉的营销模式，通过将有共同兴趣爱好的人聚集起来，打造一个共同兴趣圈并促成最终的消费。社群营销的本质是口碑传播的过程，其人性化的营销方式不仅广受用户欢迎，还可以通过用户口碑继续汇聚人群，让用户成为继续传播者。

5.2.2 构建社群营销

所谓社群，就是一群有相互关系的人形成的网络，其中人和人要产生交叉的关系和深入的情感链接，才能被称为社群。要构建社群，需要满足五个构成要素。

（1）同好。同好是社群成立的前提。所谓"同好"，是对某种事物的共同认可或行为。社群中的人是为了什么而聚到一起的？最重要的是一起做什么？

素质培养

社群必须能够输出价值，能够让社群成员获得价值，积极传递正能量，在价值和利益上提供给客户幸福感。

（2）结构。结构决定了社群的存活。很多社群为什么走向沉寂？那是因为最初就没有对社群的结构进行有效规划。这个结构包括组成成员、交流平台、加入原则和管理规范。这四个组成结构做得越好，社群生命周期越长。

（3）输出。输出决定了社群的价值。所有的社群在成立之初都有一定的活跃度，但若不能持续提供价值，社群的活跃度会慢慢下降，最后沦为广告群。没有足够价值的社群迟早会被解散，也有一些人会屏蔽群，再去加入一个新的群或选择创建一个新群。

（4）运营。运营决定了社群的寿命。不经过运营管理的社群很难有比较长的生命周期，一般来说，从始至终通过运营要建立"四感"，即仪式感、参与感、组织感及归属感。

（5）复制。复制决定了社群的规模。由于社群的核心是情感归宿和价值认同，那么社群越大，情感分裂的可能性就越大，所以在"复制"这一层面，有这样两个问题需要考虑：第一，是不是真的有必要通过复制而扩大社群规模；第二，是不是真的有能力维护大规模的社群。

5.2.3 社群平台运营

建立社群并不难，但要想成功运营社群，让社群持续发展，做好社群营销，则需要掌握一定的运营方法。

1. 清晰的社群定位

在建立社群之前，必须先做好社群定位，明确社群要吸引哪一类人。社群定位能够充分体现企业的核心价值定位。例如，小米手机的社群，吸引追求高科技与前卫的人群；罗辑思维的社群，吸引具有独立和思考标签的人群；豆瓣的社群，吸引追求文艺和情怀的人群。社群只有在有了精准定位之后，才能推出契合"粉丝"兴趣的活动和内容，不断强化社群的兴趣标签，使社群用户产生共鸣。

一般来说，社群定位要基于社群的类型和企业的性质。按照产品形式，社群可划分为产品型社群、服务型社群和自媒体社群等；按照社群范围，社群可分为品牌社群、用户社群和产品社群。当然，不管如何对社群进行划分，其目的都是确定社群的基调，保证社群既能满足成员特定的价值需求，又能为社群运营人员带来回报，形成良好的自运行经济系统。

为了更好地进行社群定位，在建立社群前，运营者应首先考虑一下建立社群的目的（建群动机），如销售产品、提供服务、拓展人脉、打造品牌、提高影响力等。确定了建立社群的目的后，就可以更方便地进行社群定位。

2. 维护核心粉丝群

对能量不足的运营者来说，在社群运营的初期应该建立核心粉丝群。这种群的特点就是氛围很放松、规矩不多、没有太多的条条框框，人们可以在这个群里畅所欲言，相互认识，相互了解。

粉丝群运营一段时间之后，运营者就可以深入地了解目标人群，熟悉大家聊天时的语气、表情，形成群体沟通的亚文化。

不同的人、不同的社区、不同的产品，形成的亚文化不同，这种亚文化需要通过发掘有一定运营能力的群内小伙伴去复制。一个运营者往往无法有效管理社群，需要维护核心粉丝群，在核心群中找到可以帮助自己运营的伙伴。

做社群运营时，若在初期没有维护核心粉丝群，直接建设大群，那么就会出现各种管理上的问题，因此维护核心粉丝群很重要。核心群的维护可以采用准入制，设置一个进入门槛，这样可以保障核心群的成员质量。

3. 倾听成员的声音

消费者从实体店买了一件商品，发现商品有问题，然后就可以去店里找销售人员理论。然而，实体店的销售人员并不一定会给消费者满意的答案。

如今，消费者可以在京东、淘宝、亚马逊、当当等平台购买商品，可以在商家店铺下面进行评价。消费者的评价会被别人看到，这种评价会对潜在顾客的购买行为产生影响。一个人的声音不大，但是，若一个人的声音对成千上万的人产生影响，商家就会重视。

网络社群的形成，改变了人们购买产品和互动的方式。在网络社群中，任何一个声音都会影响到整个社群。在打造品牌、开拓市场等一系列商业活动中，都应聆听成员的声音。只有仔细聆听，运营者才能和成员融为一体，打造好产品社群，为产品的发展共同努力。

20世纪80年代，戴尔电脑在起家的时候，并不是按照公司的设计直接把计算机组装好，而是按照顾客的意愿来"定制"。各个零配件的规格、参数虽然都是已经设计好的，但是却给消费者提供了一定的选择空间。然而，就是这一点点的选择空间，使戴尔电脑走向了成功之路。通过戴尔电脑的例子可以看出，聆听并尊重消费者的意愿，是企业长远发展的关键所在。既然商品是要卖给消费者的，那么就应接纳消费者提出的要求。

> **素质培养**
>
> 社群的沟通不是创始人和管理者自上而下的权威型沟通，而是双向互动的民主式沟通，这就要求社群创始人和管理者走近社群成员，和成员平等地交流、相处，倾听他们的心声，关注他们的兴趣爱好，从而能够量身定做适合他们的营销方式。

成员的声音是最真实的，他们会通过网络平台说出自己的诉求。运营者应该充分意识到这点，拥有足够的耐心，听一听广大成员的声音。

4. 持续输出价值

社群的群主或管理员，在每次分享时都应该全程投入，不应有所保留。在社群运营中常会遇到这类问题,分享者没有将所有内容分享出来,有的迫于知识有限,有的则是害怕其他成员超越自己,造成成员分流。其实这是一个误区,要想让社群发展壮大起来,长久生存,分享者应当倾尽所有,将所有内容传授给成员,从而得到成员的认可和信任。如此,成员之间的黏性才会很强,后续将会持续输出价值,带来稳定的影响力和口碑,"粉丝"和跟随者也将越来越多。

5. 维护用户活跃度

社群成员之间的在线沟通多依靠微信、QQ、YY等。对于社群运营而言,能否建立更加紧密的成员关系,直接影响着社群最终的发展,社群活跃度也是衡量社群价值的一个重要指标。现在,大多数成功的社群运营已经从线上延伸到线下,从线上资源信息的输出共享、社群成员之间的互动,到线下组织社群成员聚会和活动,目的都是增强社群的凝聚力,提高用户活跃度。

▶▶ **想一想**

你加入的社群,其成员活跃吗?你认为该社群是如何保证成员活跃度的呢?

_____

_____

6. 打造社群口碑

口碑是社群最好的宣传工具,社群口碑与品牌口碑一样,都必须依靠好产品、好内容、好服务进行支撑,经过不断的积累和沉淀才能逐渐形成。一个社群要想打造良好的口碑,必须从基础做起,抓好社群服务,为成员提供价值,然后才能逐渐形成口碑,带动成员自发传播,逐渐建立以社群为基点的圈子,使社群真正得到发展。

▶▶ **想一想**

在社群运营中如何铸就良好的口碑?

_____

_____

5.2.4 社群营销活动策划

建立一个社群容易,但社群的维护并不简单。一个社群要想做得有声有色,不让成员感到无聊乏味,使成员有成就感、荣誉感等,开展社群线上活动必不可少。社群分享、社群福利、社群打卡等都是十分有效的方式,可以不同程度地活跃社群,提高社群成员的积极性。因此就要经常开展活动,营造社群氛围。

1. 开展社群线上活动

社群营销活动是活跃群内气氛的重要手段，具有多样化的表现形式，常见的社群营销线上活动有社群分享、社群交流、社群福利等。

1）社群分享

社群分享是指分享者面向社群成员分享一些知识、心得、体会、感悟等，也可以是针对某个话题进行的交流讨论。专业的分享通常需要邀请专业的分享者，当然也可以邀请社群中表现杰出的成员进行分享，从而刺激其他成员的参与度和积极性。为了保证分享质量，在社群分享前应该对分享内容、分享模式进行确认，特别是对没有经验的新手分享者而言，确定内容和流程必不可少。在分享期间或分享结束后，可以引导社群成员对分享情况进行宣传，社群运营者也应该总结分享内容，在各种社交媒体平台上进行传播，打造社群的口碑，扩大社群的整体影响力。

2）社群交流

社群交流是指挑选一个有价值的话题，发动社群成员参与讨论，输出高质量的内容。与社群分享一样，在进行社群交流前、中、后，也需要进行专业的组织和准备。

（1）策划活动。在进行交流前，必须考虑好参与交流的人、交流的话题，以及话题组织者、主持人、控场人员等角色。交流的话题影响着讨论的效果，通常应选择简单、方便交流、有热度、有情景、与社群相关的话题；合理分配角色则可以保证社群交流的秩序和氛围，使活动顺利进行。

（2）预告暖场。在进行社群交流前，可以设置预告环节，将活动相关信息展示给社群成员，如主题、时间、人物等，吸引更多社群成员参与交流；还可以设置暖场环节，调动社群成员的积极性，营造良好的交流氛围。

（3）交流过程。一般来说，社群交流只需要按照预先设计的流程进行即可，包括开场白、交流、过程控制、其他互动和结尾等。但需要注意的是，当交流过程中出现偏离交流主题甚至无意义的刷屏内容时，应该及时将话题拉回主题，控制场面，并对捣乱的社群成员予以警告。

（4）交流结束。社群交流活动结束后，主持人或组织者需对活动进行总结，将比较有价值的交流内容整理出来，总结活动的经验与不足，对活动的过程、收获等进行分享和传播，扩大社群影响力。

3）社群福利

社群福利是提高社群活跃度的有效工具。一般来说，不同的社群通常会制定不同的福利制度。

（1）物质福利。物质福利是指给予表现优异的成员物质奖励，一般为实用物品，或者具有社群特色的代表性物品。

（2）现金福利。现金福利是指给予表现优异的成员现金奖励，多采用奖金的形式。

（3）学习福利。学习福利是指为表现优异的成员提供学习类课程服务，如可以免费参与培训等。

（4）荣誉福利。荣誉福利是指给予表现优异的成员相应的荣誉奖励，如颁发奖状、证书，或授予头衔、称号等。荣誉福利若设置合理，可以在很大程度上提高社群成员的积极性。

（5）虚拟福利。虚拟福利是指给予表现优异的成员虚拟的奖励，如积分，当积分达到一定水平的时候，成员就可以领取其他相应奖励。

> **小提示**
> 在活跃社群气氛时，发红包也是一种不错的方式。但红包不能随意发，否则有些红包就无法起到理想的效果。一般来说，在新人入群、活跃气氛、宣布喜讯、发布广告、节日祝贺等情况下，可以适当发红包。需要注意的是，发红包最好有一个理由。但是频繁发红包不仅无法激发成员的积极性，还容易使社群沦为一个红包群。此外，发红包最好选择一个合适的时间段，在工作时间发红包引起的关注度相对较低。

2. 开展社群线下活动

互联网时代，只有线上线下相结合才是顺应潮流的运营方式。线上交流虽然很方便，但线下交流更容易促进社群成员之间的感情联系，加强社群的凝聚力。在线下举办社群活动，可以让社群成员更有归属感，也可以使社群成员之间的关系从单纯的网络好友延伸到现实好友，连接到社群成员的生活、人脉圈中，使关系更牢固。

（1）制订活动计划。无论开展什么样的活动，做好活动计划都是必不可少的。每一次活动都有活动主题和活动目的，而不是为了举办活动而去策划活动内容。首先，明确活动的目的，是为了增强社群成员感情，培养社群管理运营人才，还是宣传营销内容；其次，选择活动形式，确定活动名称、举办日期、报名方式、活动地点、活动流程、费用、奖品及邀请的嘉奖。这样开展的活动才有针对性，质量才会高，吸引的人也才会多。

为了更好地对活动全程进行控制，通常在制订活动计划时，需要制作一个活动进度表，如活动总共分为几个阶段、每个阶段的主要内容是什么、在什么时间点进行什么环节等。

（2）活动内容策划。要想策划一场有影响力的社群线下活动，高品质的活动内容是关键。在"内容为王"的互联网时代，只有拥有优质的活动内容，才会让社群成员对活动有所期待。用心做好每一次线下活动，并为下一次活动做好铺垫，自然能够在社群成员中积累口碑，吸引更多的人加入社群，扩大社群的影响力。

（3）活动的宣传推广。再好的活动不进行宣传推广，也不会有更多的人知道。在确定活动相关信息后，可以组织线上管理人员对活动进行推广，如在公众号、微博、豆瓣、知乎等平台进行宣传，并进行活动海报的设计和发布、邀请媒体等。也可收集活动参与人员对活动的建议，进一步对活动方案进行优化。

另外，在活动开展过程中，宣传人员还可以对活动进行直播，发布参与人员的合影照片，通过对线下活动的呈现促使线上转发传播，从而引发成员对下一次活动的期待。

（4）总结复盘。总结复盘是指对活动的效果进行总结和反馈，生成复盘报告，为下一次的线下活动总结经验。

> **小提示**
>
> 策划社群线下活动时，需要做好对外联系工作。对外联系是指筛选和洽谈活动场地、活动设备，邀请活动嘉宾等，必须确认活动场地能够正常使用、设备正常运行，以及活动嘉宾的邀约和分享文稿无误。为了便于及时沟通，对外联系人员可以制作一份活动重要人员的通信录。

▎课堂实训

以小组为单位，搜索并查看目前运营比较成功的社群，分析这些社群的要素以及运营理念等。

5.3 直播营销

从广义上讲，可以将直播营销看作以直播平台为载体而开展的营销活动，可达到提升品牌形象或增加销量目的的一种网络营销方式。直播营销与传统媒体直播相比，具有不受媒体平台限制、参与门槛低、直播内容多样化等优势。如今，淘宝、蘑菇街、京东等大型电商平台都提供了直播入口，如淘宝直播、蘑菇街直播、京东直播等；在一些专注于直播领域的平台也可进行直播营销。

▶▶ 想一想

某位旅行达人通过手机将旅行途中的趣事录制下来，以视频形式发布到网上，这属于直播营销吗？网络游戏直播属于直播营销吗？

5.3.1 直播营销认知

1. 直播营销的要素

直播营销包括场景、人物、产品和创意四个要素。

（1）场景是指营造直播的气氛，让观众身临其境。

（2）人物是指直播的主角，可以是主播或直播嘉宾，在展示内容过程中与观众互动。

（3）产品要与直播中的道具或互动有关，以软植入的方式达到营销的目的。

（4）创意可提高直播效果，吸引观众观看，如明星访谈、互动提问等形式就比简单的表演直播更加吸引观众。

2. 直播营销的优势

直播营销这种别具一格的方式具有独特的营销优势。除了更低廉的营销成本,直播营销还具有媒介设备简单、更广的营销覆盖、直达用户、身临其境的体验、更直接的销售效果及更有效的营销反馈等优势。

▶▶ 想一想

就直播营销与传统营销的区别谈谈你的理解。

_____

_____

(1)媒介设备简单。直播营销的设备很简单,智能手机、计算机等都可以作为直播的设备。基于互联网的直播营销,可以直接通过智能手机来接收与传播。这种营销方式的传播范围更广,传播速度更快,效果也就更加明显。

(2)更广的营销覆盖。应用一般的营销方式时,观众在查看信息的同时需要自己在脑海中构建场景,而直播营销可以直接将产品的形态、使用过程等直观地展现给观众,将其带入营销场景,达到全方位覆盖用户对产品的认知的效果。

(3)直达用户。直播营销直达用户,能够消除品牌与用户间的距离感。直播能够实时地向用户直观地展示产品制作流程、企业文化等,让用户对品牌的理念和细节更加了解,切身地感受到产品及其背后的文化。另外,直播营销不会对直播内容进行剪辑和加工,直播的内容与观众看到的内容是完全一致的。因此,要注重直播流程与设备的维护,避免出现直播失误,给观众留下不好的印象。

(4)身临其境的体验。营销宣传环节的用户契合问题一直是令企业头疼的问题。直播营销恰恰能解决这个问题,能为用户打造出身临其境的场景化体验。例如,旅行直播远比照片、文字的形式更能让用户直观地感受旅游地的自然人文风光;直播酒店房间配备,可让用户感受到具体的细节。

(5)更直接的销售效果。不管采用哪种营销方式,其目的都是获得更好的销售效果。直播营销可以更加直观地通过主播的解说来传递各种优惠信息,同时开展现场促销活动,可极大地刺激用户的消费热情,增强营销效果。

(6)更有效的营销反馈。在确定目标产品的前提下,企业开展营销活动的目的是展现产品价值,实现盈利。在这个过程中,企业需要不断优化产品和营销策略,对产品进行升级改进,使营销效果最优。直播营销强有力的双向互动模式,可以在主播直播内容的同时,接收观众的反馈信息,如弹幕、评论等。这些反馈中不仅包含对产品信息的反馈,还有直播观众的现场表现,这也为下一次直播营销提供了改进的空间。

5.3.2 直播营销策划

1. 明确总体思路

在写直播营销策划方案之前,必须先明确总体思路,然后有针对性地进行规划和实施。

直播营销新手通常认为"直播营销只是一项小活动,根据一般活动仔细规划和实施就足够了"。事实上,如果没有整体思维的指导,整个直播营销很可能只是好看和有趣,并没有达到实际的营销目的。

直播营销的总体思路设计需要包括目的分析、模式选择和策略组合。

(1)目的分析。对企业/品牌而言,直播只是一种营销手段,因此企业/品牌直播营销不是简单的在线才艺秀或网络游戏分享。因此,企业/品牌直播营销规划者需要整合产品功能、目标用户和营销目标,以完善直播营销的目的。

(2)模式选择。在确定直播的目的后,需要根据企业/品牌的基调选择一种或多种直播营销方式,如明星营销、饥饿营销和利他营销。

(3)策略组合。选择好营销方式后,需要结合场景、产品、创意等模块设计最佳直播策略。

2. 规划和准备

俗话说:"兵马未动,粮草先行。"直播前需要编写并改进直播营销计划。以淘宝直播为例,直播活动前运营团队可以参照表5-2进行前期工作策划。

表5-2 淘宝直播前期准备策划表

时 间	工作内容	具 体 说 明
直播前 15~20天	选品	选择要上直播的商品,并提交直播商品链接、直播商品的折扣价
	确定主播人选	确定是由品牌方自己提供主播,还是由直播运营团队提供主播
	确定直播方式	确定是用手机进行直播,还是用计算机进行直播
直播前 4~15天	确定直播间活动	确定直播间的互动活动类型和实施方案
直播前 7天	寄样品	如果是品牌方自己提供主播、自己做直播,则无须寄送样品;如果是品牌方请达人主播做直播,则品牌方需要向达人主播寄送样品
直播前 5天	准备创建直播间所需的相关材料	(1)准备直播间封面图:封面图要符合淘宝直播的相关要求; (2)准备直播标题:标题不要过长,要具有吸引力; (3)准备直播内容简介:用1~2段文字简要概括本场直播的主要内容,要重点突出直播中的利益点,如抽奖、直播专享优惠等; (4)准备直播间商品链接:直播时要不断地在直播间发布商品链接,让用户点击链接购买商品,所以要在直播开始前准备好直播商品链接
直播前 1~5天	直播宣传预热	采取多种方式,通过微淘、微博、微信等渠道对直播进行充分的宣传

在直播前,需要提前测试直播中使用的软硬件设备,尽量降低误码率,防止因准备疏忽而影响最终直播效果。

为了确保当天直播的普及,还需要提前对直播进行热身和宣传,并鼓励粉丝提前/准时进入直播室。在进入该领域之前,必须具备一些基本的操作思维。值得注意的是,直播组织者或策划人必须在直播开始前做好准备。例如,预先设计数据收集的统计代码和路径；如果直播网站后台的数据分析功能不够详细，可以提前安排统计人员对不同时间段和不同链接的交互进行统计，以便后续分析。

3. 现场直播执行

前期的规划和准备是为了保证直播的顺利进行。对观众来说，他们只能看到当时的直播，无法感知早期的规划和准备。

因此，为了达到直播营销的预期目的和效果，主持人和现场工作人员需要尽可能遵循直播营销计划，顺利推进直播、直播互动、直播关闭等环节，确保直播的顺利完成。

4. 做好二次沟通

直播的结束并不意味着营销的结束。运营者需要对直播中涉及的图片、文字、视频等进行重新包装和处理，并通过互联网进行二次传播，以便能够接触到未观看直播的粉丝，从而最大限度地发挥直播效果。

5. 及时回复

直播结束后，第一时间复盘是极为重要的。例如，对直播数据进行统计，与之前的营销目的进行比较，判断本次直播的营销效果；组织团队讨论，总结本次直播的经验教训。每次现场营销后的总结和回放可作为下一次现场营销的优化或规划参考依据。

5.3.3 直播营销运营

1. 设备

设备是进行直播的基础。建议相关人员提前列好设备清单，并据此采购设备，同时注意留出充足的时间进行设备的调试工作，除了直播所需的摄像设备以外，还可准备表明身份的胸卡，以便于宣传企业形象。

2. 会议对接

在直播会议之前，直播人员需要对会议的议程有所了解。直播人员提前确定会议的讨论重点、参与会议嘉宾的相关背景资料、会议的相关流程等细节，并据此进行直播前的规划。

3. 直播管理

直播管理则是贯穿整个直播，包括直播前的预热以及直播过程中的串场文案、直播间互动管理细则和直播过后的问题总结。

（1）确定直播当天的流程并沟通。开播前对直播当天的流程再次确认，当流程发生变化时及时更改，确保流程与直播规划的一致，并与会议主办方友好沟通，获得嘉宾以及会议的第一手资料，确保直播信息与会议及嘉宾的信息一致。

（2）主播熟练直播台本。主播对于信息的了解有助于主播把握直播的进度和顺利回答直播间观众的提问，增强互动的效果。

（3）官方预告分享文案。评价一场直播成功与否的一个指标是实时在线观看人数。为了吸引更多的用户观看，往往会利用各大平台进行官方预告，此时分享文案就显得尤为重要，如钛铂新媒体某次会议直播前进行的官方预告。

（4）直播间互动管理细则。直播间互动管理细则就是在直播间进行受众的言论引导，例如在直播前发布互动规则：严禁直接或间接传播淫秽、色情信息，严禁低俗内容。

（5）直播平台互动。直播的一大亮点就是实现了互动的实时性，主播可及时了解受众关心的问题，并有针对性地解答。制定一套平台互动细则，在每个直播平台设置一位负责人，负责收集和记录粉丝的提问，并交由专业人士及时进行解答，完成直播后的第二次互动。

课堂实训

自主选择某一品牌的某场直播，对其做出直播营销分析。

5.4 短视频营销

在长视频统治的时代，人们想做视频营销，需要花费很大的人力、物力和财力。随着短视频的兴起和火爆，人们找到了视频营销的切入点。因为门槛低，传播速度快，上手简单，投入的人力、物力更少，短视频成为众多商家青睐的营销工具。目前，已经有越来越多的企业使用短视频开展市场营销活动。

想一想

近期最吸引你的短视频是什么？它吸引你的内在原因是什么？

5.4.1 短视频营销认知

短视频营销作为一种主流的营销方式，在企业营销实践活动中使用频率非常高。随着互联网技术的不断发展，短视频营销开始成为视频营销的主要形式。

短视频营销是内容营销的一种。短视频营销主要借助短视频，通过选择目标受众人群，并向他们传播有价值的内容，吸引用户了解企业品牌产品和服务，最终促成交易。短视频营销是企业和商家借助短视频这种媒介形式营销的一种方式。不少企业现在已经意识到借助短视频宣传是提升品牌知名度的有效方式之一。做短视频营销，最重要的就是找到目标受众人群和创造有价值的内容。

> **小提示**
>
> 随着各大互联网巨头纷纷涉足短视频领域，各类短视频 App 涌入市场，短视频竞争已进入白热化阶段。短视频平台想要实现可持续化发展，就必须保证平台拥有大量优质的短视频，而短视频依靠音乐，所以音乐的版权以及数量也是短视频运营团队考虑的必要因素。

视频与互联网相结合，让短视频营销兼具了电视短片的特征和互联网营销的优势。

1. 目标精准

短视频营销是一种非常精准的营销方式，通常只有对产品、品牌、视频内容感兴趣的用户，才会对视频产生兴趣，进而持续关注，甚至由关注者变为传播分享者，将视频分享给拥有相同特征和兴趣的用户。一般来说，经典、有趣、轻松的视频更容易被用户主动传播。当视频获得用户的主动传播后，企业、产品或品牌等信息就会在互联网上迅速扩散。

2. 传播灵活

传统媒体广告发布后很难更改，即使更改也需付出很大的代价。而网络视频广告能根据需要及时变更内容，使经营决策的变化可以及时地实施和推广。同时，网络视频的传播速度非常快，很多视频在发布后的很短时间内就可以得到大量传播。企业可以根据

> **素质培养**
>
> 习近平总书记指出，要运用新媒体新技术使工作活起来，推动思想政治工作传统优势同信息技术高度融合，增强时代感和吸引力。

需要在指定时间段将视频推送给用户观看，用户也可以主动去相关网站寻找感兴趣的视频，而不必像传统视频广告一样，等待传播平台的播放。

5.4.2 短视频营销全面实施

在进行短视频营销时，要根据实际情况选择一种合适的视频类型，进而具体实施。

1. 构思内容

在视频里分享清晰、明确的信息很重要，拍摄前要做好内容规划，将产品和品牌信息完美地嵌入视频中，且不影响用户对视频的观看和理解。

2. 剧本设计

不管是哪种视频类型，最好提前设计一个完整的剧本，通过对人物、对白、动作、情节、背景、音乐等元素进行设计，准确地向用户传达视觉效果和情感效果，从而引发用户的好感与共鸣。

3. 角色选择

如果短视频需要通过角色来传达信息，那么角色选择一定要符合视频和品牌的定位，能够体现产品或品牌的特质。

4. 视频拍摄

视频可以使用专业的拍摄工具，如 DV、摄像机等，也可以使用手机等移动设备进行简单拍摄。在拍摄视频时，要注意内景和外景的选择，场景风格要适应视频内容。

5. 剪辑制作

剪辑制作是指将拍摄的视频整理成一个完整的故事，剪除多余影像，进行声音、特效等后期制作。在剪辑过程中，需要考虑将产品和品牌的推广信息添加到视频中，制作出符合企业要求的营销视频。

6. 上传

完成视频制作后，在保证视频质量不受影响的前提下，根据平台需要，可将视频上传到相关视频平台中。

5.4.3 短视频营销运营与策划

短视频的运营与策划，可以将前期复杂零碎的准备过程，转化为具体的实施方案，使得短视频团队的每个成员都能清楚地理解自己应该做什么、从什么方面入手。短视频的策划还可以使得其内容最终呈现得更加完整，从众多的同类短视频中脱颖而出，获得用户的认可。

1. 明确主题定位，把握时长

短视频的主题会确立其主基调。选择合适的主题，进行精准定位，才能够最大程度上吸引到目标用户的关注。一个短视频的主题不是随随便便就可以确定的，这要经过短视频团队的精心策划，才不会产生定位错误的情况。在确立下短视频的主题后，还要注意把握其最终成品的时长。短视频之所以能够受到用户的欢迎，是因为其方便用户在生活中的碎片时间里进行观看，这就要求短视频的长度不能太长，否则就会失去其市场竞争力。但是同时也不能太短，过短的成品很难表达出制作者的全部意图，难以真正令用户理解、认可。

2. 短视频方案可落地、可执行

短视频的方案策划除了需要满足用户的需求以外，还必须可执行。一个可执行的策划方案才具备意义，否则只是纸上谈兵，没有任何实际的用途。一个短视频策划案的执行性与所持的资金、人员的安排以及拥有的资源都是分不开的。只有具体考虑完全这些实际的问题，才能做出一个可落地、可执行的方案。

3. 明确短视频内容规范和禁忌

正规的短视频投放平台对于短视频的内容都有明确的规范限制，短视频制作者一定要遵守相关的规范，营造健康向上的短视频行业生态，不得违反我国相关的法律法规，不得宣扬淫秽色情、暴力歧视等错误的价值观。或许内容不规范的视频可以在短时间内带来短暂的人气，但是那只是观众群体的猎奇心理所导致的暂时现象，长此以往是根本行不通的，而且如果因为这些视频而导致已经有了一定人气的投放短视频的账号被封，更是得不偿失。

4. 把握短视频选题节奏

短视频的选题不是一次性过程。任何一个短视频团队想要能够长期发展，对每次选题都要非常重视。社会是在不断发展的，用户的需求也随之不断改变。短视频团队在选题上就必须要适应这种改变，紧跟潮流，根据用户的反馈不断地进行调整。同时还需要把握选题的节奏，使得用户能够更好地接受。

5. 同短视频平台生态相融合

随着短视频市场的日趋完善，有越来越多的平台开始专注短视频业务。为了能够加强市场竞争力，更有针对性地吸引用户，平台往往都会专注于某一个方向。短视频制作者在前往平台发布短视频之前，要先对其发展方向展开调研，确保其常用用户与自身的目标用户趋于一致，这样才能更有效地在该平台上发展。

▎课堂实训▎

（1）在社交平台上观看传播度较广的短视频，并查看与该视频有关的讨论。

（2）结合短视频在社交平台上的传播，分析视频营销整合传播的优势。

（3）以小组为单位，构思视频内容，设计出简练的视频剧本，然后将制作的视频上传到视频平台。

5.5 微博营销

经过短时间的快速发展，微博成了一种主要的新媒体应用。与传统信息传播模式有所不同，微博信息传播模式为用户带来了耳目一新的传播体验并被用于企业营销中。何谓微博营销？从广义上说，微博营销是指组织或个人借助微博这种新兴社会化媒体影响其受众，进行信息的快速传播、分享、反馈、互动，从而实现市场调研、品牌传播、产品推广、客户管理和公共关系处理等功能的营销行为。

▶▶ 想一想

微博使人们在获取信息、传播信息、人际交往等方面产生了哪些变化？这些变化的优缺点是什么？

5.5.1 微博营销认知

微博营销是指通过微博平台为商家、个人等创造价值而执行的一种营销方式，也是指商家或个人通过微博平台发现并满足用户的各类需求的商业行为方式。微博营销以微博作为营销平台，每一个听众（粉丝）都是潜在的营销对象，企业利用更新自己的微型博客的方式向网友传播企业信息、产品信息，树立良好的企业形象和产品形象。每天更新内容就可以跟大家交流互动，或者发布大家感兴趣的话题，以此来达到营销的目的，这样的方式就是互联网新推出的微博营销。

1. 微博营销的特点

微博作为目前主流的社交产品之一，有其独特的产品特点，而这些特点也是中文互联网的时代特点。企业进行营销推广，需要发掘这些特点，遵从这些特点，从而制定出顺应时代发展、满足用户需求的营销策略。

（1）立体化。从微博营销使用的手段来说，虽然文字篇幅限于140字（2016年11月14日、原创微博放开140字限制），但还可以利用图片、视频、音乐等多种形式展现，而这些先进的多媒体技术手段，能够多方面地将企业品牌或者产品以更多样的形式呈现给受众，这样直观的方式，能够使消费者更加了解品牌产品。从另外一个方面来说，微博的拟人化和接地气的亲和力也能吸引更多的粉丝。

（2）高速度。微博的名人效应和其特定的传播方式往往能使信息达到指数级传播效果。一条微博引爆后，在短时间内通过互动性转发可以抵达微博世界的每一个角落，达到在短时间内提升话题热度的效果。

（3）便捷性。微博用户只需要编写好140字以内的文案，经微博小秘书审查后即可发布，从而节约了大量的时间和成本。

（4）广泛性。微博与传统的大众媒体相比，受众同样广泛。随着移动互联网的发展，可以说，人们随时随地都能从微博上获取信息。

（5）低成本。微博营销的发布门槛比较低，140个字的内容远比长篇大论的博客要容易许多。相较于广告来说，微博营销的成本比较低，前期一次投入后，后期几乎不再需要维护成本，比起同样效果的广告来说，更具经济性。

> **素质培养**
>
> 社会文化与微博营销之间具有密切的联系，好的微博营销创意不仅要体现出丰富的社会文化观念，还要能通过社会文化意义的推动作用，使得微博营销获得更加突出的推广效果。

2. 微博营销的价值

微博传播的信息具有丰富性，它包括了商品使用的视频、企业实时发生的新闻、专业人士的评测和商品营销的宣传等。微博营销的价值主要包括以下六个方面的内容。

（1）品牌传播。品牌传播是企业获取用户资源的主要方式之一。微博作为多数网络用户获取信息的主要平台之一，为品牌传播奠定了坚实的用户基础。在微博中可以通过传播品牌最新动态和各种促销活动等信息，引起粉丝的关注，从而达到品牌曝光和宣传的目的。

（2）广告宣传。微博的短小及发送信息的方便性，彻底改变了信息传播的模式，每个人都可以实时接收或传递自己身边的第一手信息，那些微弱的信息也可能得到加强并引起广泛传播。微博中广告的传播方式不同于传统媒体，更多采用创意性的软文来植入广告，在短时间内吸引大量的粉丝转发和评论，能迅速提升广告的宣传效果。这种自媒体引发的媒体变革和信息革命是空前的，直接颠覆了过去由主流媒体主导传播的格局，让微博成为所有社交媒体中最具即时性、投入低且回报高的信息传播平台。微博成为企业发布品牌相关信息的重要阵地。

（3）商品销售。微博支持在信息传播中添加外部链接，这样就能在微博内容中附带商品的销售链接，方便用户购买。微博已经成为中小企业获得流量、销售商品的重要渠道。

（4）市场调研。在激烈的品牌竞争中，洞悉市场、准确把握目标消费者需求，是企业制胜的关键之一。对市场的各种信息了解得越多，企业越能够做到"知己知彼，百战不殆"。微博是企业较好地聆听、学习及了解客户的有效平台。微博用户在微博上记录了自己日常的真实想法、爱好、需求、计划、感想等，真实地表露了自己的消费需求、偏好、生活形态、品牌态度等，这让企业能够在一定程度上了解消费者对产品的态度、需求和期望、购买渠道、购买考虑因素，深度了解消费者，从而获得更加准确的用户数据，制定或者优化产品策略、营销策略。

（5）客户管理。在以客户为核心的商业模式中，客户关系管理强调时刻与用户保持和谐的关系，不断将企业的产品与服务信息及时传递给用户，同时全面、及时地收集顾客的反馈信息，并快速予以处理。微博以其高效的传播方式，很好地做到了这一点。基于这种"微"模式，企业在进行日常正式沟通的同时，可以将一些生活中的零星想法发布出来，从而使企业不再以冷冰冰的形象示人，而成为一个人性化的、可以作为朋友的"邻居"。特别是用户在对企业产品或服务发出质疑、请求帮助等信息时，微博的转发功能，能使企业与用户快速互动，进一步使企业、用户、潜在用户之间的关系得到巩固。通过在微博上进行信息的传播、分享、反馈，企业和消费者的关系可以升华到互利互惠的高度。

（6）危机公关。正如西方一句管理格言所述：危机就如死亡与税收，对于企业及组织来说，都是不可避免的。在地球上消失的永远是那些缺乏危机感且不会适应变化的庞然大物。企业最风光的时候，往往就是最危险的时候。没有强烈的危机意识，企业就不能基业长青。特别是互联网上的"危机"，它就如洪水猛兽，令人胆战心惊。在企业实践操作中，微博基于其自身特有的亲民、迅捷、开放、透明等优势，无论是"真诚沟通""速度第一"，还是"系统运行""权威证实"，都让其成为危机公关的最佳渠道之一。

5.5.2 微博营销全面实施

微博营销是基于"粉丝"基础进行的营销。对营销者而言，微博上的每一个活跃"粉丝"都可能是潜在营销对象。话题的产生，在于人与人之间的交流。越多的人参与其中，则话题产生越快，影响力越大。

1. 个性化微博名称

对社交媒体而言，拥有个性化的账号是必不可少的，它能够在第一时间吸引用户眼球。微博也不例外，好的微博名称不仅方便用户记忆，还能够取得好的搜索流量。其取名方法与微信账号命名方法类似。如果企业开通微博进行微博营销，则可以以产品或品牌命名，通常与企业名称保持一致，如"苏宁易购""宝洁中国"等。

2. 利用话题

利用话题不仅指利用微博的话题功能，还指利用有热度、有讨论度、容易激起"粉丝"表达欲望的信息，如"说说你遇到过哪些又尴尬又好笑的事情 # 尬笑 #""你用过哪些又经济又好用的东西 # 实用种草 #""你认为哪些 Office 技能特别实用 #Office 加油站 #"等。

在设置话题促进"粉丝"互动时，通常需要遵循几个基本原则：首先，必须有话题感，最好与用户的生活息息相关，能引起用户的兴趣；其次，话题最好比较简单，便于用户快速回答；最后，话题不要与已有话题重复。

3. 定期更新微博内容

微博信息发布的频率几乎不受限制，但对营销而言，微博的热度与关注度来自微博的可持续性话题。企业不断制造新的话题，发布与企业相关的信息，才可以持续吸引目标群体的关注。微博具有传播速度非常快、信息量丰富的特性，即使刚发的信息也可能很快被后面的信息覆盖。要想持续获得关注，就应该定期更新微博内容，稳定输出有价值的、有趣的内容，这样才能实现稳定的引流。

> **小提示**
>
> 发布微博并没有固定时间段的要求，需要根据实际反馈和微博数据进行动态调整。如可在不同时间段发布微博，测试出"粉丝"活跃度最高、转发评论最多的时间段，之后将重要微博安排在该时间段发布。也可以根据微博定位的目标人群使用微博的习惯进行发布，如针对上班族，可以选择上下班途中、午休时间段进行发布；针对学生，则可在晚上发布。这样能收获不错的效果。

4. 展示个性魅力

很多个人和企业都将微博作为营销的主要阵地，因此微博营销的竞争异常激烈。随着微博应用的普及，千篇一律的营销手段容易使用户产生审美疲劳，只有那些具有个性魅力的微博账号才能脱颖而出。在商业领域，个人品牌最有价值之处就是个人魅力，这使部分名人、名企在微博营销中更容易引发轰动效应。因此，微博营销者在微博营销中是至关重要的一个角色，因为他是企业的网络形象代言人，他的个性魅力代表了企业的个性魅力。产生个性魅力的因素很多，如乐观、幽默、宽容、坦率、执着、智慧、善解人意等。事实上，一个营销者不可能兼具这么多的魅力特质。企业应该选择那些与企业形象相符的微博营销者。如果企业品牌形象是创造力强，那么微博营销者最好极具创新思维；如果企业产品是女性用品，那么善解人意的微博营销者是不二人选。

5. 微博"粉丝"互动

与"粉丝"保持良好的互动，可以加深微博主与"粉丝"间的联系，培养"粉丝"的忠诚度，扩大微博的影响力。在微博上与"粉丝"保持互动的方式主要有四种，分别是评论、转发、私信和提醒。

（1）评论是指直接在原微博下方回复，评论内容可供所有人查看。

（2）转发是指将他人的微博转发至自己的微博上。

（3）私信是一种一对一的交流方式，讨论内容仅讨论双方可以查看。

（4）提醒是指通过"@微博昵称"的方式，提醒用户关注某信息。

这四种方式都是"粉丝"比较常用的互动方式。如果转发微博中有比较优质、有趣的内容，微博主也应该及时进行转发，以加强与"粉丝"的互动。对于微博下的精彩评论，微博主也可以回复和点赞，以提高"粉丝"的讨论度。如果收到"粉丝"的提醒，也可以及时转发，并解决"粉丝"的问题。不方便直接转发或评论解决的，可以给"粉丝"发私信。

5.5.3 微博营销运营与策划

如果说微信是一个基于熟人网络的社交平台，必须依靠朋友圈的口口相传进行信息的传播，需要让别人先知道你，对你产生信任，那么微博就是一个公共资讯传播平台，更加开放，消息的引爆速度也更快。微博拥有几亿用户，每天产生的信息量非常庞大，每位用户几乎只关注自己感兴趣的信息。对微博营销来说，它除了产品自身的价值，还需要策划具有吸引力的内容来吸引用户浏览、转发和评论。

1. 有奖转发

有奖转发活动形式以企业官方微博发布的博文为主，通常会设置诱人的奖品刺激和吸引"粉丝"转发该微博所提示的活动。主要适用于刚开通官方微博的企业，急需告知广大网民和吸引更多用户的关注；还有就是新品发布时期，需要加大宣传力度；最后一种情况是针对已经拥有大量"粉丝"的企业微博，它们为了与"粉丝"互动，会定期举办有奖转发活动。图5-3所示为北京四季酒店官方微博在中秋节来临之际发布的有奖转发活动博文。

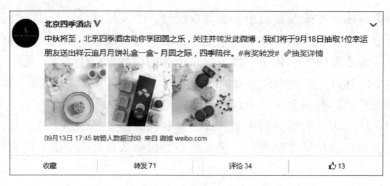

图 5-3　北京四季酒店官方微博发布的博文

2. 有奖征集

有奖征集就是通过微博就某一问题向广大网民征集解决方案或征集创意等活动形式吸引用户参与活动，常见的有奖征集活动有征集广告语、段子、祝福语及创意想法等，调动用户兴趣参与活动，并通过奖品来诱导用户，吸引其参与其中。

该活动主要适用于企业征集广告语、广告口号及创意的时候。图 5-4 所示为新京报官方微博发起的征集大龄异地恋活动。

图 5-4　新京报官方微博发布的博文

3. 免费试用

免费试用是指企业通过微博发布的广告促销信息，不过与传统广告的不同之处在于，发布的产品是免费试用的，以免费的形式吸引目标用户积极参与活动。官方微博根据用户填写的申请理由把奖品发给目标用户。

这种活动主要适用于企业发布新品开拓市场时，或者为了获取市场反馈，进行口碑营销时。图 5-5 所示为豌豆思维官方微博发布的免费试听活动博文。

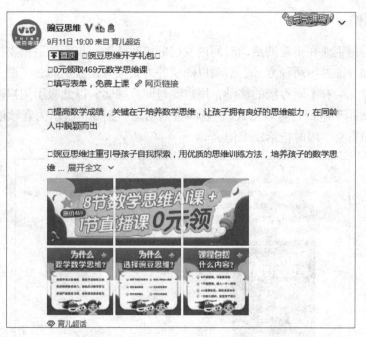

图 5-5　豌豆思维官方微博发布的博文

4. 预约抢购

从本质上讲,预约抢购活动形式的大行其道得益于小米公司的"饥饿营销"策略,后者在其新品发布期,通过各大网络平台对新品进行了高度的曝光宣传,然后以预约抢购的限量销售模式出售产品,所以该活动非常适合企业上新品或者开设新业务时采用,尤其是适用于 3C 数码产品的预售。图 5-6 所示为中兴手机官方微博发布的"中兴 A20"预约抢购活动的博文。

图 5-6　中兴手机官方微博发布的博文

5. 限时抢

限时抢是指企业在指定的活动时间内发起的游戏活动，该活动目前支持的活动形式有幸运转盘和一键参与两种方式。活动以随机的方式抽选出获奖者，一般来说，奖品设置也比较丰厚，会有不同等级的奖励，用户参与即可抽奖，以此吸引用户参与。

该活动适用于电商行业及 O2O 企业的营销活动。图 5-7 所示为春秋航空官方微博发布的"宠粉盲盒"限时抢活动的博文。

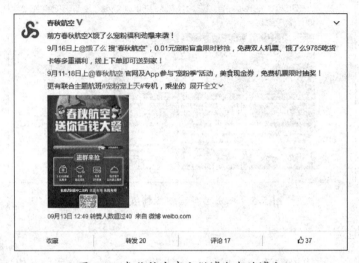

图 5-7　春秋航空官方微博发布的博文

6. 预约报名

预约报名活动与预约抢购活动模式相似，也是提前邀请"粉丝"体验企业开设的最新服务或者业务。常见的预约报名活动有试驾、试吃活动等。因而该活动更适合于服务性行业或者开展 O2O 业务的企业。图 5-8 所示为景德镇古窑官方微博发布的景德镇明清御窑风火窑将要开窑的预约报名活动的博文。

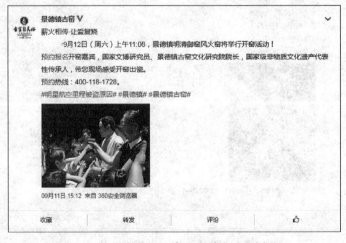

图 5-8　景德镇古窑官方微博发布的博文

目前,娱乐已成为社会生活的重要元素之一,营销也越来越倾向于娱乐化、趣味化。微博也不例外,娱乐性和趣味性的话题更容易得到广泛、快速传播。将营销信息巧妙地融合到趣味情节中,已成为吸引"粉丝"的有效方式之一。可口可乐的昵称瓶在微博中取得了营销的成功,原因就在于具有趣味性和娱乐性。

课堂实训

微博搜索 @ 可口可乐、@ 小米手机、@ 黄太吉三家企业微博,通过粉丝数、转发数、评论数、点赞数、微博内容、创意等多个角度进行横向对比,分析三家企业微博各自的优缺点。

项目实训

1. 实训目的

掌握微博营销的方法和技巧,深入研究微博品牌营销的过程,设计并实施个人微博品牌营销方案。

2. 实训内容

(1)实训对象:以媒体微博、企业微博及个人微博为对象,开展实训。

媒体微博:人民日报、央视新闻……

企业微博:小米公司微博(小米、小米公司、小米手机、小米电视、小米盒子、小米平板……)、东方航空微博(东方航空、东航官网、东航凌燕……)

个人微博:秋叶、陕西魏延安……

(2)浏览上述不同类型的微博,总结不同类型微博的特点及微博营销技巧。

(3)结合上述微博营销技巧,根据个人爱好设计个人微博营销的定位及微博营销思路。

(4)在2个月的时间内,执行上述微博营销方案。

3. 实训要求

提交实训周期报告。

第一阶段报告:个人微博营销思路。

第二阶段报告:微博营销实施周期性报告(约1个月提交一次)。

第三阶段报告:个人微博营销执行情况的总结报告。

复盘反思

经过本项目的实施和相关知识点的学习,对比自己总结的内容与知识讲解部分的内容是否契合,并填写表5-3,完成项目评测,进行复盘反思。

表 5-3 本项目复盘反思表

姓名		班级	
学号		日期	
知识盘点	通过对本项目的学习,你掌握了哪些知识? 请画出思维导图:		
任务自评	□优秀	优秀之处:	
	□良好	待改进之处:	
	□较差	不足之处:	
任务完成情况	□熟练掌握,可综合运用	□有所了解,可总结知识点	

项目评价

经过本项目的分组实训演练,按实训项目评价指标进行学生自评与小组成员互评(按优秀为 5 分、好为 4 分、一般为 3 分、合格为 2 分、不合格为 1 分五个等级评价),并填写表 5-4,完成实训项目评测,最后教师给出综合评价。

表 5-4 本项目综合评价表

评 价 指 标		得分
自评	团队合作精神和协作能力:能与小组成员合作完成项目	
	交流沟通能力:能良好表达自己的观点,善于倾听他人的观点	
	信息素养和学习能力:善于收集整合资源,借鉴优秀思考方向	
	独立思考和创新能力:能提出新的想法、建议和策略	
组员 1 评价	团队合作精神和协作能力:能与小组成员合作完成项目	
	交流沟通能力:能良好表达自己的观点,善于倾听他人的观点	
	信息素养和学习能力:善于收集整合资源,借鉴优秀思考方向	
	独立思考和创新能力:能提出新的想法、建议和策略	
组员 2 评价	团队合作精神和协作能力:能与小组成员合作完成项目	
	交流沟通能力:能良好表达自己的观点,善于倾听他人的观点	
	信息素养和学习能力:善于收集整合资源,借鉴优秀思考方向	
	独立思考和创新能力:能提出新的想法、建议和策略	
组员 3 评价	团队合作精神和协作能力:能与小组成员合作完成项目	
	交流沟通能力:能良好表达自己的观点,善于倾听他人的观点	
	信息素养和学习能力:善于收集整合资源,借鉴优秀思考方向	
	独立思考和创新能力:能提出新的想法、建议和策略	
教师综合评价	优秀之处	
	不足之处	

项目 6
其他网络营销方式

 学习目标

知识目标	• 掌握二维码营销的渠道和优化方法 • 熟悉 App 营销的推广策略 • 掌握 LBS 营销的应用 • 掌握大数据营销的策略与方法 • 理解会员营销思维
能力目标	运用其他网络营销方式的相关知识分析问题、解决问题
素养目标	形成全面的网络营销意识，提升营销者思辨能力和创新意识

 学习计划表

根据表 6-1，对本项目的学习进行合理规划。

表 6-1 本项目学习计划表

项 目		二维码与App营销	精准营销
课前预习	预习时间		
	预习结果	1. 难易程度 □偏易（即读即懂）　　　　□适中（需要思考） □偏难（需查资料）　　　　□难（不易理解） 2. 问题总结	
课后复习	复习时间		
	复习结果	1. 掌握程度 □精通　　　　□掌握　　　　□熟悉　　　　□了解 2. 疑点、难点归纳	

 项目导读

随着新网络时代的到来，用户群体越来越复杂化、多样化、个性化，用户对服务质量的要求有所提高，这对运营商的营销能力提出了新的挑战，由此多种营销方式应运而生。本项目重点介绍二维码与 App 营销及精准营销。

 项目讲解

6.1 二维码与 App 营销

随着移动网络技术与营销理念的逐步完善，越来越多的媒体营销模式慢慢发展起来。二维码营销、App 营销等移动营销方法脱颖而出，不仅在各个营销领域得到了广泛应用，还带来了很好的营销效果。

6.1.1 二维码营销认知

二维码营销是移动营销的重要组成部分。企业通过对二维码图案进行传播，引导用户扫描二维码，了解相关的产品资讯或推广活动，从而刺激用户进行购买。

随着智能手机的普及和移动互联网的发展，二维码营销成为一种极具潜力的营销方式，它是打通线上与线下的重要方式。二维码可以直接在互联网上发布、传播；也可以通过传统线下途径进行传播，然后将用户吸引至线上消费。

▶▶ 想一想

你见过哪些类型的二维码？

_____

_____

1. 二维码营销概述

二维码是将特定的几何图形按照一定的规律排列组合，在二维方向上分布的黑白相间的图形。二维码图案指向的内容十分丰富，包括产品资讯、促销活动、礼品赠送、在线预订等。二维码不仅可为用户提供更加便利的服务，还给企业提供了优质的营销途径。从企业的角度来看，二维码营销有以下五个比较明显的优势。

（1）便捷。用户只需通过手机扫描二维码即可随时随地浏览、查询、支付等，十分便捷，这在企业的产品展示、活动促销、客户服务等方面都具有不错的效果。

（2）易于修改。二维码营销内容可以根据企业的营销策略进行实时调整，需要更改内容信息时只需在系统后台更改，无须重新制作投放，有效减少了企业重新制作的成本。

（3）易于进入商业市场。随着移动营销的快速发展和二维码在人们工作和生活中的广泛普及，功能齐全、人性化、省时、实用的二维码营销策略将更容易打入市场，企业可以通过二维码便捷地为用户提供扫码下单、活动促销、礼品赠送、在线预订等服务。

（4）利于更精准的营销推送。企业通过对用户来源、路径、扫码次数等进行统计分

析，可以制定出更精准、细化的营销策略，提高营销效果。

（5）更好地融入人们的工作和生活。二维码为人们的数字化生活提供了便利，能够更好地融入人们的工作和生活。企业进行二维码营销时，可以将视频、文字、图片、链接等植入一个二维码内，并通过名片、报纸、展会、宣传单、公交站牌、网站、地铁墙、公交车身等线下途径进行投放，从而方便企业实现线上、线下的整合营销。

案例 6-1　1 号店的二维码营销

1 号店成立初期因模仿知名电商的模式，未引起高度关注。在与天涯合作开设天涯 1 号店期间，虽然网站内有庞大的流量，购买量也得到了显著提高，但人们在意识里却逐渐认为 1 号店是天涯的，品牌打造效果并不理想。

随后，1 号店推出了"二维码商品墙"。北京、上海等地铁站里布满了 1 号店的"二维码商品墙"，商品墙像传统货架一样摆放了各种商品，包括日杂百货、数码产品等。人们在等车的间隙，如果看中了上面的某款商品，只需通过"掌上 1 号店"扫一扫商品下方的二维码，就能实现随手购买。这种方式大大简化了人们的购物过程，1 号店因此有了"最贴心的网络超市"的荣誉称号。

1 号店可谓开创了"虚拟购物、网上超市"的先河。"二维码商品墙"上线后，1 号店在电商领域成功树立了品牌形象，媒体关注度提高了 4 倍，品牌关注度提高近 3 倍，掌上 1 号店的订单量也提高了两倍多。

目前，二维码营销越来越普及，电商平台和大多实体店都在使用二维码实现自己的营销目的。正如 1 号店的"二维码商品墙"，在分门别类的商品下面设置相应的二维码，不但能实现信息的精准传播，满足用户的个性化消费需求，而且便于用户下单。二维码营销模式深受年轻用户群体的青睐，对年轻用户群体影响较大，不管是购物、饮食、娱乐，还是学习、分享，通过扫一扫二维码即可实现。

2．二维码营销的线上渠道

二维码营销是移动营销背景下商家或企业竞相使用的一种营销方式。与其他营销方式一样，二维码营销也需要提前进行营销定位，确定营销目标和营销渠道，这样才能取得理想的营销效果。

二维码营销的线上渠道比较多，这些线上渠道大多为基于社交平台的渠道。社交平台是二维码营销常用的线上渠道。将二维码植入社交平台，利用社交平台的强社交关系和分享功能，可实现二维码快速、广泛的传播。商家或企业可通过二维码为消费者提供各种服务，为消费者带来便捷的操作体验。通常，企业会选择消费者定位比较精准或消费者基数比较大的平台，如微博、微信等。

（1）微博。微博上的热门话题通常可以在短时间内获得非常高的关注度。企业在微博上宣传推广二维码，通常也可以获得不错的效果。图 6-1 所示为微博上的二维码推广。

项目 6　其他网络营销方式

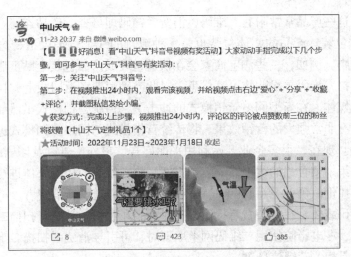

图 6-1　微博上的二维码推广

（2）微信。微信不仅具有二维码传播能力，可以将二维码快速传播到具有相同特征的精准人群中，还具有二维码扫描功能，可方便消费者读取二维码信息，是企业进行二维码营销的主要场所之一。扫码骑车、扫码支付等新型的二维码营销及应用模式在微信上均可实现。微信公众平台也是二维码营销的"沃土"，在微信公众平台上进行文章推送时附带相关二维码信息，也能获得非常好的营销效果。现在很多公众号在推送内容时都会附带二维码信息。图 6-2 所示为微信公众号上不同场景的二维码推广。

小提示

　　二维码的线上传播渠道比较多样，除了比较热门的社交和购物平台之外，新闻网站、视频网站、社群等均可实现二维码的有效传播。

3. 二维码营销的线下渠道

图 6-2　微信公众号上不同场景的二维码推广

　　二维码营销的渠道分为线上渠道和线下渠道，通常企业会同时在线上渠道和线下渠道开展二维码营销。

　　与其他营销方式相比，二维码对线下渠道具有非常强的适应性。随着二维码越来越深入人们的生活，二维码应用场所越来越多，二维码营销渠道也越来越多。

　　（1）线下虚拟商店。线下虚拟商店是电商平台较早开展二维码营销的场所，如 1 号店的地铁虚拟商店、京东的楼宇框架广告牌等都曾采用批量展示商品的方式，并在每个商品下面设置相应的二维码，消费者可直接选择产品并扫码购买。这类二维码渠道营销基本属于阶段性的推出，如一些中小型超市在店庆日或其他活动期间，会对某些产品进行特惠销售，这些产品常常附有二维码，消费者扫码即可查看产品详情。

（2）实体包装。产品的实体包装也是一种流行的线下营销渠道，这种方式可激发消费者二次购物。例如，一些淘宝商家会在快递包装或产品包装上贴上店铺地址的二维码，并承诺扫描二维码再次购物可享优惠，以此鼓励消费者返回线上购物。

（3）传统媒体。在新型网络营销模式的冲击下，传统营销模式虽然经历了一定的冲击，但仍然具有非常强大的营销效果。将传统营销模式与网络营销模式进行整合是未来营销的新趋势。现在，很多企业开始利用平面广告、户外广告以及印刷品等传统媒体，结合二维码，策划整合式的线上线下营销方案。将二维码与传统媒体进行捆绑，可以将传统媒体的传播价值延伸至互联网中，累积更多不同渠道的新消费者。

（4）二维码载体。在向消费者提供服务时，企业可引导消费者扫描二维码或下载相关应用。例如，在电影院使用二维码网上取票时，可引导消费者扫描二维码并下载相应的 App，或查看相关营销信息等。

4. 二维码营销的视觉和内容优化

二维码的制作工具有很多，如草料二维码、联图网、视觉码等，制作流程简单。在制作中，为了设计出别具一格的二维码，可以对二维码进行视觉优化和内容优化。

（1）二维码的视觉优化。在默认情况下，二维码是黑白相间的图形。其实，二维码的外形是可以进行重新设计的。二维码的尺寸、颜色、类型、中心的图片都能够根据企业的需求设计。企业也可以结合产品的特色、品牌理念，添加一些能够展示自身特点的元素，例如，地产公司的公众号二维码可以添加建筑元素，食品企业的公众号可以以场景的形式来展现其二维码。

（2）二维码的内容优化。二维码存储的内容十分丰富，可以是网址、名片、图片等。通常，扫描二维码基于手机进行，因此，企业要考虑手机屏幕的大小和消费者操作的便捷性。一般来说，扫描二维码后打开的速度不能太慢，因此不能链接太大的文件；对于链接网址来说，要尽量设置短链接，以降低二维码的密度，避免出现由于二维码过密而无法扫描的情况。

另外，还要注意二维码的引导语，要求言简意赅、体现出营销目的，且要引起消费者扫描的兴趣。

▶▶ 想一想

如果你正在推广自己的店铺，你会选择哪些二维码营销渠道？

6.1.2 App 营销认知

App 是当下人们最熟悉的工具之一，App 营销正是基于智能手机和无线电子商务的发展而兴起的移动营销活动，App营销是目前流行的移动营销方式。App营销的核心对象是手机用户，企业将开发的App放到手机或其他移动设备上，用户通过下载并使用App来获得信息或获取服务。企业则以App为载体，以此来推广品牌、挖掘新用户、开展营销。

1. App营销概述

随着移动互联网的快速发展，人们对智能手机的依赖性越来越强，各类手机App进入到了人们的日常生活中。从事App开发的企业越来越多，App营销成为企业移动营销不可或缺的一种方式。以下为App营销的特点和优势。

（1）丰富的流量。App的种类十分丰富，包括购物、社交、拍照、学习、游戏、教育等不同领域，能够为企业带来各种不同类型的网络用户和大量的平台流量。有效挖掘这些流量和用户，可以为企业带来更多的忠实用户，实现企业品牌的传播。

（2）信息展示全面。App中展示的信息非常全面，包含图片和视频等类型。App可以使用户全方位地感受产品，快速、全面地了解产品或企业信息，从而打消用户对产品的顾虑，增强用户对企业的信心，提高用户的忠诚度与转化率。

（3）方式灵活。App的营销方式较为灵活。对于用户来说，可通过多种方式搜索、下载安装App。对于企业来说，可以通过手机或计算机后台发布、管理App中展示的内容。同时，用户在App中进行的注册、信息浏览及活动可以被企业统计分析，以更好地进行用户行为分析，帮助企业改善营销策略。

（4）良好的用户体验。在用户体验方面，App的设计注重手机用户的视觉习惯，界面简洁清晰，开发的功能都是为了展示App的核心功能和特点。App除了可以满足各种生活、娱乐的需求外，还能通过用户的评论、分享等行为进行互动，从而提高用户的使用体验。

（5）精准度高。App一般是用户根据自己的需求搜索并下载的，这意味着用户在下载App时可能已经对此款App或其代表的企业有了一定的了解。而且用户对App的使用往往与即时的需求直接相关，只有当他们准备消费等时，才会点开相应的App。因此，App营销是种双向选择的营销。

2. App营销推广

一个App需要通过各种途径进行推广才能获得更多的用户。App的营销推广方法主要有以下六种。

（1）首发申请。App首发是指App新品或最新版本在一段时间内仅在首发市场上出现，其他应用市场不提供下载服务，首发应用市场会给首发App免费展位，在一定程度上可提高App的曝光度。首发是性价比较高的推广手段，目前多数应用商店都免费支持首发申请，如华为、小米、魅族、OPPO、应用宝等应用商店。其中，应用宝、华为等应用商店需要通过后台申请首发，小米、魅族、OPPO等应用商店则需要通过邮件申请首发。首发申请的预约时间一般为一周左右，首发周期则大多为半个月或一个月，各应用商店的开发者中心对此也会有详细介绍。

目前，首发分为 App 新品和最新版本两种，新品首发是指产品还未在任何渠道上线，申请条件相对较低，可选择在数据量大的应用商店首发；最新版本首发则是指每次更新版本时的首发，为了提高申请通过的概率，可以多申请几个应用商店的首发或在同一应用商店多次申请。

（2）新品自荐。新品自荐是应用商店为鼓励 App 开发者的创新精神，为使一些优质新品 App 也有崭露头角的机会而设立的一个绿色通道。开发者可以按照要求推荐自己开发出的新品。经过评估，对于质量优异的 App，应用商店将给予一定推荐位。目前，魅族、小米、360 手机助手、华为等应用商店都支持新品自荐申请。

（3）资源互推。微博和微信是很多营销团队的标配，或同时拥有其他线上媒体资源。可以将 App 应用程序在社交平台上与其他品牌进行资源互推，实现双惠。互推模式也可以通过不断积累产生一定推广量。

（4）线下预装。有实力的企业可和手机厂商合作，在手机出厂前将 App 直接预装到手机里，这样购买了手机的用户就会直接成为该 App 的用户。

（5）限时免费。对于部分收费 App 来说，可通过开展限时免费等活动来吸引用户下载和使用 App，后续可通过功能、界面、服务等方面的优势引导用户付费体验。

（6）线下活动。线下活动也是一种常用的推广手段，如用户扫描二维码下载 App 后可赢取小奖品等。

课堂实训

星巴克很早就在门店中供应早餐，但刚开始时销售情况并不理想，没有太多用户愿意去星巴克门店里用早餐。随后，星巴克推出了一款别具匠心的闹钟形态的 EarlyBird（早起鸟）App。用户安装 App 后，在设定的起床时间闹铃响起后，只需按提示点击手机上的起床按钮，就可获得一颗星。之后，用户只要在一小时内走进任何一家星巴克门店，就可凭借那颗星享受一杯打折的咖啡或半价早餐。也就是说，只要用户愿意准时起床，他们就能省去一半的早餐费。

自从推出 EarlyBird 应用后，越来越多的用户涌入星巴克购买早餐。EarlyBird 也成为当年最具创意和影响力的 App。

以小组为单位分析讨论 App 营销的应用。

6.2 精准营销

精准营销就是在精准定位的基础上，依托现代信息技术手段建立个性化的顾客沟通服务体系，实现企业可度量的低成本扩张之路，是有态度的网络营销理念中的核心观点之一。

精准营销有以下三个层面的含义。

（1）精准的营销思想，营销的终极追求就是无营销的营销，到达终极思想的过渡就是逐步精准。

（2）是实施精准的体系保证和手段，而这种手段是可衡量的。

（3）就是达到低成本可持续发展的企业目标。

精准营销也是当今时代企业营销的关键。如何做到精准，这是系统化流程。有的企业会通过营销做好相应企业营销分析、市场营销状况分析、人群定位分析，最主要的是需要充分挖掘企业产品所具有的诉求点，实现真正意义上的精准营销。

精准营销需要充分利用各种新式媒体，将营销信息推送到比较准确的受众群体中，从而既节省营销成本，又能起到最大化的营销效果。

6.2.1 LBS 营销

随着 4G 移动网络及各行业应用业务的全面展开，用户群体越来越小众化、复杂化，用户对多元化、个性化业务的需求以及对高质量信息服务的要求不断增强和提高。这些对运营商的营销能力提出了新的挑战。因此，如何快速地为用户提供其真正需要的服务，成为运营商营销环节创新的重点。运营商要创新、优化营销环节，就需要依靠新的技术实现业务的精准营销。LBS（location based services，基于移动位置服务）与大数据为精准营销提供了保障。未来，精准营销这种新的营销策略仍将是网络营销的重要运营思路。

1. LBS 营销认知

LBS 的概念是从美国发展起来的，起源于以军事应用为目的所部署的全球定位系统（global positioning system，GPS），随后在测绘和车辆跟踪定位等领域开始应用。当 GPS 民用化以后，产生了以定位为核心功能的大量应用。进入 21 世纪后，LBS 及其涉及的技术在电子商务领域得到了广泛应用，大放异彩。如今所说的 LBS 是 LBS 与 Web 应用（如 SNS 社区网络服务）及相应商业、娱乐元素的结合（如导航 App、订餐 App），极大地扩展、提高了 LBS 的应用空间和使用价值。

LBS 包括两层含义：一层是确定移动设备或用户所在的地理位置；另一层是提供与位置相关的各类信息服务。总结起来，与定位相关的各类服务系统（简称"定位服务"）主要由移动通信网络和计算机网络组合而成，通过网关实现两个网络间的交互。即移动终端用户通过移动网络发送请求和定位，经过网关传递到 LBS 服务平台，然后 LBS 服务平台根据用户请求和当前定位进行处理，并将结果通过网关传送回用户终端。如用户可通过移动终端打开定位系统，然后在用户当前位置的一定范围内（如 1 000 米附近）寻找宾馆、影院、图书馆、加油站等。实际上，LBS 营销就是借助互联网，在固定用户或移动用户之间实现定位和服务功能。LBS 的移动终端包括移动电话、笔记本电脑和个人数字助理等。

▶▶ 想一想

在生活中你使用过哪些定位服务？

1)LBS 营销的特点

与其他营销方式相比，LBS 营销因为定位的特殊性，具有以下三个特点。

（1）精准营销。LBS 营销是一种十分精准的营销，可以将虚拟化社会网络和实际地理位置相结合，运营商通过用户的签到、点评等可以抓取用户的消费行为轨迹、时间和地点等信息。企业通过用户使用的 LBS 服务可分析出用户的签到商家数等 LBS 数据，掌握用户的生活方式和消费习惯，从而能够有针对性地为用户推送更精准的销售信息，还可以根据移动用户的消费特质制定更加准确、有效的市场细分策略和营销方式。

（2）注重培养用户习惯。LBS 营销有两个基本前提：一个是用户主动分享自己的地理位置；另一个是允许接收企业的推广信息。进行 LBS 营销时，一定要重视用户的习惯培养，要让用户乐于接收位置营销信息，这样才能更好地发挥 LBS 营销的价值。

（3）保护隐私安全。LBS 营销是基于用户定位的营销方式，不可避免地要涉及用户位置隐私。LBS 营销在为用户提供便利服务的同时，如果不能妥善地处理好用户隐私问题，就会造成用户兴趣爱好、运动模式、健康状况、生活习惯、年龄、收入等信息的泄露，甚至造成用户被跟踪、被攻击等严重后果。因此，LBS 营销必须用严密的手段保护好用户隐私。

2）LBS 营销的价值

LBS 营销的价值主要体现在两方面：一方面是产品促销；另一方面是口碑传播。其实，无论 LBS 营销的价值以何种方式体现，LBS 营销都要利用用户的位置进行推荐。几乎所有的 App 都会在用户安装后的第一时间询问用户是否允许获得其地理位置，其最大的作用就是收集用户的位置进而做精准推荐。

（1）协助品牌进行产品促销。当用户登录 LBS 客户端时，LBS 将自动获取用户当前所在位置，并显示附近正在或即将举行活动的地点，用户可以点击查看活动详情，并选择前往任意地点参加活动。这种定位式广告特别适用于有线下门店的品牌，通过线上定位和优惠策略将用户直接领到门店，促进其线下消费。

（2）通过同步形成口碑传播。社会化媒体平台上的口碑对于品牌来说是提高形象和驱动销售的最直接动力。目前，几乎所有 LBS 应用都可以绑定微博和常用的 SNS 网站。通过 LBS 客户端，商家优惠信息等可以同步到这些平台。巧妙的营销机制，如活动优惠、福利打折等，可以让用户成为品牌的传播因子，以该用户为核心，通过朋友圈形成更大范围的口碑传播。

3）基于 LBS 的广告推送

基于 LBS 的广告推送是指商家和 LBS 平台合作，向某个既定区域内的消费者推送广告。根据应用方式不同，基于 LBS 的广告推送可以分为以下三种。

（1）地理感知广告推送。地理感知广告推送是指根据消费者地理位置的动态调整，确定消费者与目的地之间的距离，并投放特定广告信息给消费者的一种广告推送形式。例如，某搜索引擎面向苹果和安卓两种系统推出移动广告平台，利用地理定位功能，依据消费者的实际位置显示附近或相应的广告内容，从而可有效提高消费者对广告的关注度和点击率。

（2）地理围栏广告推送。地理围栏广告推送是指向某个特定地域，如向一个城市、地区或特定购物场所附近的消费者推送广告，当消费者进入该区域时或在该区域活动时，可通过移动终端接收到相应的广告信息。

（3）位置图谱广告推送。位置图谱广告推送是指对某个特定区域内具有共同特征的消费者推送广告。位置图谱广告推送可以提高广告推送的精准度，可精准地影响消费者，与地理围栏广告推送相比，具有更强的主动性。

▶▶ 想一想

生活中的定位服务为你带来了什么样的便利？

_____

_____

2. LBS+地图模式的营销应用

如今，LBS几乎成为所有App的底层工具，LBS营销离不开实时地图功能的支持。基于智能移动端的LBS+地图应用可以说是LBS营销的核心模式，也是LBS营销的基础。LBS+地图模式几乎可以在所有移动电子商务领域使用。

（1）导航服务。导航服务即电子地图的基本服务，如高德地图的导航功能。

（2）生活服务。餐饮、住宿、娱乐、出行等本地生活服务几乎都需要将地理位置信息推送给消费者。利用高德地图查找附近酒店。

（3）持续定位。跑步、步行等运动类数据的提供，物流类的车联网、公交换乘等服务也需要借助LBS。

（4）安全设备。现在很多物品都具有定位功能，可以方便消费者实时获取物品的地理位置信息，如一些儿童手表。

（5）穿戴。穿戴类应用在可穿戴设备中嵌入定位及位置信息发送功能，与用户端App实现实时的数据传送，可实现在地图上显示位置的服务，成功的商业产品有360儿童卫士、QINMI亲觅手环等。

3. LBS+SNS模式的应用

社交服务型的LBS应用是当前诸多LBS应用中最热门的一种，LBS+SNS是LBS和SNS的结合，LBS负责提供位置信息，SNS负责满足用户需求，二者结合起来实现了技术服务与社交功能的有机组合。它既带有线上即时交友的影子，又具有即时通信的功能。这些特点使其与微博类服务相类似，但本质上它又与微博类服务有着不同的切入点。微博共享的是用户当前的生活状态和个人展示信息，而社交服务型的LBS应用展示的是用户当前的位置信息而非生活信息。

国内的互联网企业如腾讯、人人网、新浪微博等纷纷推出基于LBS功能的手机客户端，其中最热门的应用当属腾讯公司推出的微信。微信作为一款IM服务软件，集成文字、图片、视频、语音短信、查找附近好友、二维码扫描等多重功能。通过QQ好友、手机通讯录建立基于熟人的好友圈，实现了相对稳固的点对点的信息传递。微信对于 LBS 的应用模式相当简洁而有效。微信利用 LBS 打造了"摇一摇""查找附近的人"和"漂流瓶"等社交娱乐功能,成功拓展了微信的社交外延。原本微信的核心功能"免费短信""免费语音"只关注到了熟人间的社交网络;而"摇一摇""查找附近的人"和"漂流瓶"等则将微信的社交功能延伸到了陌生人之间的社交网络,极大地提升了用户关联度和用户黏性,成功地积累了庞大的用户群体,如图 6-3 所示。另外,微信基于庞大的用户群体及较高的用户忠诚度可开展形式多样的营销活动,微信营销、微信公众平台、微信支付以及微信会员卡等是微信进军电子商务领域的主要手段。

图 6-3 社交应用

▶▶ 想一想

支撑 LBS 营销的定位技术发展是非常快的,试选取一种新兴 LBS 定位技术,了解其技术构成,并查找实用案例。

4. LBS+O2O 模式的营销应用

LBS+O2O 模式是传统团购模式的进一步延伸,目前多应用于生活服务,且主动为消费者提供本地化产品或服务。LBS+O2O 模式能够打造线上到线下的闭环营销,缩短消费者和企业之间的距离,让消费者及时看到企业信息并产生消费。LBS+O2O 模式要求企业定位消费者的地理位置,然后根据消费者的需求推送周边的企业服务,如外卖订餐、打车等。常见的 LBS+O2O 模式有以下三类。

(1) LBS+O2O 的餐饮模式。LBS+O2O 的餐饮模式是现在常见的一种营销模式。LBS 会根据消费者需求,搜索附近或指定区域内的餐厅,然后推送符合搜索条件的餐厅,进行精准营销。利用 LBS 服务,消费者不仅可以了解餐厅的基本信息,还能查看餐厅的口碑和评价,从中选择出优质餐厅,并根据菜单订餐,然后在用餐结束后通过 LBS 移动支付功能完成付款,整个交易流程都可在手机上完成。图 6-4 所示为在美团上订餐。

▶▶ 想一想

在美团订购一份外卖,体验 LBS 的应用,分析总结商家 LBS 营销的常见策略。

项目 6 其他网络营销方式

图 6-4 在美团上订餐

（2）LBS+O2O 的商店模式。LBS+O2O 的商店模式主要是利用 LBS 服务向超市、便利店附近的消费者推送超市或便利店的销售信息，如发送新品信息、打折信息、优惠券等，消费者凭借收到的优惠信息到门店享受相关优惠，从而实现线上销售、线下送货或自提。例如，京东的 O2O 平台"京东到家"主要向消费者提供生鲜、超市产品、鲜花、蛋糕、订餐配送等本地生活服务，消费者可在"京东到家"平台上搜索到附近商店，并在线上购买产品。图 6-5 所示为使用"京东到家"订购附近鲜花店的鲜花。

图 6-5 使用"京东到家"订购附近鲜花店的鲜花

165

（3）LBS+O2O 的交通模式。LBS+O2O 的交通模式是指消费者利用打车应用和平台，发送自己的打车请求，LBS 服务会对消费者进行地理定位，并通知附近车主，车主可以通过相应的应用和平台查看消费者的位置，接单前往消费者的位置，提供本次服务。例如，嘀嗒出行、神州专车等打车软件，其模式都是消费者通过 LBS 发布寻找司机的请求，然后平台派单，完成线上发布，建立起一个从线上至线下、司机与消费者都可以控制的信息流，将打车服务、时间和地点高度结合起来，从而为消费者提供良好的服务体验。图 6-6 所示为使用高德打车约车出行。

图 6-6　使用高德打车约车出行

> **小提示**
>
> LBS+O2O 模式的应用范围很广，除了餐饮、商店、交通领域之外，很多服装、娱乐、住宿等领域的线下商店也运用了 LBS 技术为消费者提供服务。消费者可以在某个地方定位自己，查看周边的店铺和商家信息；还可以访问商家相关 App 查询具体的商品信息、前往店铺消费等。

▶▶ **想一想**

试设想未来定位服务的发展方向。

6.2.2 大数据营销

"大数据"俨然成为近年来信息技术领域最时髦的词汇之一。随着全球信息总量呈现爆炸式增长、移动互联网的广泛使用、消费者特征的不断变化,以及大数据技术的日益发展,大数据营销依托多平台的数据采集及大数据技术的分析和预测能力,使企业的营销更加精准,为企业带来了更高的投资回报率。无论是在线上还是在线下,大数据营销的核心都是基于对用户的了解,将营销内容在合适的时间、合适的地点,通过合适的载体传递给合适的人。

▶▶ 想一想

大数据本质上是一种工具,只有当大数据被企业利用后,才能创造价值。那么,我们应该怎样利用大数据进行用户消费行为预测呢?

1. 大数据营销认知

大数据重构了精准营销模式。在大数据时代,企业有更多的机会去了解用户,甚至比用户还要了解其真正的需求。之前,企业获取营销数据的途径一般是 CRM(客户关系管理系统)中的顾客信息、市场促销、广告活动以及企业官网中的某些数据。通常,这些信息只能部分满足企业的正常营销管理需求,企业不能洞察数据规律。而其他类型的用户数据,如社交媒体数据、邮件数据、地理位置等,更多地以图片、视频等形式存在,在实际营销中难以运用。大数据技术具有更强大的分析功能,能够采集和分析更多的用户数据,洞察这些数据之间的关联或规律。

包括沃尔玛、家乐福、麦当劳等知名企业在内的一些企业安装了收集运营数据的装置,用于跟踪客户互动、店内客流和预订情况。运营人员可以将菜单变化、餐厅设计和用户意见等数据与交易记录结合起来,然后利用大数据工具展开分析,从而在销售哪些产品、如何摆放产品及何时调整售价上给出指导意见,最终为用户提供最佳的优惠策略和个性化的沟通方式。简单地讲,大数据营销这种模式就是通过互联网采集大量的行为数据,帮助企业找出目标用户,以此为基础,对广告投放的内容、时间、形式等进行预判与调配,完成广告精准投放的营销过程。它体现出了以下四个营销特点。

(1)个性化营销。网络营销的营销理念已从"媒体导向"向"受众导向"的方向转变。以往的营销活动主要以媒体为导向,选择知名度高、浏览量大的媒体进行广告投放,用户被动接收信息。如今,企业以用户为导向进行网络营销,应用大数据技术的数据采集、分析可以做到当不同用户关注同一媒体的相同界面时,广告内容有所不同,从而让广告有的放矢,实现精准化的推荐和个性化营销。

(2)时效性。大数据营销具有很强的时效性。在网络时代,用户的消费行为和购买方式极易在短时间内发生变化。大数据营销可通过技术手段充分了解用户的需求,并让用户在决定购买的第一时间及时接收到产品广告。

（3）关联性。所谓关联性，是指大数据营销能够实现让用户看到的上一条广告与下一条广告有深度互动。这是因为在采集大数据的过程中可快速得知目标用户关注的内容，以及知晓用户所在位置和消费特征等，这些有效信息可使投放的广告产生关联性。如通过观察用户购物车中的产品，分析出用户的基本消费习惯，通过了解哪些产品频繁地被用户同时购买，发现用户的产品消费规律，从而针对此用户制定出相关产品营销策略。

（4）多平台数据采集。大数据营销的数据来源是多样化的，多平台的数据采集能将用户画像刻画得更加全面和准确。这些平台包括互联网、移动互联网、智能电视以及户外智能终端等。

▶▶ 想一想

与传统营销相比，大数据营销的优势有哪些？

2. 大数据营销的关键要素

随着搜索引擎、社交网络及智能移动设备的普及，用户每天网络活动产生的数据成倍增长，海量数据使用户和企业的行为产生了诸多改变。大数据本质上是一种工具。只有当数据被企业利用并开始创造价值时，它们才有了真正的意义。企业应该如何驾驭数据，使之为己所用，利用大数据洞察用户行为变化，准确地分析用户的特征和偏好，挖掘产品的潜在高价值用户群体，实现市场营销的精准化、场景化，是企业使用大数据技术实现精准营销时必须要考虑的问题。

▶▶ 想一想

试探讨大数据有何特征。

1）用户画像

大数据精准营销的第一步是进行个性化的用户画像——针对每一类数据实体，将其进一步分解为具体的数据维度，刻画每个用户的特征，再聚集起来形成人群画像。

用户画像是根据用户的社会属性、生活习惯和消费行为等信息而抽象出的一个标签化的用户模型，具体包括以下五个维度。

（1）用户固定特征，包括性别、年龄、教育水平、职业、星座等。

（2）用户兴趣特征，包括兴趣爱好，经常查看的网站，使用的App、浏览、收藏、评论的内容，以及品牌和产品偏好。

（3）用户社会特征，包括生活习惯、婚恋情况、社交情况以及家庭成员等。

（4）用户消费特征，包括收入状况、消费水平、产品购买渠道、购买频次和购买产品种类偏好等。

（5）用户动态特征，包括用户当下需求、正在前往的地方、周边的商户、周围的人群等信息。

2）用户分群

用户分群就是为用户贴上标签，用标签将用户分类，进而可以做到"一对一"的精准营销。

例如，一个"80后"用户喜欢上午11点时在生鲜网站下单买菜，晚上6点回家做饭，周末喜欢去附近吃韩国烤肉。经过信息搜集与转换，系统就会产生一些标签，如"80后""生鲜""韩国烤肉"等。再如，一位用户在社交网站上经常分享旅游照片，他的服饰、背包等都是同一品牌，即可以为该用户贴上如"旅游""某牌控"等标签。

案例6-2　支付宝"年度对账单"

支付宝作为网购达人们使用最多的支付方式，已经成为网络经济发展的一份"晴雨表"。2014年1月13日，支付宝发布2013年全民年度账单，成为一些网民津津乐道的话题。图6-7所示为2022年支付宝年度账单。

在这份账单中，可以查看个人2022年网购总支出，不同场景（如教育培训、超市、餐厅、影院等）的消费占比，不同商品类型（如母婴亲子、日用百货等）的消费占比，以及转账红包、水电气缴费等的详细消费数据。同时，根据消费情况可对用户进行画像，指定用户的年度关键词。年度账单推出后，支付宝用户纷纷在微信等社交平台上晒出自己的账单，一时间，支付宝成为大众"网红"。支付宝个人年度账单透露出的就是支付宝的大数据应用。

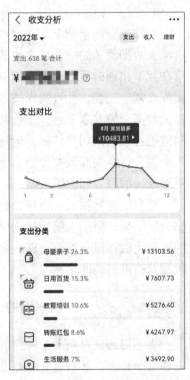

图6-7　2022年支付宝年度账单

3）精准推荐

大数据最大的价值不是事后分析，而是预测和推荐，"精准推荐"成为大数据改变零售业的核心功能。例如，在个性化推荐机制方面，大多数服装订购网站采用的是用户提交身形、风格数据，编辑进行人工推荐的模式，而服装订购网站Stitch Fix还结合了机器算法进行推荐，通过用户提供的身材比例等主观数据，加上与销售记录的交叉核对，挖掘出每个人专属的服装推荐模型。

数据整合改变企业的营销方式，从海量业务广播式推送，过渡到一对一以用户体验为中心的业务精准推荐。一对一精准营销在某一刻，以合适的价格，为用户推送最需要的业务。运营商在注重用户体验的同时可达到最佳的营销效果，并且可对营销过程进行全程跟踪，从而不断优化营销策略。未来，销售人员将升级成为顾问型销售，能以专业的数据预测，通过用户的行为数据去做匹配推荐。

> **素质培养**
>
> 大数据的发展和应用为企业实施精准营销提供了极大的便利，数据成了重要的商业资源，其价值不可估量。但大数据的应用也产生了一些不利因素，如掌握大量消费者数据的企业，由工作疏忽或技术漏洞导致消费者信息泄露，以及有的企业为了获得更多的消费者数据，可能诱导消费者做出隐私授权，进行数据过度采集，而此时消费者在企业面前可能完全是"透明"的，无隐私可言。这种情形下要求企业具备社会责任感：一是明确大数据技术（包括其他新兴技术）的发展的根本目的是促进人类发展，数据采集和挖掘应合法、合乎情理；二是企业应支持消费者知情同意，即企业要在消费者知情授权的情况下进行数据采集；三是企业要保护和维护消费者的个人信息，并建立相应的保护和维护措施，防止信息泄露。

4）技术强化

大数据资源繁杂丰富，大数据精准营销要解决的首要问题是数据的整合汇聚。企业启动大数据营销的一个最主要的挑战是数据信息系统各自为政。在许多企业中，数据散落在互不相通的数据库中，相应的数据处理技术也存在于不同部门中。将这些孤立的数据库互联、交换，并且实现技术共享，才能够有效实现大数据精准营销。为此，需要构建大数据交换共享平台，整合共享数据，汇集用户在多个渠道上的行为数据，一方面实时监控各渠道的用户特征、运营和营销效果，另一方面集中用户数据，以便后续进行深入挖掘分析，提高数据价值，实现用户交互的精准识别和多渠道数据汇集，为用户提供更加准确的服务和营销策略。

整合汇聚数据后，再将数据进行可视化分析。通过三维表现技术来展示复杂的大数据分析结果，借助人脑的视觉思维能力，通过挖掘数据之间重要的关系，将若干关联性的可视化数据进行汇总处理，揭示出大量数据中隐含的规律和发展趋势，进一步提高大数据对精准营销的预测能力。

案例6-3　沃尔玛的"顾问式营销"

在美国的沃尔玛大卖场，当收银员扫描完顾客所选购的商品后，POS机上会显示出一些附加信息，然后售货员会友好地提醒顾客"我们商场正在促销刚购入的几种配酒佳料，位于某货架，您需要购买吗"。这时，顾客也许会惊讶地说："啊，谢谢你，我正想要，刚才一直没找到，那我现在去拿。"

这是沃尔玛在大数据系统的支持下实现"顾问式营销"的一个案例。为什么售货员能够在第一时间向顾客推荐"配酒佳料"，而不是其他商品，因为大数据系统早就预测好了。如果顾客的购物车中有不少啤酒、红酒和沙拉，则有非常大的可能需要买配酒小菜、佐料等。提供这一决策分析支持的就是其位于美国一个庞大的、通过卫星与全球所有卖场实时连通的企业级数据仓库。

3. 大数据营销策略

未来，对市场的争夺就是对用户资源的争夺。运营商如果能够有效利用手中大量的大数据资源，在精准定位和数据分析的基础上，充分运用各种数据挖掘分析技术提供更加个性化、差异化、精准化的服务，就能深入挖掘新的市场价值，实现自身营销环节的优化演进。大数据精准营销策略表现在以下五个方面。

（1）广告投放策略。美国百货商店之父沃纳梅克曾经说过："我知道我的广告费有一半被浪费掉了，但我不知道是哪一半。"这句话被誉为广告营销界的哥德巴赫猜想，也代表了很多企业的疑惑。在大数据营销思维的指导下，企业已然改变了广告投放策略，利用大数据的采集与分析功能确定用户，将广告投放给准确的目标用户。特别是互联网广告，需要向不同的人传递最适合的广告内容。同时，谁看了广告，看了多少次广告，通过什么渠道看的广告，以及对广告内容的反应、反馈都可以通过数据化的形式来了解、监测和追踪。这样使得企业能更好地评测广告和营销效果，从而使企业的广告投放策略更加有效，转化率更高。

（2）精准推广策略。移动社交网络的发展降低了信息的不对称性，用户能随时随地在社交平台上了解想购买产品的信息。这对企业来说，以传统营销方式制造光环来吸引用户越来越难。没有目标用户的精准定位，盲目推广可能会导致营销推广没有效果或者效果甚微。显然，在移动社交网络中对品牌建立营销策略时必须分析出用户喜好和购买习惯，甚至做到比用户更知道他需要什么，才能更好地服务用户。那么，在大数据时代背景下，企业应该适时更新动态，丰富用户的数据信息，并利用数据挖掘等技术及早预测用户下一步的举措或更深层次的需求，从而进一步加大推广力度，最终达到企业利润最大化的目标。

（3）个性化产品策略。在今天的消费市场中，用户呈现出的个性化特点逐步突显。用户的阅读、交际圈及消费行为等有很大的不同，并体现在日常生活的方方面面。个性化营销是市场的需求，也是企业发展过程中必不可少的重要环节。将同样包装、同等质量的产品卖给所有用户，或将同一品牌的不同包装、不同质量的产品卖给若干用户群，这种传统营销策略对用户的吸引力越来越弱，越来越不能满足用户的个性化需求。大数据的运用则成为必备的基础性条件。

随着科技的不断发展，生产制造向生产"智"造方向转变，同时大数据通过相关性分析，将用户和产品进行有机串联，对用户的产品偏好等进行个性化定位，进而反馈给企业的产品研发部门，使其推出与用户个性相匹配的产品。

（4）制定科学的价格体系策略。为了收集不同类型的数据，如不同的用户需求、不同渠道平台的数据，企业需要基于大数据技术构建跨越多种不同系统的大数据营销平台，帮助企业快速、全面、精准地收集用户的海量数据，洞察、分析和预测用户的偏好，以及用户对企业所规划的各种产品组合的价格段的反应。这也要求企业根据不同的阶段，具体分析和探讨影响因素有哪些，如支付方式、价格、付款期限等内容都可以根据具体情况进行适当调整。此外，企业的存货地点、覆盖区域及运输方式等也会根据市场的变化而变化，价格、促销折扣、促销人员的收益、广告投放方式和公关关系都会随之发生变化，使企业能够利用大数据技术了解用户行为和反馈，深刻理解用户的需求，关注用户行为，进而高效分析信息并做出预测，不断调整产品的功能方向，验证产品的商业价值，制定科学的价格策略。

（5）重视用户关系管理。产品同质化是很多企业面临的发展瓶颈。企业要想在竞争日趋激烈的市场环境中获得竞争优势，长期的良好用户关系是关键因素之一。

在大数据时代背景下，如果企业拥有良好的用户关系，那么在收集和洞察用户动态时，这些用户关系可以提供大量的数据信息。因此，加强用户关系管理，发掘有效的用户资源应受到企业重视。由于用户信息繁杂，企业会将这些用户按照已有的标准分成不同类别。按照地域、行业、购买能力等因素划分用户的方式较为常见，但是这样的分类方式依然无法精确反映用户的不同需求。因此，企业应当进一步挖掘和分析掌握的销售数据，将影响最大的因素作为划分的标准，实现更精细的类别划分。针对不同类别，企业可以制定不同的营销策略，维护和管理好用户关系。

> **小提示**
>
> 要想做好大数据的营销运用，第一，要有较强的数据整合能力，要能整合来自不同数据源、不同结构的数据；第二，要有研究、探索数据背后价值的能力，未来营销成功的关键在于如何在大数据库中挖掘出更丰富的营销价值；第三，探索价值后给予精确行动的营销指导纲领，同时通过此纲领实施精确的实时行动。

▶▶ **想一想**

讨论大数据与移动营销相结合的营销方式有哪些。

6.2.3 会员营销

会员营销是建立在会员管理基础上的营销形式，就是企业以会员制的形式发展顾客，并提供差别化的服务和精准化的营销。这种形式的营销可以增加顾客的黏性，提高顾客的忠诚度，有利于保持和加大企业的长期受益度。

1. 会员营销认知

基于网络的会员营销是指通过电脑程序和利益关系将无数个网站链接起来，将商家的分销渠道扩展到世界的各个角落，同时为会员网站提供一个简易的赚钱途径，最终达到商家和会员网站的利益共赢。一个网络会员制营销程序应该包含一个提供这种程序的商业网站和若干个会员网站，商业网站通过各种协议和电脑程序与各会员网站联系起来。

对企业来说，采取这种营销方式，可以大大节省公司运营成本。据统计，网络上争取一个新客户的成本要高出保留一个老客户成本的8倍，另有统计显示，商家的利润

80%来自老客户，只有20%的利润来自新客户。也就是说，20%的老客户，创造了企业80%的利润。这也是企业都要下大力气做好会员营销的重要因素。

（1）会员营销的概念。会员营销是企业为了维持与消费者的长期、稳定的关系，通过提供差异化服务和精准营销来进行消费者关系维护的一种营销方式，主要通过提高消费者的忠诚度和活跃度来提升企业产品销量，增加企业利润。会员营销一般通过CRM来获取会员的信息，如会员的姓名、性别、生日、最近一次消费时间、消费金额、消费频率等，但CRM一般需要付费订购才能使用。企业通过对这些信息进行分析，可以获得会员的个性化消费属性，从而更有针对性地开展营销活动。

（2）会员营销的发展。通常会员营销要经历以下四个阶段：野蛮推送阶段、定向营销阶段、精准营销阶段、个性化营销阶段。这四个阶段基本涵盖了会员营销的各个阶段，代表会员营销的成长。由于初期没有明确目标，只能漫天撒网，电子邮件、垃圾短信群发，为的是普遍培养，重点选拔。野蛮推送阶段过后，梳理出大概的方向和目标，然后开启定向营销，在这一阶段，营销的范围相对缩小，也不再完全盲目。定向营销过后，推广范围进一步缩小，目标进一步明确，开始精准营销阶段。这一阶段，主要对目标人群进行画像，然后进行精准营销推广。精准营销阶段的开启是企业运转良性的标志之一。个性化营销是会员营销的终极阶段，也是企业大力发展的主流方向。所谓个性化营销，就是从原来的针对某一人群，转变为为个人量身定制的专业性的精准营销。由于个性化营销是建立在会员个人习惯、喜好以及实际需求的基础上的，所以具有很强的针对性，通常转化率可高达80%，可以说，个性化营销让精准营销更加精准。

对会员进行分析，主要是了解清楚他们的性别、年龄段、购物习惯、购物时间、购物次数、消费金额、消费区域以及消费偏好等，在了解清楚这些情况后，可以更好地维护与会员的关系，提升用户价值，更有针对性地提供好营销服务。

素质培养

《荀子·劝学》中说："不登高山，不知天之高也；不临深溪，不知地之厚也。"只有勤于走近客户，深入调查研究，勇于开拓创新，善于运用恰当的目标客户（群）开发方法，才能找准客户需求，提升客户满意度。

小提示

对会员性别的分析，使商家能够了解到底是男性用户还是女性用户对店铺感兴趣；对年龄段的分析，可以让商家了解不同年龄段会员的特征；对购买区域的分析，可以让商家了解哪些地方的会员购买力强以及哪些地方的会员比较多；对购买时间和购买次数的分析，可以让商家更清楚买家的购买能力和习惯。对店铺会员进行等级设置也是很重要的，它能让商家了解到会员对店铺的价值和忠诚度，还可以吸引新会员，留住老会员，并在此基础上，设置针对不同等级会员的营销活动。

▶▶ **想一想**

通过会员营销实现精准营销，需要清楚识别会员价值层级，那么，针对不同价值层级的会员,可采取哪些差异化、个性化的营销策略?

_____

_____

2. 会员营销体系搭建

搭建会员营销体系一般可通过 RFM 模型分析实现,它包括三个核心指标:最近一次消费时间、消费频率和消费金额。RFM 模型是通过分析这三个数据指标来描述会员价值状况,目的是根据会员活跃程度和交易金额的贡献,细分会员价值,帮助企业打造个性化的沟通和营销服务,为更多的营销决策提供有力支持,另外还能够衡量会员价值和会员利润创收能力。

(1)最近一次消费时间。最近一次消费时间是指消费者最近一次购买企业产品的时间,包括消费者最近一次进店消费的时间、上一次浏览网站的时间等。理论上,上一次消费时间越近的消费者对即时提供的产品或服务越有可能产生反应。该指标主要用于衡量消费者的流失率,一般来说,消费者最后一次在企业消费的时间越接近当前时间,企业越容易维护与该消费者的关系。

(2)消费频率。消费频率是指消费者在特定时间段里购买企业产品的次数。可以理解为经常购买的消费者,是满意度很高的消费者。消费者越相信品牌,忠诚度就越高。

(3)消费金额。消费金额是指消费者在特定时间段里消费企业产品的总金额。著名的二八定律指出,企业 80% 的收入来自 20% 的核心消费者,消费金额越高的消费者对企业的贡献越大,这个指标是对该定律的直接反映。

利用 RFM 模型分析会员数据,首先在 CRM 软件中获取会员数据,其次根据 RFM 模型的三个核心指标,就可以划分出会员营销体系的八大消费群体,如表 6-2 所示。

表 6-2 利用 RFM 模型划分出的会员营销体系的八大消费群体

R	F	M	会员细分类型	会员特征描述
高	高	高	重要价值会员	最近有交易,且消费频率和消费金额高,是优质会员,需要与之保持长期、稳定的联系
低	高	高	重要唤醒会员	消费频率和消费金额高,但最近没有交易,是暂时"休眠"会员,需要唤醒会员
高	低	高	重要深耕会员	最近有交易,消费金额高,但消费频率低,是潜在的有价值会员,需要深挖会员价值
低	低	高	重要挽留会员	最近没有交易,消费频率低,但消费金额高,贡献度大,需要重点挽留会员
高	高	低	潜力会员	最近有交易,消费频率高,但消费金额低,是潜在的有价值会员,需要深挖会员价值
高	低	低	新会员	最近有交易,消费频率和消费金额低,新会员,有推广价值
低	高	低	一般维持会员	最近没有交易,消费频率高,消费金额低,贡献度不大,一般维护
低	低	低	低价值会员	最近没有交易,且消费频率和消费金额低,相当于流失会员

> **小提示**
> 企业在应用 RFM 模型描述会员价值状况时，一般使用 Excel 完成数据分析。

▶▶ **想一想**

获取一家网店的会员数据，应用 RFM 模型划分会员层级，并制定会员精准化营销策略。

3. 会员营销推荐模型

（1）基于人口统计推荐。如图 6-8 所示，基于人口统计推荐是当会员具有类似的基础标签、年龄、性别等时的推荐方式，比如 A、B 这两个会员拥有类似的标签，当 A 喜欢拥有某个商品时，我们就可以把该产品推荐给 B 会员。

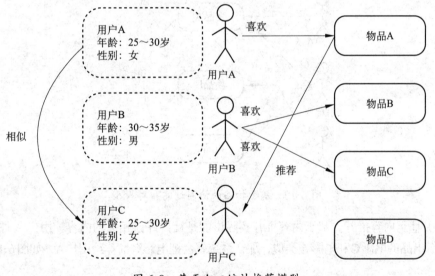

图 6-8 基于人口统计推荐模型

（2）基于用户的协同过滤推荐。由图 6-9 可知基于用户的协同过滤推荐机制的基本原理。基于用户协同过滤使会员拥有类似的商品，我们会推荐其他会员也购买类似的商品。它的基本假设是，喜欢类似物品的用户可能有相同或者相似的口味和偏好。假设用户 A 喜欢物品 A、物品 C，用户 B 喜欢物品 B，用户 C 喜欢物品 A、物品 C 和物品 D。从这些用户的历史喜好信息中，我们可以发现用户 A 和用户 C 的口味和偏好是比较类似的，同时用户 C 还喜欢物品 D，那么我们可以推断用户 A 可能也喜欢物品 D，因此可以将物品 D 推荐给用户 A。

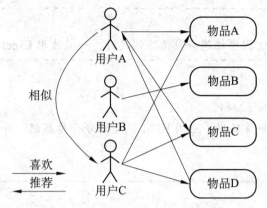

图 6-9 基于用户的协同过滤推荐模型

（3）基于物品的协同过滤推荐。如图 6-10 所示，假设用户 A 喜欢物品 A 和物品 C，用户 B 喜欢物品 A、物品 B 和物品 C，用户 C 喜欢物品 A，从这些用户的历史喜好可以分析出物品 A 和物品 C 是比较类似的，喜欢物品 A 的人都喜欢物品 C，基于这个数据可以推断用户 C 很有可能也喜欢物品 C，所以系统会将物品 C 推荐给用户 C。

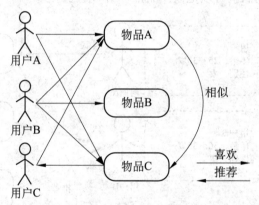

图 6-10 基于物品的协同过滤推荐模型

（4）基于内容推荐。基于内容推荐实际讲的是社群评论相关的内容。用户 A 评论了电影 A。新出品的电影 C 和电影 A 类似，那么系统就会把电影 C 推荐给用户 A，如图 6-11 所示。

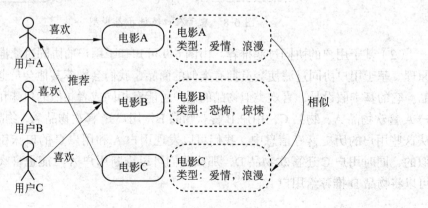

图 6-11 基于内容推荐模型

将会员标签化并进行有效分析后，还需要辅以精准的推送渠道。传统的策略局限在门店活动、商场活动、户外媒体等推广渠道，而互联网时代，我们就需要不走寻常路，通过不一样的方式来传播，引入互联网元素。

总的来说，想要实现会员精准营销，根源还是找到精准客户群，将会员分析做到位，呈现差异化的营销内容，再承接上可以落地的活动，落实活动结束后数据整理的环节，这样最大化会员数据资源，有效提升品牌销售。

课堂实训

分众传媒在情人节期间推出了"全城示爱"营销活动——只需关注微信公众账号，并提交对另一半的表白内容，就能免费在分众传媒搭建的框架显示屏上看到自己的示爱话语，同时可获得抽奖机会。

鉴于该活动采用弹幕的表达方式，用户上传的表白内容上限为50个字，随后可选择示爱城市及特定楼宇作为投放地点。小区居民楼、办公大楼、购物中心届时都可能成为投放地点。如果某栋楼宇没有设置框架显示屏，则可以勾选全城投放。

参与这次活动的用户主要来自全国热衷于弹幕文化的"80后""90后"和"00后"。情人节当天，全国15万块分众广告屏幕将滚动播放这些"表白"，参与活动的城市包括上海、北京、广州、深圳等20余座。

"全城示爱"公众号上线一周后即有50多万用户参与了该活动，活动截止到2月14日，参与表白总人数已达180万。

以小组为单位分析讨论大数据营销的实施。

项目实训

1. 实训目的

了解京东商城的大数据营销。

2. 实训内容

（1）以小组为单位，组建任务团队。
（2）收集京东商城的大数据营销资料，编写案例。
（3）分析案例，撰写研究报告。
（4）提交研究报告，并做成PPT在班级里进行展示。

3. 实训要求

完成实训作业《京东商城大数据营销案例研究》。

复盘反思

经过本项目的实施和相关知识点的学习，对比自己总结的内容与知识讲解部分的内容是否契合，并填写表 6-3，完成项目评测，进行复盘反思。

表 6-3　本项目复盘反思表

姓名		班级	
学号		日期	
知识盘点	通过对本项目的学习，你掌握了哪些知识？ 请画出思维导图：		
任务自评	☐优秀	优秀之处：	
	☐良好	待改进之处：	
	☐较差	不足之处：	
任务完成情况	☐熟练掌握，可综合运用	☐有所了解，可总结知识点	

项目评价

经过本项目的分组实训演练,按实训项目评价指标进行学生自评与小组成员互评(按优秀为5分、好为4分、一般为3分、合格为2分、不合格为1分五个等级评价),并填写表6-4,完成实训项目评测,最后教师给出综合评价。

表6-4 本项目综合评价表

	评 价 指 标	得分
自评	团队合作精神和协作能力:能与小组成员合作完成项目	
	交流沟通能力:能良好表达自己的观点,善于倾听他人的观点	
	信息素养和学习能力:善于收集整合资源,借鉴优秀思考方向	
	独立思考和创新能力:能提出新的想法、建议和策略	
组员1评价	团队合作精神和协作能力:能与小组成员合作完成项目	
	交流沟通能力:能良好表达自己的观点,善于倾听他人的观点	
	信息素养和学习能力:善于收集整合资源,借鉴优秀思考方向	
	独立思考和创新能力:能提出新的想法、建议和策略	
组员2评价	团队合作精神和协作能力:能与小组成员合作完成项目	
	交流沟通能力:能良好表达自己的观点,善于倾听他人的观点	
	信息素养和学习能力:善于收集整合资源,借鉴优秀思考方向	
	独立思考和创新能力:能提出新的想法、建议和策略	
组员3评价	团队合作精神和协作能力:能与小组成员合作完成项目	
	交流沟通能力:能良好表达自己的观点,善于倾听他人的观点	
	信息素养和学习能力:善于收集整合资源,借鉴优秀思考方向	
	独立思考和创新能力:能提出新的想法、建议和策略	
教师综合评价	优秀之处	
	不足之处	

项目 7
网络营销策划

 学习目标

知识目标	• 了解网络营销策划的定义、原则 • 掌握网络营销策划书的基本结构、撰写流程与写作要领 • 掌握品牌营销策划、网站推广策划、节日营销策划的应用
能力目标	运用网络营销策划的相关知识分析问题、解决问题
素养目标	能持续关注互联网热点，培养对新鲜事物、新闻、娱乐事件等的较高敏感度和较强洞察力，树立网络营销创新、创意意识

 学习计划表

根据表 7-1，对本项目的学习进行合理规划。

表 7-1 本项目学习计划表

项 目		网络营销策划认知	网络营销策划的应用
课前预习	预习时间		
	预习结果	1. 难易程度 □偏易（即读即懂） □适中（需要思考） □偏难（需查资料） □难（不易理解） 2. 问题总结	
课后复习	复习时间		
	复习结果	1. 掌握程度 □精通 □掌握 □熟悉 □了解 2. 疑点、难点归纳	

 项目导读

"兵马未动，粮草先行"。优质的策划将为网络营销的成功奠定良好的基础。网络营销的效果有多种，如网络营销对网站的推广、产品在线销售、公司品牌拓展的帮助等。

项目讲解

7.1 网络营销策划认知

在互联网时代，网络营销策划的应用对企业的发展至关重要。网络营销策划的成功与网络营销的成功直接相关。

▶▶ 想一想

结合以往学过的知识，谈谈你对传统营销策划的认识。

_____

_____

7.1.1 网络营销策划的概念、原则与步骤

网络营销策划是一项复杂的系统工程，有相应的原则与步骤。

1. 网络营销策划的概念

网络营销策划是指企业在特定的网络营销环境和条件下，为达到一定的营销目标而进行的策略思考和方案规划的过程。它的目的是制订一个有效的以及符合企业自身的网络营销方案。网络营销策划将直接用于指导企业的网络营销实践。

▶▶ 想一想

网络营销策划对企业开展网络营销活动有什么意义？

_____

_____

2. 网络营销策划的原则

通常网络营销策划应遵循以下四项基本原则。

（1）经济性原则。网络营销策划不仅需要消耗一定的资源，而且实施网络营销方案，也会改变企业经营资源的配置状态和利用效率。成功的网络营销策划，应当是在策划和方案实施成本既定的情况下取得较大的经济收益，或花费最小的实施成本取得目标经济收益。

（2）可操作性原则。网络营销策划需要形成具体的网络营销方案，而网络营销方案必须具有可操作性，否则毫无价值可言。这种可操作性是指在网络营销方案中，策划者

根据企业网络营销的目标和环境条件，就企业网络营销活动中做什么、何时做、在何地做、何人做、如何做的问题进行周密细致的安排。也就是说，网络营销方案是一系列具体的、明确的、直接的、相互联系的行动计划指令，一旦付诸实施，企业的每个部门、每个员工都能明确自己的目标、任务、责任以及完成任务的途径和方法，并懂得如何与其他部门或员工协作。

（3）协同性原则。网络营销策划应该综合运用各种营销手段，诸如微信、微博、短视频、直播等。资源要协同应用，才能达到网络营销的良好效果。

（4）创新性原则。网络为消费者比较不同企业的产品或服务所带来的效用和价值提供了极大的便利。在个性化消费需求日益明显的网络营销环境中，通过创新，创造和消费者的个性化需求相适应的产品特色和服务特色，是提高产品和服务效用和价值的关键。在网络营销方案的策划过程中，企业应当在深入了解网络营销环境尤其是消费者需求和竞争者动向的基础上，努力创造好的产品特色和提供好的服务特色。

> **素质培养**
>
> 企业的市场营销活动从表面上看是市场营销相关策略的组合和应用，是一种经济行为，但是从深层次上看则是事关每一个消费者的权益和福利，也关乎整个社会的健康发展乃至全人类的幸福和未来。

3. 网络营销策划的步骤

网络营销策划逻辑性很强，涉及许多环环相扣的工作。策划者进行网络营销策划应该从全局着眼，统筹安排。网络营销策划主要包括以下四个步骤。

（1）明确网络营销策划的目的。策划者应先明确网络营销策划的目的，明确网络营销策划目的是对网络营销目标的一个总体描述。网络营销方案的制订将以网络营销目标为指导，如果目标表述不清楚，整个策划也就无从谈起。表述合理的企业网络营销目标，应当对具体的营销目的进行陈述，如"利润比上年增长15%""品牌知名度达到50%"等。另外，策划者描述网络营销目标时还应详细说明达到这些目标的时间期限。

（2）信息收集和分析。信息是网络营销策划的基础，收集高质量、有价值的信息，如竞争对手的网络营销现状、潜在消费者群的特征习惯，并进行整理分析是网络营销策划成功的依据。因此，在网络营销策划过程中应该把信息情报放在首要位置，做好信息收集、分析及反馈的工作。这样，才能正确评估完成企业营销目标的可能性和现实性，并制订有效的网络营销策划方案。

（3）制订网络营销策划方案。制订网络营销策划方案是网络营销策划的重要步骤，网络营销策划方案是企业实施网络营销的行动纲领。事实上，制订网络营销策划方案贯穿网络营销策划的全过程，当企业提出营销目标及面临的问题后，营销者心中就开始有种种方法和策略，然后通过信息收集、分析，对网络营销策划方案进行实时调整和修正。

（4）网络营销策划方案实施及效果测评。网络营销策划方案推出后一定要贯彻到位，并在方案实施后，运用特定的标准及方法对其效果进行检测和评估，适时充实并调整策划方案以不断完善企业网络营销活动，以达到最佳效果。

▶▶ **想一想**

制订网络营销策划方案时，可以先从哪方面入手？

_____

_____

7.1.2 网络营销策划书的撰写

网络营销策划形成具体的策划方案后，通常需要将策划方案以书面形式呈现，这就需要策划者撰写网络营销策划书，以呈报给决策者查看。

1. 网络营销策划书的基本结构

根据不同的网络营销活动与要解决的问题，营销方案会有一定的区别，因此营销策划书的内容和格式也会存在差异。但从网络营销策划活动的一般规律来看，部分基本内容和编制格式具有共同性或相似性，营销策划书的结构一般都包括封面、前言、目录、摘要、正文、结束语和附录七个部分。

1）封面

封面（标题页）通常单独占一个页面，决定了阅读者对营销策划书的第一印象。良好的封面视觉效果呈现可以给阅读者留下深刻的印象，建立起营销策划书的整体良好形象。通常封面需要提供以下信息：策划书的名称、策划者或策划机构的名称、策划时间等。

（1）策划书的名称。策划书的名称是对营销策划书主题的简要说明，应该遵循简洁、准确的原则，让人一目了然，快速获取信息。此外，为了更好地突出策划的主题或目的，还可以添加副标题。

（2）策划者或策划机构的名称。封面上要明确写出策划书的策划人，其一般位于封面的底部。策划者有多个时，应并列写出多个策划者；若策划者为机构，应写出该机构的全称。

（3）策划时间。时间段的不同可能导致市场情况、营销执行效果等的不同，因此营销策划书上要写出明确的策划时间，一般以正式提交策划书的日期为准。

营销策划书封面的格式并没有固定的要求，在保证提供以上信息的基础上可做出适当调整，如有的封面上会添加制作策划书企业的 Logo，有的策划书会同时列出策划者和其所属的策划机构。另外，策划者也可以对策划书的封面进行个性化设计，使其更加美观。图 7-1 所示为两篇营销策划书的封面，封面的主体内容包括策划书的名称、策划机构的名称及策划时间。

图 7-1 两篇营销策划书的封面

2）前言

前言又称引言，一般位于目录之前，类似于写在书前或文章前面的序言或导言，用简短的文字介绍策划书的写作背景和目的，具体内容一般是企业的发展概括、当前面临的问题及进行营销策划的目的，起引导作用。

3）目录

策划书的内容和页数较多时，应在目录中列出策划书的全部章节的标题、附件及其对应页码，以便阅读者了解策划书的大体内容结构，并快速查找对应的信息。

4）摘要

摘要是营销策划书的内容提要，是对整个策划书的概括性介绍。一篇摘要尽管非常简短，但蕴含的信息较多。内容主要包括策划背景和目的、营销方法和策略、营销结果等，通常各项内容只需一到两句话，以起到"推销"策划书的作用。

5）正文

正文是对营销策划书的具体描述，也是营销策划书的主要部分。撰写正文可以根据以下六个部分进行构思。

（1）形势分析。形势分析主要包括当前市场状况及市场前景分析、竞争对手分析、消费者分析、产品市场的影响因素分析等内容，以发现市场机会和企业存在的问题，为营销策略、行动方案等提供正确的依据。

（2）营销策划目标。营销策划目标是对营销策划书所要达到的目标的描述，以协调企业员工行动。

> **小提示**
>
> 企业的营销目标不一定会表述为"营销目标"，可分别列出采用不同的营销策略所要达到的营销目标。

（3）营销策略。营销策略是指在环境分析的基础上，对产品策略、价格策略、渠道策略和促销策略进行组合，形成有效的差异化营销策略，以顺利开拓市场，达到最佳的营销效果。

（4）行动方案。行动方案是指针对营销策划的各个时间段推出具体的行动方案，如在一个品牌营销策划中，第一阶段是进行微博营销，通过微博策划营销话题，同步推出品牌宣传海报；第二阶段是联合KOL（key opinion leader，关键意见领袖）进行营销信息传播，手段包括转发微博话题、撰写营销软文等，以扩大营销范围。方案要在合理控制成本的基础上进行细致、周密的策划，同时制定出执行时间表作为补充，以增强方案的可操作性。

（5）费用预算。费用预算是企业为费用支出成本而做的成本预算，主要包括营销过程的总费用、阶段费用等的预算。

（6）方案控制。方案控制是指对营销过程中可能出现的问题提出解决方案，其内容主要包括人员配备、设施添置、资金调度、任务分配、责任明确、操作要求、实施进度等。

6）结束语

结束语用于归纳总结整个营销策划书，以突出策划要点，并与前文相呼应。在写作结束语时，营销策划者应考虑整个营销策划书内容的可行性，具有解决营销策划过程中出现的各种问题的能力，并以此判断整体的策划逻辑是否可行。

7）附录

附录是对营销策划书内容的补充说明，以方便阅读者了解策划书中的内容。附录主要有两个作用：一是补充说明策划书中的调查与分析技术；二是为策划书中的必要内容提供客观性的证明。技术性内容、分析模型、分析过程、图片资料、图表数据等都可作为附录提供给阅读者查看，但为了便于查找，策划者应为附录标注顺序。

> **小提示**
>
> 营销策划书可以通过Word、WPS、PDF、PPT等呈现，其格式并没有统一的规定，如有的营销策划书将前言和摘要合并，只保留前言或摘要，并放置到目录前面，而一些提供建议的策划书，甚至会取消前言、摘要、附录部分，只保留封面、正文、结束语部分。

2. 撰写网络营销策划书的流程

撰写网络营销策划书一般包括确定策划书的主题、拟定提纲、撰写成文和修改定稿四个阶段。

（1）确定策划书的主题。通常网络营销策划的主题就是策划书的主题，如节日活动策划中，针对中秋节策划微信营销活动时，策划书的主题可以定为"中秋节微信营销策划"，进行品牌营销策划时，策划书的主题可以定为"××品牌营销策划"。

（2）拟定提纲。拟定提纲是在信息收集整理的基础上，将营销策划书的主要内容，以大纲的形式写出来。提纲是策划书的框架，应条理清晰、层次分明。可先列出报告的章节，再列出各章节要表述的主要观点。

（3）撰写成文。策划者根据已经确定的策划书主题和写作提纲，开始撰写策划书。

（4）修改定稿。修改定稿即修改和审定撰写好的策划书初稿，确保策划书观点明确、言之有理、表达准确且逻辑合理。修改定稿后，策划书就可以提交给决策者了。

3. 网络营销策划书的写作要领

策划者要写好营销策划书，写出有特色的营销策划书，需要具备一定的专业知识和经验。网络营销策划书的写作要领主要有以下四项。

（1）思路清晰，结构合理。营销策划书是一份书面文档，涵盖了形势分析、策略组合等诸多内容，策划者一定要保证这些内容结构合理、逻辑清晰，确保营销策划书的可行性。

中心明确，重点突出。写作营销策划书时，营销策划者应该先明确该营销策划书的中心（策划目的），围绕中心来进行分析，统领全文结构。例如，某企业要开拓新品市场，那么营销策划书可以以提升产品知名度为中心，并结合多种营销手段来达到该目的，如投放广告、开展促销活动、加大推广力度等。

（2）论据充分，令人信服。营销策划书的可行性是打动决策者的有力武器，因此营销策划者在写作营销策划书的过程中，要提供能够证明其观点的理论依据，列举相关的成功案例来进行证明或以反面案例来进行反向证明等。这些证明内容不仅可以使营销策划书的内容更加丰富，还能增强营销策划书的说服力。

（3）应用图表，深入分析。图表与文字相比更加直观、精炼，能够给人留下更加深刻的印象。图表在营销策划书中主要起辅助说明的作用，常以比较分析、概括归纳、辅助说明等形式出现，以帮助决策者理解营销策划书的内容。同时策划者还要注意对图表进行必要的分析说明，以增加内容的可信度。

（4）注意细节，提升质量。营销策划书的质量直接影响着决策者对它的整体印象，因此营销策划者一定要注意细节，文中不能出现错别字、漏字、语句不通顺等问题。同时，企业名称、专业术语等不能出错。策划者在写作营销策划书时要注意检查，如果营销策划书纰漏太多，就容易给决策者留下知识水平不高的负面印象。

> **小提示**
> 策划人员在营销策划书中可以通过着重标记、特殊版式、不同格式等方式突出强调重点内容，以帮助决策者抓住重点。

▶▶ 想一想

有时，策划人员需要以"口头汇报＋PPT演示"的方式进行网络营销策划的报告工作，方便策划机构和决策者直接进行沟通和交流，那么陈述与演示策划书时应注意哪些事项？

> **课堂实训**
>
> 在网络上收集五个广告投放平台，对比它们的收费情况。

7.2 网络营销策划的应用

网络营销策划的应用涵盖面广，涉及企业营销诸多方面的内容。这里主要介绍网络品牌策划、网站推广策划和节日营销策划。

7.2.1 网络品牌策划

随着消费者需求的不断升级，产品功能性消费已不能完全满足消费者，消费者越发重视产品对其精神需求的满足能力。其中品牌成为产品能否满足消费者精神需求的一个重要因素，知名度高、口碑好的品牌更容易被消费者选择，并能使消费者产生愉悦感、满足感。

品牌营销策划是指通过科学的策划将品牌应用到营销活动中，为企业的品牌营销活动提供指导，提高品牌营销活动的执行效果，以塑造企业品牌形象。

1. 品牌认知

品牌是企业的无形资产，是指通过对理念、行为、视觉、听觉四个方面进行标准化、规则化，使之具备特有性、价值性、长期性、认知性的一种识别系统总称。所谓品牌认知，是指消费者对品牌内涵和价值的认识和理解。品牌认知对品牌建设与品牌营销非常重要，一个成功的品牌必然拥有良好的消费者品牌认知。但由于不同消费者对事物感知的

> **素质培养**
>
> 我们一定要善于运用品牌传播规律，解决好文明问题，以创新带动发展，不断探索社会信息化条件下做好品牌文化打造的新途径、新方法，在持续创新中挑战品牌价值制高点。

不同，消费者对品牌所产生的认知也并不一样，如同样是可乐，有的消费者认为可口可乐好喝，有的消费者则认为百事可乐好喝，这是消费者口味的不同导致对品牌的认知的不同。

企业应在以上分析的基础上，对品牌有清晰的认识，再建立消费者对品牌的认知。一般来说，品牌认知的建立会经历三个不同的层次：品类认知、品牌偏好度认知和品牌忠诚度。

（1）品类认知。品类认知是指消费者对品牌所在行业的认知，即看到品牌就能知道该品牌属于哪个行业。

（2）品牌偏好度认知。市场中有很多相似的企业与产品，如果企业不具备优势，那么消费者就会从众多相似的竞争者中进行选择消费。此时，品牌偏好度就是决定消费者

更愿意选择哪一个品牌的关键因素，一般是由产品的价值、便利性、价格、功能等决定的。消费者认可品牌某一方面的能力时，就会形成品牌偏好度，更愿意在同类产品中选择该品牌。

（3）品牌忠诚度。随着时间的推移与品牌口碑的累积，消费者会越来越钟爱品牌，并对品牌产生一定的信任，甚至是情感依赖。此时消费者对品牌的忠诚度较高，会长期反复地购买该品牌的产品，且对产品价格的敏感度较低，愿意付出高价，也愿意为品牌做出贡献。

2. 品牌定位

品牌定位是企业在市场定位和产品定位的基础上，对特定的品牌文化取向及个性差异上的商业性决策，是建立与目标市场对接的品牌形象的过程和结果。品牌定位的目的是在消费者心中占据一定的位置，使品牌在消费者脑海中形成具体而确切的形象，特别是当企业产品与市场中的其他产品没有太大差异，仅靠产品无法获得竞争优势时，品牌定位可以建立起消费者对产品价值的差异化认知，实现产品或服务的转化，为企业产品或服务的开发和营销活动指引方向。

品牌定位的方法主要有以下九种。

（1）概念定位。概念定位是指对某个现象、说法下一种新定义，以形成一个新概念，打破消费者的思维定式，使消费者产生认同感。例如，脑白金的"今年过节不收礼，收礼只收脑白金"就是以概念来进行品牌定位，攻占消费者心智的。

（2）理念定位。理念定位是指使用企业具有鲜明特点的经营理念和企业精神作为品牌定位的诉求点，体现企业的优良本质，以建立企业的品牌形象，提升品牌价值。例如，美国 IBM 公司就是以"IBM 就是服务"这一理念来进行品牌定位的。

（3）文化定位。文化定位是指将文化内涵融入品牌，形成企业品牌在文化上的品位，提升品牌的形象。进行文化定位时可以汲取我国历史长河中的故事、精神元素、文化内涵等并将其融入品牌中，如酒品牌与酒文化的连接。

（4）品质定位。品质定位是指以产品优良或独特的品质作为诉求点，向注重产品品质的消费者推广品牌。这种定位方法的实质是将品牌与产品品质或特征关联起来，再结合消费者的品质认知进行品牌定位。例如，空调产品的变频功能在消费者的认知中就是一种优良品质，海信空调作为业内率先推出变频空调的企业，将其品牌定位为"变频专家"，就很容易获得消费者的好感。

（5）功能定位。功能定位是指通过强调产品能满足消费者的某种诉求以及产品的某种重要功效来进行品牌定位。因为产品功能与使用价值是消费者非常关注的，所以从这个方面来进行产品定位也是非常常见的方法。以这种方法进行定位时要注意，企业的产品可能并不单一，功效也可能有多种，而消费者往往只会对某一强烈诉求点印象深刻，因此营销策划者可选一个能够突出品牌个性的功能点或诉求点来进行定位，以避免因信息过多对消费者记忆造成干扰。例如，同样是洗发水品牌，飘柔的品牌定位是"柔顺"，海飞丝的品牌定位是"去屑"，潘婷的品牌定位是"健康亮泽"。

（6）情感定位。情感定位是指通过情感的抒发与表达来唤起消费者心理与精神上的共鸣,提高他们对产品或品牌的认同感、依赖感和归属感。情感的种类有很多,亲情、爱情、友情、关怀、牵挂、思念、温暖、怀旧等情感都可融入品牌定位。如果消费者在购买、使用产品的过程中获得这些情感体验,品牌就容易唤起消费者内心深处的认同和共鸣,最终获得他们对品牌的喜爱和忠诚。例如,999感冒灵颗粒就从关怀的角度切入,通过"暖暖的,很贴心"带给消费者强烈的情感共鸣,使品牌价值得到了有效释放。

(7)档次定位。档次是指事或物好坏的等级、层次。档次定位是指根据这种等级、层次来体现品牌带给消费者的不同心理感受和体验。一般来说,档次定位主要是针对高档次进行定位,以传达企业产品、品牌的高品质,这通常也意味着产品的高价位和高价值。高档产品被赋予很强的表现意义和象征意义,如劳力士、浪琴等品牌就代表着高贵、成就、完美、优雅等特质,给消费者带来一种精神上的高端体验。

(8)对比定位。对比定位是指通过与事物的客观比较来进行品牌定位。这种定位方法要求营销策划者通过对比分析找出对比事物的缺点或弱点,并改变其在消费者心中的现有形象,进而确立自己的品牌形象。对比的对象既可以是企业实实在在的竞争对手,也可以是自然现象、事物认知或自我,如农夫山泉通过对天然水与纯净水的客观比较,得出天然水比纯净水更优质的结论,然后调整营销策略,只出品天然水并在包装上印制"饮用天然水"等字样,鲜明地体现了品牌的定位,树立了专业健康的品牌形象。

(9)消费群体定位。消费群体定位是指以企业产品或服务的消费群体为诉求对象,通过突出服务的针对性来获得目标消费群体的认同。这种定位方法将消费者与品牌直接联系起来,更容易让消费者产生品牌归属感,如小儿葵花牌、海澜之家等品牌就采用这种方法进行品牌定位。

3. 品牌形象策划

品牌营销是一项完整的、复杂的系统工程,需要结合企业的产品质量、服务水平、技术革新、发展战略和各种营销手段来进行一系列的策划与设计,才能建立起品牌在消费者心中的形象,从而获得良好的品牌口碑和忠诚度。综观目前的各大品牌,几乎每一个品牌的形成都不是偶然的,其成功都经历了一系列的精心策划。

▶▶ 想一想

谈谈你对品牌形象策划的理解。

在现代市场经济的条件下,对品牌营销活动进行科学的策划是企业的必然选择。在品牌营销的过程中,重要的是品牌形象的塑造与传播,其中品牌形象是开展品牌营销的前提。一个良好的品牌形象可以为企业的品牌营销活动提供良好的消费者基础。而所谓品牌形象,其实是一个内涵非常广泛的概念,它是一个形象系统,包含视觉识别系统、行为识别系统、理念识别系统三个组成部分。

（1）视觉识别系统（VIS）。视觉识别系统是指运用完整、系统的视觉传达体系，将企业理念、文化特质、服务内容、企业规范等抽象语义转换为具体符号的概念，塑造出独特的企业形象。视觉识别系统主要包括企业名称、企业标志、标准字、标准色、象征图案、宣传口号等要素，通过对这些要素的系统设计，完整地展示出企业的经营理念、精神文化，形成独特的企业形象。

（2）行为识别系统（BIS）。行为识别系统是指以企业精神和经营思想为内蕴动力，通过各种行为或活动进行企业内部的管理方法、组织建设、教育培训、公共关系、经营制度等方面的观测、执行和实施，以达到塑造企业良好形象的目的。行为识别系统是企业理念识别的动态外化和表现。

（3）理念识别系统（MIS）。理念识别系统是企业为了增强竞争力、体现企业自身个性特征、提升企业形象、反映企业经营观念的价值观体系。理念识别系统主要包括两个方面的内容：一方面是企业制度和组织结构层面，如管理制度、规章制度、行为准则等；另一方面是企业精神文化层面，如企业及员工的概念、心理和意识形态等。企业经营理念方针是理念识别系统的核心，需要经由组织化、系统化、统一化的视觉识别设计来传达，塑造出企业的独特形象，达到品牌识别的目的。

由此可见，品牌形象策划是对品牌形象系统的设计策划，是通过对企业身份的定位和一定的传播渠道将品牌形象传达给消费者的一种策略，能更好地树立与企业战略相关的企业形象，使企业与竞争对手区别开来，提高品牌的知名度和美誉度。一个理想的品牌形象可以赋予品牌强大的生命力，因此对品牌形象进行科学、系统的设计与策划是非常必要的。

通过对品牌形象的系统学习可以知道，消费者首先感受到的品牌形象是VIS，如品牌名称、商标等，然后才是BIS、MIS等功能形象、文化形象。策划者在策划品牌形象时，则要采用反向策划法，即采用与消费者对品牌心理感受相反的顺序来策划品牌形象。因此，品牌形象策划应该先塑造品牌深层次的核心形象，即MIS，然后依次设计与策划品牌其他形象。这么做的原因在于：品牌形象的塑造需要先有一个核心形象，品牌的所有其他形象都需要围绕这个核心形象来进行设计与策划，这样才能保证品牌形象的完整性、统一性和易于传播性。

▶▶ **想一想**

VIS、BIS、MIS这三者之间有何关联？

案例7-1 → **真功夫品牌形象策划**

真功夫餐饮管理有限公司是中国快餐行业前五强中唯一的本土品牌，其品牌定位是"营养还是蒸的好"，主营特色食品为蒸品。

真功夫的前身是双种子饮食有限公司，在肯德基、麦当劳等外来品牌的入侵下，真功夫由于品牌意识、品牌辨识度低受到了较大的市场冲击，市场份额不断减少。在当时的市场环境下，真功夫必须重新进行品牌形象的塑造，将自身的特色文化与经营理念传达给消费者，重新树立其在消费者心中的地位，才能摆脱困境。

在充分的市场调研与消费者分析的基础上，真功夫舍弃了与竞争对手肯德基、麦当劳雷同的西式快餐油炸食品，选择它们没有的蒸品作为主要产品，建立了产品差异化的竞争优势。真功夫之所以选择蒸品还有一个原因：蒸煮是中国传统的烹饪方式，具有悠久的历史文化，其营养价值丰富，具有区别于西式快餐的明显的功能定位。因此，基于其主要产品，真功夫将其品牌核心价值定位为"营养还是蒸的好"，传递出关注健康、追求生活品质和美好用餐体验等核心企业理念。消费者在与品牌接触的过程中，能够通过产品、情感、店面、服务等感知到品牌的核心价值，形成对品牌的深层次印象。

从产品的角度来看，蒸品的烹饪方式可以在一定程度上保留食物的营养成分，保证身体对营养的需要。从情感的角度来看，消费者背负着学习、工作、生活的各种压力，渴望能够像侠客一样潇洒肆意，快意人生，而功夫文化反映的征服自我、超越极限的价值观，正好能够与这种情感相呼应。同时，功夫还代表文化底蕴，可以诠释出品牌在配方、取材、味道等方面的"功夫"。因此，将蒸品与功夫文化相结合，联系其核心品牌价值"营养还是蒸的好"，真功夫这个品牌名称就应运而生了。简单、通俗的词语快速传递出品牌的核心价值，同时结合经典电影人物"李小龙"的荧幕形象来进行品牌Logo的设计，能带给消费者更加直观的感受与信息传递。图7-2所示为真功夫品牌名称与Logo。

图7-2 真功夫品牌名称与Logo

从真功夫品牌形象策划可以看出，品牌形象策划的目的是使消费者心中形成对品牌形象的强烈共鸣，产生对品牌目标形象的认同感。这样的品牌形象策划才是成功的，品牌才会有价值，有生命力。

4. 品牌传播策划

完成品牌形象的策划后，营销策划者还需要为品牌形象的传播选择具体的传播方式，这样才能将品牌形象推向市场，让消费者能够看到、了解、接受并认可品牌。网络营销时代，有效的品牌传播方式有很多，不同的传播方式所带来的传播效果也各不相同，营销策划者要选择消费者易于接受和传播效果良好的方式来进行传播。下面介绍三种主流的传播方式。

（1）广告传播。广告传播是品牌传播的基本方式之一，常见的广告主要包括新闻广告、赞助广告、网络广告三种形式。新闻广告是指通过媒体采集、报道有益于企业的信息，从而进行品牌传播。赞助广告是指通过赞助某项活动而进行品牌的传播和品牌形象的塑造。网络广告是指通过网络平台来发布企业的正面信息，从而进行品牌传播。广告既可以在线上传播，也可以在线下传播。

（2）公关传播。公关传播是树立企业形象、协调公众关系的一种传播行为，包含投资者传播、员工传播、事件管理以及其他非付费传播等内容。营销策划者在进行品牌传播时，应该在遵守基本公共关系原则的基础上，通过网络与第三方建立起友好的互动关系，通过第三方的认证为品牌提供正面口碑，甚至形成正面的热点话题并引发舆论的热烈讨论，从而引导更多目标消费群体对品牌产生正面印象。当发生危机时，营销策划者也要通过正确的危机公关来化解危机，将危机转变为品牌营销。

（3）促销传播。促销是一种销售行为，促销传播主要是通过对产品或服务进行有偿销售而进行品牌传播的一种方式。常用的方式有赠品、抽奖、赠券等。通过这种方式，品牌可以快速吸引消费者，取得较好的销售反应，并吸收一定的品牌支持者。但这种方式不能长期使用，否则容易产生淡化品牌、降低品牌忠诚度的负面影响。

素质培养

营销策划者要努力成为企业的品牌主张的传播者，时代风云的记录者，社会进步的推动者，公平正义的守望者，为全面推动我国的强国品牌计划，实现中华民族伟大复兴的中国梦贡献自己的力量。

在进行品牌传播策划时，营销策划者要在综合考虑市场情况、企业实力的基础上，合理、科学地选择并综合运用多种方式来全面、准确、直观地宣传品牌。

▶▶ 想一想

在已有品牌认知和定位的情况下，为自己家乡的特色产品进行品牌形象与传播策划。

7.2.2 网站推广策划

网络营销的一个重要功能是网站推广。企业建立网站后，并不意味着营销工作就结束了，如果网站没有消费者访问，那么该网站就形同虚设，因此，企业还需要进行网站的后续推广工作。所谓网站推广，就是通过互联网的交互性来辅助营销目标实现的一种营销方式。网站推广策划是指企业利用自己的网站或第三方网站,对企业产品、服务进行宣传推介的营销活动。

1. 网站推广的方法

网站推广策划的基础是分析消费者获取网站信息的主要途径,从而发现网站推广的有效方法。实践经验表明,消费者获取企业网站信息的主要途径包括搜索引擎推广、关联网站推广、交换友情链接、社会化媒体推广、网络广告推广、病毒营销或口碑营销推广等。每种网站推广方式都需要相应的网络工具或者推广的资源。

(1) 搜索引擎推广。搜索引擎推广指主动向百度、谷歌、360等搜索引擎提交企业的网站,使搜索引擎收录网站,通过搜索引擎挖掘消费者需求,进行搜索引擎优化、分类目录登录和搜索引擎竞价广告投放。

(2) 关联网站推广。关联网站推广是指在企业的分支机构或系列品牌、产品、营销网站上提供网站关联链接。

(3) 交换友情链接。企业可与相同或相关的行业网站进行网站链接交换。

(4) 社会化媒体推广。企业可在问答平台、论坛、微博、微信、QQ等社会化媒体上发布有价值的内容,如发布与行业相关的资讯或者新闻,发布帮助消费者解决他们遇到的问题的解决方案等,并留下自己网站的相关信息。

(5) 网络广告推广。企业可在门户网站、网络广告媒体上投放广告。

(6) 病毒营销或口碑营销推广。企业可通过免费策略,如免费贺卡、免费资源合集或利诱策略打造网站良好的口碑,使消费者口口相传,达到网站推广的目的。

网站推广的基本工具和资源都是一些常规的互联网应用内容,但由于每种工具在不同的应用环境中会有多种表现形式,各种推广方法时有交叉,因此建立在这些工具基础上的网站推广手段多种多样,为网站推广提供了更多的机会。

2. 网站推广的阶段

在不同阶段,网站推广策划的侧重点和采用的推广方法会存在一定的区别。从网站推广运营的规律看,网站推广一般会经历以下四个阶段。

(1) 网站建设期。网站建设期是企业网站正式上线的阶段,包括租用空间、申请域名、网站备案等内容。虽然这一阶段网站没有上线运营,不存在访问量的问题,真正意义上的网站推广并没有开始,但在该阶段仍需考虑后续网站推广的需求。如果等到网站上线才发现问题,再考虑优化网站设计等影响网站推广的因素,就既浪费资源,又贻误推广时机。因此,企业在网站建设阶段就应开始重视网站推广问题,无论是自行开发,还是外包给专业服务商开发,都应安排具有网络营销意识的专业人员进行统筹协调,保证网站的高要求,包括网站的视觉效果设计、网站功能应用以及网站运行的稳定性等。

(2) 网站发布初期。网站发布初期开始于网站上线并正式对外推广,为了在短时期内获得明显的推广成效,企业的推广预算往往比较充裕,通常会加大推广力度。同时在这个阶段,企业的产品推广和销售促进通常居于次要目的,网站推广的主要目的是引起消费者对该网站的注意,提升网站的知名度和影响力,起到引流拉新的作用。但需要注意的是，在网站发布初期，营销者缺乏必要的统计分析资料和经验，这会导致此阶段的推广活动具有一定的盲目性。因此，营销者应该尽可能尝试应用各种网络营销方法，通过对比营销效果，找到合适的、有效的方法。当然，营销者还要注意合理利用营销预算，因为有些网络营销方法是否有效，营销者对此可能没有很大的把握，初期过多的投入可能导致后期推广资金的缺乏。

（3）网站增长期。经过网站发布初期的推广，网站拥有了一定的访问量，并且访问量仍在快速增长中。与网站初期的推广具有一定的盲目性相比，营销者尝试了多种营销方法，具有一定的经验，同时网站访问量的持续增长，为营销者提供了丰富的消费者行为数据，此时应该利用好数据统计分析工具，从中找到有价值的信息，并在网站增长期继续保持网站推广的力度，通过有效、合适的营销方法有针对性地推广网站。另外，在该阶段，很多消费者已从认知网站过渡到认可网站，如果消费者认可网站价值，这些消费者就会成为网站的老消费者，并重复访问网站获得信息和服务。此时，应注重维护客户关系，针对新消费者和老消费者提供差异化的服务，对网站及其提供的产品和服务进行针对性的推广。

（4）网站稳定期。网站从正式上线到进入稳定发展阶段，一般需要半年到一年甚至更长的时间。在该阶段，网站的访问量增长速度减慢，常规的、单一的推广方法不利于访问量的增长，而此时网站推广工作的重心也从单纯的网站推介向注重消费者的价值转换，访问量是获得收益的基本条件，但仅有访问量是不够的，其重点应当是由培养新消费者转换到维护老消费者，以及对网站推广效果的监控和管理。但进入网站稳定期，并不意味着网站推介工作的结束。事实上，企业在网站发布初期投入的用于网站推广的一些年度费用在持续发生作用，如果在网站稳定期，访问量没有维持在历史较高水平，甚至出现大量下滑，那么营销者就需要根据统计数据找出问题，并调整网站推广策略，以期进入新的增长期。

3. 网站推广策划的内容

与其他网络营销活动策划相比，网站推广策划相对简单，比较单一。一般情况下，网站推广策划主要包括以下内容。

（1）环境分析。任何网络营销策划都应该对自身与竞争对手进行分析，因此环境分析包括企业网站现状分析和竞争对手网站推广分析两方面的内容。企业网站现状分析主要是统计企业网站的流量数据（包括访客数；消费者来源途径统计，如直接访问、付费推广引流进入、外部平台引流进入；消费者地区分析；网站内搜索关键词分析；不同流量时段）、网站运用技术和设计分析、网站页面内容优化分析、转化指标分析等，以便了解企业网站推广的过程中存在的问题。竞争对手网站推广分析主要是分析竞争对手的网站推广现状、使用的推广方法和媒介、搜索引擎收录情况、链接情况、访客数等。

（2）网站推广SWOT分析。网站推广SWOT分析包括分析企业自身和网站的优劣势，以及面临的外部机会与威胁，明确推广的重点。

（3）明确网站推广的目标消费者。明确网站推广的目标消费者包括分析目标消费者群体，明确目标消费者的特征，如年龄、性别、教育水平、收入水平、兴趣爱好、购物偏好、页面浏览习惯等,以及明确目标消费者集中的网络平台。

(4)设定网站推广的阶段性目标。明确具体的阶段性目标,包括明确每个阶段的访客数、消费者注册数、外部链接完成量、各搜索引擎收录情况、关键词数量及各搜索引擎排名情况、网站推广的转化情况等。

(5)选择网站推广的方法。网站推广的方法主要有搜索引擎营销、微信营销、社群营销等。分析每一种网站推广方法的优劣、效果以及确定具体实施方案。

(6)工作进度及人员安排。依据网站推广的实施方案制作详细的计划进度表,控制方案执行的进程,对推广活动流程进行详细罗列,安排具体的人员负责落实,确保方案得到有效执行。

(7)确认网络广告预算。企业要通过规划控制让广告费用发挥较大的推广效果,定期分析优化账户结构,减少资金浪费,优化推广效果,使推广效果达到最大化。

(8)效果评估监测。利用监测工具对网站数据进行跟踪统计分析,可以帮助企业及时调整推广策略,并对每个阶段进行效果评估。

(9)风险预案。市场环境并非一成不变的,提前制订风险防控方案,当市场变化时,实时调整、优化网站推广方案,使网站推广达到预期效果。

▶▶ 想一想

为自己家乡的特色产品网站设计一个网站推广方案。

4. 网站推广策划效果评估

利用相关监测工具或营销工具,可以使网站推广策划效果评估变得方便和容易。由于消费者的行为可追踪检测,通过海量数据和对消费者行为的分析,企业(或通过第三方广告平台)能够及时了解网站推广的效果及促进销售的效果,并据此优化推广策略,使推广活动可以精准地触达目标消费群体。

监测和评估网站推广的最终效果,主要有以下三类指标。

(1)流量指标。流量指标是用于描述网站的展现情况和到达情况的主要指标,可以反映网站推广的覆盖情况和网站内容对消费者的吸引力。流量指标主要是网站消费者注册量页面浏览量(PV),消费者访问网站时每打开一个页面算作1次页面浏览,消费者多次打开同一个页面,浏览量也将累计访问次数,一般指一定时间内消费者访问网站的次数,如果访客连续30分钟内没有重新打开或刷新网页,则当访客下次访问网站时,访问次数累计访客数(UV),指一天内网站的独立访客数,同一个访客多次访问网站只算作1个访客。页面浏览量是从页面角度衡量加载次数的统计指标,访问次数则是从访客角度衡量访问的分析指标。如果网站的消费者黏性足够好,同一个消费者一天中多次登录网站,那么访问次数就会明显多于访客数。

(2)互动指标。互动指标用于描述消费者的参与程度,可以反映网站推广的精准度和网站内容的质量优劣。常用的互动指标有跳失率，是指消费者只访问了一个页面就离开的访问次数占该页面总访问次数的比例，跳失率越低说明流量质量越好，消费者忠诚度越高；平均访问时长，指消费者访问网站的平均停留时间，平均访问时长＝总访问时长/访问次数；平均访问页数，指消费者访问网站的平均浏览页数，平均访问页数＝浏览量/访问次数。平均访问时长和平均访问页数都是衡量消费者体验的重要指标。另外，还包括点赞、关注、评论、转发等互动指标。

（3）转化指标。转化指标能直接反映企业期望达到的推广目的和效果，以及推广活动为企业带来的收益情况。主要的转化指标包括转化参数（指消费者到达转化目标页面或完成网站运营者期望其完成动作的次数）和转化率（访问转化的效率，是转化次数与访问次数的比值）。

案例 7-2　某网站的推广计划

某公司生产和销售定制饰品，为此需要建立一个网站来宣传公司产品，并且该网站具备了网上交易的功能。该公司将网站第一个推广年度分为四个阶段：网站策划建设阶段、网站发布初期、网站增长期、网站稳定期。每个阶段 3 个月左右。

该网站制订的推广计划主要包括下列内容。

（1）网站推广目标。在网站发布 1 年后达到每天独立访问消费者 10 000 人，注册消费者 3 000 人。

（2）网站策划建设阶段的推广。从网站正式上线前开始做好推广准备，在网站建设过程中从网站结构、内容等方面对百度、谷歌、360 等搜索引擎进行优化设计。

（3）网站发布初期的基本推广手段。登录 5 个主要搜索引擎和分类目录（列出计划登录网站的名单），购买 2~3 个网络实名（网络实名帮助消费者用现实世界中企业、产品、商标等的名字，通过搜索引擎输入网络实名就能快速地找到企业、产品信息，无须使用复杂的域名、网址，也不必在搜索引擎成千上万的结果中反复查找），与部分合作伙伴交换网站链接。另外，配合公司其他营销活动，在部分媒体和行业网站上发布新闻。

（4）网站增长期的推广。网站有一定访问量之后，为继续保持网站访问量的增长和品牌提升，在相关行业网站投放网络广告（包括计划投放广告的网站及栏目选择、广告形式等），在若干相关专业电子刊物投放广告；与部分合作伙伴互换资源。

（5）网站稳定期的推广。结合公司新产品促销，不定期发送在线优惠券参与行业内的排行评比等活动，以期获得新闻价值；在条件成熟的情况下，建设一个中立的与企业核心产品相关的行业信息类网站来进行辅助推广。

（6）推广效果的评价。跟踪网站推广措施的效果，定期统计分析网站流量，必要时与专业网络顾问机构合作进行网络营销诊断，改进或者取消效果不佳的推广手段，在效果明显的推广策略方面加大投入比重。

上述案例是一个简化版的网站推广计划，仅列出了部分重要的推广内容。不过，从这个简单的网站推广计划中，可以得出以下六个基本结论：第一，制订网站推广计划有助于网站推广工作有序进行。第二,网站推广是在网站正式发布之前就已经开始进行的,尤其是针对搜索引擎的优化工作。第三,网站推广的基本方法对于大部分网站都是适用的,同时,不同阶段需要采用不同的推广方法。第四,网站推广不是孤立的,需要与其他网络营销活动相结合。第五,网站进入稳定期之后,推广工作并未结束,由于进一步提高访问量有较大难度,需要采用一些更好的推广策略,如上述案例中建设一个行业信息类网站的计划。第六,网站推广不能盲目进行,需要进行效果跟踪和控制。

7.2.3 节日营销策划

节日是消费者购物的高峰期,也是企业间争夺的关键消费时间点。依靠节日营销策划带动企业产品销售的经济活动也叫作节日经济,具有消费者集中、消费集中、能带动市场和经济发展的特点,是目前非常流行的一种经济模式。因此,很多企业都会借助节日热点,策划节日营销,促进产品销售。

1. 了解节日营销的优势

节日通常是人们为了纪念某种民俗文化或适应某种需要而共同创造的重要日子。节日有非常高的热度和流量,企业策划节日营销的主要目的是借助节日的热度来进行产品销售或品牌曝光。节日营销的优势主要有以下三点。

(1)仪式感强。节日期间,消费者有一种仪式感,大多数人会做一些有仪式感的事情来放松身心,让自己暂时从繁忙的工作、生活中抽离出来,享受节日所带来的轻松、愉快的氛围。因此,企业可以凭借这种仪式感快速吸引消费者,使消费者参与到节日活动中,从而产生消费行为。

(2)流量聚集。节日天然的热度和流量属性使其能够轻松获得消费者的注意,并能快速将其注意力聚集到活动主题上,在短时间内形成流量高峰,营造出一种热闹非凡、供不应求的景象,给企业带来大量的人气,同时也能促使消费者更加快速地执行购买决策,提升产品销量。

(3)情感共鸣。随着经济水平与物质生活水平的提高,消费者的消费观念也发生了变化,越来越重视精神需求。节日有着较为丰富的情感和文化内涵,营销者通过节日营销策划能够很好地将这种情感和文化内涵与产品结合起来并传递给消费者,引起消费者的共鸣,建立起消费者对品牌的归属感和信任感。

2. 明确节日营销策划的时间节点

策划节日营销需要先明确节日的时间。目前我国的节日有很多,可以大致分为传统节日和新兴节日两类。

(1)传统节日。传统节日是历史文化长期积淀下来的产物,形式多样,内容丰富,蕴含着深厚的文化内涵。以 2023 年阳历时间为例,表 7-2 所示为网络营销活动中较为常见的传统节日一览表。

表 7-2 网络营销活动中较为常见的传统节日一览表

日期	节日	主题
1月1日	元旦节	新的一年的第一天，家人团聚欢庆
1月21日	除夕	时值年尾的最后一个晚上，是除旧布新、阖家团圆、祭祀祖先的日子
1月22日	春节	极富特色的传统节日，是集祭祖祈福、亲朋团圆、欢庆娱乐和饮食于一体的民俗大节
2月5日	元宵节	吃汤圆，象征着家庭像月圆一样团圆，寄托着人们对未来生活的美好愿望
3月8日	妇女节	代表着对平等女权的呼吁和对女性的尊重。"女神节""女王节"等，是当下更多人对妇女节带有祝福和崇敬的一种称呼
3月12日	植树节	以植树造林为活动内容的节日，倡导和鼓励人们种植树木、爱护树木、重视树木
4月5日	清明节	清明节是中国最重要的传统节日之一，是人们祭奠祖先、缅怀先烈的节日。扫墓祭祖与踏青郊游是清明节的两大礼俗主题
5月1日	劳动节	劳动是没有体力和脑力之分的，每一个辛勤劳动的人都值得尊敬。劳动节是赞美和歌颂劳动人民的节日
5月4日	五四青年节	五四青年节包含着两层含义：一是纪念"五四运动"；二是作为青年的节日。其象征意义主要是对国家命运的担当、对社会问题的激情破解、对各行各业的唤醒与创造
6月1日	儿童节	提醒我们未来的每一天，时刻都要守护孩子的安全、健康、儿童受教育权，也是儿童欢庆的日子
6月22日	端午节	吃粽子，赛龙舟，挂艾草，纪念屈原，是祭祖、祈求丰收的重要传统节日
8月22日	七夕节	有向往爱情、祈愿的寓意，体现了人们对理想爱情的向往和追求
9月10日	教师节	旨在肯定教师为教育事业所做的贡献，显示对教师劳动的尊重，是赞美和歌颂教师的节日
9月29日	中秋节	赏月，吃月饼，玩花灯，寓意家庭团圆幸福，是重要的传统节日
10月1日	国庆节	是纪念国家本身的法定假日，通常是这个国家的独立宪法的签署、元首诞辰或其他有重大纪念意义的周年纪念日
10月23日	重阳节	倡导人们敬老、爱老，表达人们希望生命长久的美好愿望

（2）新兴节日。在网络快速发展与年轻消费者引领的网络潮流的社会背景下，衍生出越来越多的网络新兴节日，如"5·17吃货节""3·7女生节""5·20网络情人节"等。这些节日体现了年轻人的个性和兴趣，是非常具有代表性的新兴节日。除此之外，各大商家和企业为了营造节日氛围，增加促销感，也纷纷开始设立品牌节、活动节，如淘宝"11·11网上购物节""京东6·18店庆日"等。这些节日随着网络的发展和消费群体需求的变化而发生变化。另外，从西方国家引入的情人节（圣瓦伦丁节）、母亲节、父亲节也可以被归于新兴节日，这些节日都受到了消费者和企业的重视。

3. 节日营销策划的要点

策划者要想策划出具有吸引力的节日营销活动，需要掌握节日营销策划的要点，主要包括找到节日与产品的契合点、明确节日营销的输出形式等。

1）找到节日与产品的契合点

节日营销的目的是销售产品，首先要找到节日与产品之间的契合点。例如，情人节或七夕节等象征爱情、美好的节日，可以选择鲜花、巧克力等能够表达这些含义的产品。策划者要想寻找到节日与产品的契合点并将产品与节日关联起来，可以使用分解法，包括以下三个步骤。

（1）节日分析。每一个节日都有特殊的意义，策划者在策划节日营销活动前应该充分了解节日的起源、内涵、目标消费群体等，将节日可能涉及的内容一一列举出来。

（2）产品特点分析。产品是节日营销的对象，想让消费者对产品感兴趣，就要在开展节日营销活动前对产品进行分析，将产品的功能、卖点、需求、目标消费群体等信息一一列举出来，与节日信息进行匹配。

（3）找到节日与产品的关联。将前面两个步骤中整理出来的信息进行匹配，挑选出具有关联性的内容，通过内容包装与策划将节日与产品关联起来，引导消费者由节日联想到产品，强化消费者对产品的认知，引起消费者的购买兴趣，为产品带来实际转化。

▶▶ 想一想

选择学校附近的一家实体店，为其策划节日营销活动。

_____
_____

2）明确节日营销的输出形式

节日营销的输出形式主要有以下两种。

（1）生产和分发内容。生产和分发内容，即通过内容创作与传播来发布节日营销信息，其目的是告知消费者节日营销活动的存在，以更好地触达目标消费群体。内容生产的平台有很多，策划者可通过微博、微信、社群等平台进行节日营销内容创作与传播，但要注意选择与目标消费群体匹配度较高的、消费者流量较大的平台，并在平台定位的基础上开展节日营销内容的创作，这样才能取得预期的效果。

（2）节日活动策划。节日活动根据举办方式的不同，可以分为自有活动和联合活动两种类型。自有活动是指活动的策划筹备、资源供给、执行落地等所有环节都由活动的主办方自行主导，主要依靠的是主办方自身的实力和资源。联合活动是指主办方联合第三方开展活动。活动主办方主要提供物质（服务）资源，活动合作方主要负责提供流量资源。在开展节日活动时，策划者可以将活动委托给有一定实力的第三方，减轻企业的负担。自有活动注重已有消费者的激活和消费转化，联合活动注重新客户的获取。策划者在策划节日营销输出形式时，应综合考虑两者或选择与当前营销目的更加匹配的方式。

案例 7-3 ▶ 思念食品的端午节节日营销

思念食品有限公司是国内大型专业速冻食品生产企业，产品超过 200 个品种，国内市场占有率在 20% 以上，思念牌的汤圆、饺子获得"中国名牌"称号。

思念食品曾在端午节期间策划了一场"思念就是家的味道"的节日营销。"思念"是人们的一种普遍情结，人们的思乡、思亲之情在佳节时尤其浓厚。思念食品在端午节用一语双关的手法以"思念就是家的味道"为主题与大众沟通，应时应情。

思念食品端午节节日营销策划主要分为以下两个阶段。

第一阶段，思念食品借助微博，以"家的味道是什么"为核心，制造悬念，调动网友展开有关家与家人的动情讨论。随后，思念食品对"家的味道是什么"进行解密。围绕"思念就是家的味道"这一主题，思念食品携手抖音美食与情感达人推出短视频，展示粽子的花样吃法，畅聊端午回忆，用网友的美食勾起食欲、强势"种草"；用情感唤醒网友的温暖感受、达成共鸣。同时，也基于微博持续传播"思念就是家的味道"。该阶段，思念食品以品牌官方账号为中心，借助 KOL 在传播中的关键节点作用，通过与网友互动强化端午情感氛围，为思念食品端午节节日营销后续传播预热。

随着端午临近，思念食品顺势进一步解密，围绕"为什么思念就是家的味道"推出品牌广告，开启第二阶段的传播。广告时长 4 分钟，短片洞察普通大众的真实生活。短片中，三位主人翁午休时在茶水间闲聊端午和家人相处的趣事，长辈虽然闹出了各种令晚辈哭笑不得的事件，但无一不表达出他们对孩子的疼爱与关怀。同时，短片中出现了粽子、香囊和咸鸭蛋这些经典的端午符号，成为家人表达思念的载体，贴近生活的表达使网友产生了强烈的情感共鸣，背后是对"思念就是家的味道"的认可，这也使短片在各个社会化媒体平台上得到广泛传播。

思念食品长期专注于中华传统美食，其主营产品是传统节日中大众喜爱的粽子、汤圆等特色食物。思念的品牌名使其具有天然的情感表达优势，因此，它能够借助传统节日的热度，巧妙地提出"思念就是家的味道"，将品牌与家庭场景、节日记忆关联，让思念食品的产品成为家庭生活的重要参与者。

课堂实训

为自己的学校网站设计推广方案，提高学校知名度。

项目实训

1. 实训目的

为某高端定位的酸奶品牌进行品牌形象推广策划，将其高品质、高品位、高标准的形象传递给消费者。

2. 实训内容

（1）为某高端定位的酸奶品牌塑造鲜明的消费者品牌认知，并进行品牌定位。

（2）进行品牌形象与传播的策划。

3. 实训要求

请以小组为单位，完成实训作业《××企业（产品）网络品牌形象推广策划书》。

复盘反思

经过本项目的实施和相关知识点的学习,对比自己总结的内容与知识讲解部分的内容是否契合,并填写表 7-3,完成项目评测,进行复盘反思。

表 7-3 本项目复盘反思表

姓名		班级	
学号		日期	
知识盘点	通过对本项目的学习,你掌握了哪些知识? 请画出思维导图:		
任务自评	☐优秀	优秀之处:	
	☐良好	待改进之处:	
	☐较差	不足之处:	
任务完成情况	☐熟练掌握,可综合运用	☐有所了解,可总结知识点	

项目评价

经过本项目的分组实训演练,按实训项目评价指标进行学生自评与小组成员互评(按优秀为5分、好为4分、一般为3分、合格为2分、不合格为1分五个等级评价),并填写表7-4,完成实训项目评测,最后教师给出综合评价。

表7-4 本项目综合评价表

	评 价 指 标	得分
自评	团队合作精神和协作能力:能与小组成员合作完成项目	
	交流沟通能力:能良好表达自己的观点,善于倾听他人的观点	
	信息素养和学习能力:善于收集整合资源,借鉴优秀思考方向	
	独立思考和创新能力:能提出新的想法、建议和策略	
组员1评价	团队合作精神和协作能力:能与小组成员合作完成项目	
	交流沟通能力:能良好表达自己的观点,善于倾听他人的观点	
	信息素养和学习能力:善于收集整合资源,借鉴优秀思考方向	
	独立思考和创新能力:能提出新的想法、建议和策略	
组员2评价	团队合作精神和协作能力:能与小组成员合作完成项目	
	交流沟通能力:能良好表达自己的观点,善于倾听他人的观点	
	信息素养和学习能力:善于收集整合资源,借鉴优秀思考方向	
	独立思考和创新能力:能提出新的想法、建议和策略	
组员3评价	团队合作精神和协作能力:能与小组成员合作完成项目	
	交流沟通能力:能良好表达自己的观点,善于倾听他人的观点	
	信息素养和学习能力:善于收集整合资源,借鉴优秀思考方向	
	独立思考和创新能力:能提出新的想法、建议和策略	
教师综合评价	优秀之处	
	不足之处	

项目 8
网络营销效果评估与优化

 **学习目标**

知识目标	• 了解网络营销效果评估的基本概念、作用 • 掌握网络营销效果评估指标 • 了解网络营销效果优化的几种不同方法
能力目标	运用网络营销效果评估与优化的相关知识分析问题、解决问题
素养目标	形成全面的网络营销数据分析意识,提升营销者理性思辨能力

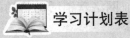 **学习计划表**

根据表 8-1,对本项目的学习进行合理规划。

表 8-1 本项目学习计划表

项 目		网络营销效果评估	网络营销效果优化
课前预习	预习时间		
	预习结果	1. 难易程度 □偏易(即读即懂) □偏难(需查资料) 2. 问题总结	□适中(需要思考) □难(不易理解)
课后复习	复习时间		
	复习结果	1. 掌握程度 □精通 □掌握 2. 疑点、难点归纳	□熟悉 □了解

 **项目导读**

互联网时代也是大数据时代,任何形式的网络营销都需要数据的支撑才能更好地挖掘用户需求、制订运营计划,以及发现运营过程中出现的问题并改正错误,更好地实现运营的最终目的。运营人员也可在数据分析的过程中发现隐藏的商机,先发制人,占据市场优势。

 项目讲解

8.1 网络营销效果评估

网络营销效果评估是对网络营销工作有效性的衡量，是对网络营销工作的总结与梳理，也是网络营销工作进一步开展的依据，是网络营销活动的重要环节之一。网络营销效果评估是一项系统性工作，关系到企业网络营销策略的制定和调整，有效地开展网络营销效果评估有利于促进企业及时调整网络营销策略。

8.1.1 认识网络营销效果评估

随着网络营销的普及，企业对于网络营销的效果也需要进行综合评估，以便进一步促进企业网络营销活动的开展。所谓网络营销效果评估，是指开展网络营销的企业通过建立一定的评估指标体系，以达到总结和促进企业网络营销活动目的的过程。

网络营销效果评估是随着网络营销的大量展开而逐渐兴起的。虽然各网站采取的评估方法各不相同，制定的评估标准也不一致，但这并没有影响网络营销效果评估的进一步发展。网络营销效果评估结果的价值正日益体现出来。

1. 网络营销效果评估的作用

网络营销效果评估对于正确认识企业网络营销的效果，及时纠正和调整企业网络营销策略具有重要作用。

（1）为网络营销工作奠定基础。企业开展的网络营销活动是否达到了经营目标、营销活动实施的目标，其中哪些营销环节需要改进和巩固，都依赖于企业对网络营销活动的评估。只有对已有的网络营销措施进行正确评估，才能不断改进企业的工作环节，企业的管理者才能了解他们所使用的策略和方法是否适应企业自身的发展，更好地指导企业网络营销未来的发展。

（2）改善企业的营销战略。网络营销作为企业营销战略中的一个组成部分，它的改善直接有利于企业营销策略的整合。同时，通过网络营销的评估和管理，企业可以获得传统市场营销方式无法获得的信息和经验。因此，网络营销的评估过程不仅可以改善企业整个营销策略的整合调整，而且能够促进企业整个营销活动的顺利开展。

（3）提高企业的服务水平。进行网络营销效果评估需要大量收集消费者的原始数据信息，这些数据信息直接反映了消费者的意愿，对于企业如何开展下一步的营销活动，提升企业的服务水平，具有很高的参考价值，因此，开展网络营销效果评估可以在很大程度上提高企业的整体服务水平。

▶▶ **想一想**

网络营销效果评估对企业发展会产生哪些作用?

_____

_____

2. 网络营销效果评估的要求

网络营销效果评估不是一蹴而就的,而是需要在实践中不断地摸索和改进的,因此,开展网络营销效果评估时,应满足以下四个方面的要求。

(1) 网络营销效果评估必须紧扣企业的经营战略。战略是实现目标的最终手段,网络营销评估指标应与制定战略的工作紧密结合起来,这样整个企业才能明确什么样的网络营销效果才算是成功的经营。需要注意四点:一是把企业的目标、战略、电子商务模式用可以量化的指标表示出来,比如有些网络营销的目标是吸引访问者浏览网站以销售广告,将浏览者转变为购买商品或服务的客户,培养客户忠诚度;二是绩效考核指标要清晰易懂、可操作,要方便员工了解,并依照这些指标进行决策;三是考核指标要可望又可即;四是考核指标与员工绩效激励挂钩。

(2) 网络营销效果评估必须紧密结合企业的实际情况,根据企业在网络营销活动中出现的实际问题来开展,特别是针对不同评估对象的具体特点来选择相应的指标体系和评估模型。其中建立网络营销效果评估指标体系是网络营销效果评估的基础和关键。

(3) 网络营销效果评估需要全面考察企业的经营状况,既要涉及企业以前的营销活动,又要考虑网络营销活动对企业未来发展的影响。在选择评估指标时,既要包括销售利润率、资产负债率等方面,又要包括企业美誉度、品牌增值度等方面。同时,评估指标根据实际情况,既可以是定性描述,也可以是定量评估。此外,由于网络营销效果评估对象的复杂性,网络营销效果评估应作为一个系统来研究。

(4) 网络营销效果评估需要企业的全员参与,即评估小组成员需要包括不同部门的专家和决策者,以便对不同层次的目标或不同指标提供丰富的信息和经验。同时,无论采用何种评估方法,评估专家的意见一定要保证评估结果的客观性、准确性和科学性,因此,要合理地选择评估专家。

▶▶ **想一想**

为什么要进行网络营销效果评估?

_____

_____

3. 网络营销效果评估的原则

网站类型的不同以及企业评估网络营销的角度和目的的不同,导致网络营销效果评估的目标不同,因此网络营销效果评估的指标也会有所不同,但是网络营销效果评估必须都要遵循相同的原则。

(1) 目的性原则。无论网络营销效果评估建立得多么复杂或简单，其目的都必须是能客观、准确地反映网络营销的综合效果，以便为企业提供有用的决策信息。当然，不同的目的决定了提供信息的可用程度也不相同，但是，必须从企业的实际目标出发，从不同目标出发设计相应的评估指标体系，即遵循目的性原则。

(2) 系统性原则。网络营销效果评估应该能够完整地、多层次地反映企业网络营销的效果，做到不遗不漏。这样就要求网络营销效果评估中不但要有纵向比较，也要有横向比较，因此，企业需要从整体发展的角度来设计网络营销效果评估指标，遵循系统性原则。

(3) 科学性原则。对网络营销的评估必须本着科学的态度，保证收集的被评估对象资料数据具有客观性、真实性，使网络营销效果评估能够客观、准确地反映企业网络营销的实际情况，帮助企业通过网络营销效果评估分析、发现自身存在的不足和获得的成绩，为进一步完善网络营销策略提供依据。

(4) 简洁明确原则。网络营销效果评估是一个复杂的系统工程，但是在设计网络营销效果评估指标时，一定要遵循指标简洁明确的原则，使评估能够易于理解，便于计算和考核，防止出现纷繁复杂的指标体系，简化评估过程，促进评估工作顺利、快速地开展。

(5) 实用性原则。网络营销效果评估指标体系在建立的过程中，一定要选择注重企业网络营销的评估方式，即本着实用性原则来选择评估方式，避免把一些太理想化而不符合实际的评估方式选入评估体系。这样既有利于真实客观地反映企业的网络营销效果，也能够保证网络营销效果评估具有明确含义，在实际应用中易于操作，切实可行。

(6) 定量与定性相结合原则。在建立网络营销效果评估指标体系时，要积极采用定量方式，能定量的绝不采取定性方式，以便更加准确、科学、直观地考核网络营销效果。但这并不意味着否定定性评估的作用，在不能采用定量评估的情况下，也应该辅之以定性评估，以确保评估结果的全面、客观和真实。

8.1.2 分析网络营销评估指标

信息流、物流和资金流三大平台是网络营销的三个最为重要的平台。而网络营销信息系统最核心的能力是大数据能力，包括大数据处理、大数据分析和大数据挖掘能力。无论是电商平台还是在电子商务平台上销售产品的商家，都需要具备大数据分析的能力。越成熟的电商平台，越需要通过大数据能力驱动网络营销运营的精细化，更好地提升运营效果，提升业绩。构建系统的网络营销效果评估指标体系是电子商务平台及商家精细化运营的重要前提，以下将重点介绍网络营销效果评估指标体系。

> **素质培养**
>
> 网络营销效果评估人员应拥有用数据分析缘由、明辨是非的意识；勿编造数据，强调数据的真实性、可靠性，增强诚信意识；养成尊重数据、务实严谨的工作态度。

网络营销效果评估指标体系分为八大类指标，包括总体运营类指标、网站流量类指标、销售转化率类指标、客户价值类指标、商品及供应链类指标、营销活动类指标、风险控制类指标和市场竞争类指标，不同类别指标对应网络营销运营的不同环节。

▶▶ **想一想**

搜索可供免费使用的大数据分析工具。

1. 总体运营类指标

总体运营类指标主要是面向电子商务平台及网络商家的运营人员，用以评估电子商务平台及网络商家运营的整体效果。总体运营类指标包括以下四个方面的指标。

1）流量类指标

（1）浏览量（PV）：店铺或商品详情页被访问的次数，一个人在统计时间内访问多次记为多次。所有终端的浏览量等于 PC 端浏览量和无线端浏览量之和。

① PC 端浏览量：店铺或商品详情页在 PC 浏览器上被访问的次数，一个人在统计时间内访问多次记为多次。

② 无线端浏览量：店铺或商品详情页在无线设备（手机或 Pad）的浏览器上被访问的次数，称为无线 wap 的浏览量；在无线设备的 App 上被访问的次数，称为无线 App 浏览量。无线端浏览量等于无线 wap 和无线 App 浏览量之和。

（2）访客数（UV）：店铺页面或商品详情页被访问的去重人数，一个人在统计时间内访问多次只记为一个。所有终端访客数为 PC 端访客数和无线端访客数相加去重。

① PC 端访客数：店铺或商品详情页在计算机浏览器上被访问的去重人数，一个人在统计时间范围内访问多次只记为一个。

② 无线端访客数：店铺或商品详情页在无线设备（手机或 Pad）的浏览器上，或者在无线设备的 App 上被访问的去重人数，记为无线端访客数。如果通过浏览器和通过 App 访问的是同一人，无线端访客数记为一个。

③ 人均浏览量：浏览量 / 访客数。

2）订单产生效率指标

（1）总订单数量：访客完成网上下单的订单数之和。

（2）下单转化率：统计时间内，下单买家数 / 访客数，即来访客户转化为下单买家的比例。

3）总体销售业绩指标

（1）网站成交额（GMV）：电商成交金额，即只要网民下单，生成订单号，便可以计算在 GMV 里面。

（2）支付金额：买家拍下后通过支付宝支付的金额，未剔除事后退款金额，预售阶段付款在付清当天才计入。所有终端的支付金额为 PC 端支付金额和无线端支付金额之和。

（3）PC端支付金额：买家在PC上拍下后，在统计时间范围内完成付款的支付宝金额，未剔除事后退款金额，预售分阶段付款在付清当天才计入。特别说明：支付渠道不论是PC还是手机，拍下为PC，就将后续的支付金额计入PC端。

（4）无线端支付金额：买家在无线终端上拍下后，在统计时间范围内完成付款的支付宝金额，未剔除事后退款金额，预售分阶段付款在付清当天才计入。特别说明：支付渠道不论是PC还是手机，拍下为手机或Pad，就将后续的支付金额计入无线端。

> **小提示**
> 无论这个订单最终是否成交，有些订单下单未付款或取消，都算GMV，支付金额一般只指实际成交金额，所以，GMV的数字一般比销售金额大。

（5）客单价：统计时间内，支付金额/支付买家数，即平均每个支付买家的支付金额。

4）整体指标

（1）销售毛利：销售毛利是指销售收入与成本的差值。销售毛利中只扣除了商品原始成本，不扣除没有计入成本的期间费用（管理费用、财务费用、营业费用）。

（2）毛利率：毛利率是指衡量电商企业盈利能力的指标，是销售毛利与销售收入的比值。如京东的2022年毛利率连续四个季度稳步上升，从第一季度的10.0%上升至第四季度的12.7%，体现出京东盈利能力的提升。

2. 网站流量类指标

1）流量规模类指标

常用的流量规模类指标包括浏览量（PV）和访客数（UV），相应的指标定义在总体运营指标中已经描述，在此不再赘述。

2）流量成本类指标

单位访客获取成本是常用的流量成本类指标。该指标指在流量推广中，广告活动产生的投放费用与广告活动带来的独立访客数的比值。单位访客成本最好与平均每个访客带来的收入以及这些访客带来的转化率进行关联分析。若单位访客成本上升，但访客转化率和单位访客收入不变或下降，则很可能流量推广出现了问题，尤其要关注渠道推广的作弊问题。

在此基础上，还可将单位访客获取成本再按推广工具来细分，如直通车单位访客获取成本、钻石展位单位访客获取成本、聚划算单位访客获取成本、淘宝客单位访客获取成本等。因各网络销售平台的流量推广工具众多，在此不再细分，网店可以通过对自身常用推广工具的单位访客获取成本进行比较，从而选择最优的推广工具。

3）流量质量类指标

（1）跳失率：一天内，来访店铺浏览量为1的访客数/店铺总访客数，即访客数中，只有一个浏览量的访客数占比。该值越低表示流量的质量越好。多天的跳失率为各天跳失率的日均值。如果花钱做推广,着陆页的跳失率高,很可能是因为推广渠道选择出现失误,推广渠道目标人群和被推广网站的目标人群不够匹配,导致大部分访客来了访问一次就离开。

(2)人均停留时长:来访店铺的所有访客总的停留时长除以访客数,单位为秒,多天的人均停留时长为各天人均停留时长的日均值。并不是页面访问时长越长越好,要视情况而定。对于电商平台而言,人均停留时长要结合转化率来看,如果人均停留时间长,但转化率低,则页面体验出现问题的可能性很大。

(3)人均浏览量:浏览量/访客数,多天的人均浏览量为各天人均浏览量的日均值。该指标反映的是网站访问黏性。

4)会员类指标

(1)注册会员数:指一定统计周期内的注册会员数量。

(2)活跃会员数:指在一定时期内有消费或登录行为的会员总数。

(3)活跃会员率:指活跃会员占注册会员总数的比重。

(4)会员复购率:指在统计周期内产生两次及两次以上购买的会员占购买会员总数的比重。

(5)会员平均购买次数:指在统计周期内每个会员平均购买的次数,即订单总数/购买用户总数。会员复购率高的电商网站平均购买次数也高。

(6)会员回购率:指上一期期末活跃会员在下一期时间内有购买行为的会员比率。

(7)会员留存率:会员在某段时间内开始访问网站,经过一段时间后,仍然会继续访问网站就被认作留存,这部分会员占当时新增会员的比例就是新会员留存率,这种留存的计算方法按照活跃来计算。另外一种计算留存的方法是按消费来计算,即某段时间的新增消费用户在往后一个时间周期(时间周期可以是日、周、月、季度或半年度)还继续消费的会员比率。留存率一般看新会员留存率,当然也可以看活跃会员留存率。留存率反映的是电商留住会员的能力。

3. 销售转化率类指标

1)收藏夹、购物车类指标

(1)收藏人数:指通过对应渠道进入店铺访问的访客数中,后续有商品收藏行为的人数。对于有多个来源渠道的访客,收藏人数仅归属在该访客当日首次入店的来源中。同一个访客多天有收藏行为,则归属在收藏当天首次入店的来源中,即多天都有收藏行为的收藏人数,多天统计会体现在多个来源中。收藏人数不等同于收藏宝贝和收藏人气等其他指标。

(2)加入购物车人数:指通过相应渠道进入店铺访问的访客数中,后续有商品加入购物车行为的人数。对于有多个来源渠道的访客,加入购物车人数仅归属在该访客当日首次入店的来源。同一个访客多天有加入购物车行为,则归属在加入购物车当天首次入店的来源,即多天都有加入购物车行为的人,多天统计会体现在多个来源中。

(3)加购件数:统计时间内,访客将商品加入购物车的件数的总和。

(4)PC端加购件数:统计时间内,访客通过PC将商品加入购物车的件数的总和。

（5）无线端加购件数：统计时间内，访客通过无线设备（Pad 或手机）将商品加入购物车的件数的总和。

（6）购物车支付转化率：一定周期内，加入购物车商品支付买家数与加入购物车买家数的比值。

2）下单类指标

（1）下单件数：统计时间内，宝贝被买家拍下的累计件数。

（2）下单买家数：统计时间内，拍下宝贝的去重买家人数。一个人拍下多件或多笔，只算一个人。

（3）下单金额：统计时间内，宝贝被买家拍下的累计金额。

（4）下单转化率。

3）支付类指标

（1）支付买家数：统计时间内，完成支付的去重买家人数，预售分阶段付款在付清当天才计入；所有终端支付买家数为 PC 端和无线端支付买家去重人数，即统计时间内，在 PC 端和无线端都对宝贝完成支付，买家数记为 1 个。

（2）PC 端支付买家数：在 PC 上拍下后，统计时间内，完成付款的去重买家人数。特别说明：无论支付渠道是计算机还是手机，拍下为 PC，就将该买家数计入 PC 端支付买家数。

（3）无线端支付买家数：在手机或 Pad 上拍下后，统计时间内，完成付款的去重买家人数。特别说明：不论支付渠道是 PC 还是手机，拍下为手机或 Pad，就将该买家数计入无线端支付买家数。

（4）支付件数：统计时间内，买家完成支付的宝贝数量，如出售手机，16GB 两个，32GB 一个，那么支付件数为 3。

（5）浏览—支付转化率：统计时间内，支付买家数/访客数，即来访客户转化为支付买家的比例。

（6）下单—支付转化率：统计时间内，下单且支付的买家数/下单买家数，即统计时间内下单买家中完成支付的比例。

支付类指标还包括支付金额，相应的指标定义请参照总体运营类指标中的描述。

4. 客户价值类指标

1）客户指标

常见客户指标包括一定统计周期内的累计购买客户数和客单价。客单价是指每一个客户平均购买商品的金额，也即平均交易金额，即成交金额与成交用户数的比值。

2）新客户指标

常见新客户指标包括一定统计周期内的新客户数量、新客户获取成本和新客户客单价。

新客户客单价是指第一次在店铺中产生消费行为的客户所产生的交易额与新客户数量的比值。新客户客单价除了与推广渠道的质量有关，还与电商店铺活动以及关联销售有关。

3）老客户指标

常见老客户指标包括消费频率、最近一次购买时间、消费金额和重复购买率。

（1）消费频率是指客户在一定期间内购买的次数。

（2）最近一次购买时间表示客户最近一次购买的时间离现在有多久。

（3）消费金额是指客户在最近一段时间内购买的金额。消费频率越高、最近一次购买时间离现在越近、消费金额越高的客户越有价值。

（4）重复购买率是指消费者对该品牌产品或者服务的重复购买次数，重复购买率越高，则反映出消费者对品牌的忠诚度越高，反之越低。重复购买率可以按两种口径来统计：第一种，从客户数角度计算，重复购买率指在一定周期内下单次数在两次及两次以上的人数与总下单人数之比，如在一个月内，有100个客户成交，其中有20个是购买两次及两次以上的，则重复购买率为20%；第二种，按交易计算，即重复购买交易次数与总交易次数的比值，如某月内，一共产生了100笔交易，其中有20个人有了二次购买，这20人中的10个人又有了三次购买，则重复购买次数为30次，重复购买率为30%。

5. 商品及供应链类指标

1）产品总数指标（包括SKU、SPU和在线SPU）

（1）SKU是物理上不可分割的最小存货单位。

（2）SPU即Standard Product Unit（标准化产品单元），是商品信息聚合的最小单位，是一组可复用、易检索的标准化信息的集合，该集合描述了一个产品的特性。通俗来讲，属性值、特性相同的商品就可以称为一个SPU。如iPhone 5S是一个SPU，而iPhone 5S的配置16GB版、4G手机、颜色为金色、网络类型为TD-LTE/TD-SCDMA/WCDMA/GSM则是一个SKU。

（3）在线SPU则是指在线商品的SPU数。

2）产品优势性指标

（1）独家产品的收入占比：独家销售的产品收入占总销售收入的比例。

（2）商品动销率：统计时间内，所选终端条件下，店铺整体商品售出率，即支付商品数/店铺在线商品数，PC端商品动销率=PC端支付商品数/店铺在线商品数，无线端商品动销率=无线端支付商品数/店铺在线商品数。动销率越高的商品说明越受用户喜欢。

3）品牌存量指标（包括品牌数和在线品牌数指标）

（1）品牌数指商品的品牌总数量。

（2）在线品牌数则指在线商品的品牌总数量。

4）上架

上架包括上架商品SKU数、上架商品SPU数、上架在线SPU数、上架商品数和上架在线商品数。

5）首发

首发包括首次上架商品数和首次上架在线商品数。

6. 营销活动类指标

1）市场营销活动指标

市场营销活动指标包括新增访问人数、新增注册人数、总访问次数、订单数量、下单转化率及投资回报率（ROI）。

（1）下单转化率是指活动期间，某活动所带来的下单的次数与访问该活动的次数之比。

（2）投资回报率是指某一活动期间，产生的交易金额与活动投放成本金额的比值。

2）广告投放指标

广告投放指标包括新增访问人数、新增注册人数、总访问次数、订单数量、UV 订单转化率、广告投资回报率。

（1）下单转化率是指某广告所带来的下单的次数与访问该活动的次数之比。

（2）广告投资回报率是指某广告产生的交易金额与广告投放成本金额的比值。

7. 风险控制类指标

1）买家评价指标

买家评价指标包括买家评价数、买家评价卖家数、买家评价上传图片数、买家评价率、买家好评率以及买家差评率。

（1）买家评价率是指某段时间参与评价的卖家与该时间段买家数量的比值，是反映用户对评价的参与度。电商网站目前都在积极引导用户评价，以作为其他买家购物时的参考。

（2）买家好评率是指某段时间内好评的买家数量与该时间段买家数量的比值。

（3）买家差评率是指某段时间内差评的买家数量与该时间段买家数量的比值。买家差评率是非常值得关注的指标，需要监控起来，一旦发现买家差评率在加速上升，一定要提高警惕，分析引起差评率上升的原因，及时改进。

2）买家投诉指标

买家投诉指标包括发起投诉（或申诉）、撤销投诉（或申诉）、投诉率（买家投诉人数占买家数量的比例）等。投诉量和投诉率都需要及时监控，以发现问题并及时优化。

3）DSR 动态评分指标

（1）店铺好评率：好评人数 ÷ 总评价人数。

（2）DSR 分值：DSR 评分有三方面数值，但计算是分开独立的，计算公式为

$$DSR 分值 = 总分数 ÷ 总人数$$

（3）信誉点：顾客一单生意中如果有若干笔，每 1 笔好评加 1 分信誉，中评不加分，差评扣 1 分。每月同一个客户最多 5 笔订单评价是有效的。

（4）产品好评率：每一笔成功交易的产品都有好评、中评、差评。

8. 市场竞争类指标

1）市场份额相关指标

市场份额相关指标包括市场占有率、市场扩大率和用户份额。

（1）市场占有率是指电商网站交易额占同期所有同类型电商网站整体交易额的比重。

（2）市场扩大率是指购物网站占有率较上一个统计周期增长的百分比。

（3）用户份额是指购物网站独立访问用户数占同期所有 B2C 购物网站合计独立访问用户数的比例。

2）网站排名

网站排名包括交易额排名和流量排名。

（1）交易额排名是指电商网站交易额在所有同类电商网站中的排名。

（2）流量排名是指电商网站独立访客数量在所有同类电商网站中的排名。

数据化营销分析指标体系涵盖了流量、销售转化率、客户价值、商品类目、营销活动、风控和市场竞争指标。这些指标都需要系统化地进行统计和监控，才能更好地发现电商运营健康度的问题，以及时改进和优化，提高电商收入。

> 课堂实训

请大家模拟新开网店，并确定 1~2 款店内宝贝作为主推产品，为网店运营吸引流量，带动店铺流量和成交做准备。利用行业内的热销宝贝的需求数据、属性及好评数据来分析确定主推宝贝。

8.2 网络营销效果优化

网络营销工作中会产生大量数据，但不同平台、不同形式的数据，其分析方式或统计方法都会有所不同。因此，学习网络营销效果优化，必须先掌握常见的网络营销数据的类别，然后在工作中有针对性地使用。

网络营销常见的数据包括数值型及图文型两种类别。

（1）数值型数据。数值型数据主要由数字组成。通过对大量数字进行统计与分析，可以总结并评估营销效果。常见的数值型数据包括阅读数据、粉丝数据、网店销售数据、网站浏览数据、活动参与数据等。

（2）图文型数据。图文型数据不是由数字构成，而是由文字或图片等形式构成。图文型数据主要通过问卷调查、结构化比较、分析汇总等形式获得，研究目的不是评估量化的数据结果，而是找到运营方向。常见的图文型数据包括网站栏目分类、账号粉丝分类、同行微信公众号自定义菜单归类、消费者反馈、多平台矩阵分布等。

▶▶ **想一想**

以下数据,哪些属于数值型数据,哪些属于图文型数据?
①大众点评网站好评类别;②网站浏览量;③京东店铺月度销售额;④百度知道差评分类;⑤某条微博转发量及点赞量;⑥同行微信公众号选题分类。

网站是网络营销最基本的组成部分之一,现阶段各大主流平台如微博、微信公众平台、今日头条等,本质上都是基于网站而运营的。简单来说,网站是一种沟通工具,运营者可以通过网站来发布资讯或提供网络服务,网民可以访问网站来获取自己需要的资讯或者享受网络服务。如今,网站已经是企业新媒体营销的标配,企业如果期望通过网站销售产品或提升品牌,就必须通过数据驱动网站运营,借助数据了解当前网站的运行状态,通过数据找到影响营销效果的关键因素,使用数据进行下一阶段网站运营计划的评估。

8.2.1 流量数据分析与优化

流量数据分析指的是通过对独立访客数、浏览次数、某时刻在线数、流量趋势等数据进行统计与分析,从中发现流量规律,并将这些规律应用于下一步的网站营销计划中,从而提升网站营销的整体效果。

以网站为例,网络营销流量指的是网站访问量,用来描述访问一个网站的用户数量以及用户所浏览的网页数量等指标。实际上,网站流量分析是站在全局的角度审视网站运营状况,对网站做出宏观的判断与分析。网站流量数据包括趋势变化数据、当前在线数据、独立访问者数量、页面浏览总数、平均浏览数、页面显示次数、文件下载次数等。对运营者而言,经常用到的网站流量分析主要是趋势变化分析、当前在线分析、时段对比分析及无线流量分析。

1. 趋势变化分析

趋势变化分析是指指定时间段内,网站流量的整体走势变化。目前各大网站分析平台都具备流量趋势分析功能,可以选定具体的日期,直接查看流量趋势变化,如图 8-1 所示。

流量变化的走势是网站运营状态的最直观表征。网络运营者可以将本站的浏览次数、IP、独立访客数与同行网站或本公司其他网站进行对比,评估当前的网站水平。

当网络运营团队计划进行搜索引擎广告投放时,对流量趋势变化的监控与分析尤为重要。对于投放广告后有明显的流量变化的时段,可以尝试增加投放力度,以获得更好的营销效果;而对已经推送广告但没有流量的时段,可以考虑暂停该时段的投放。

项目 8 网络营销效果评估与优化

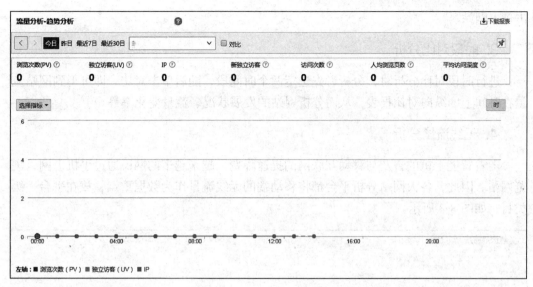

图 8-1 流量分析 - 趋势分析

2. 当前在线分析

当前在线数据即小段时间内的流量数据。运营者可以对网站的运营状态进行实时监控，如图 8-2 所示。

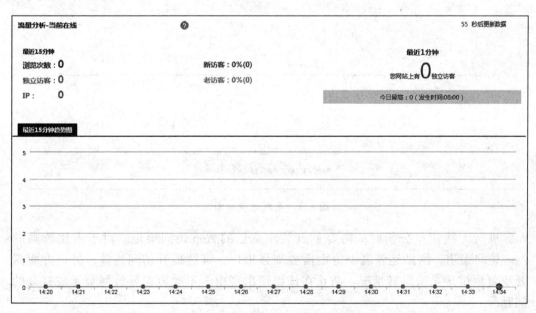

图 8-2 流量分析 - 当前在线

当前在线分析常用于推广活动的效果监控中。在推广活动开始后，通过当前在线分析可知，如果流量有明显的增加，说明网站的推广是有效的；相反，如果当前流量没有任何变化，则需要进行两方面原因的排查：第一，检查推广是否有效接触用户、是否出现"发出微博但仅自己可见"的错误；第二，检查推广链接是否有效、用户是否无法点

215

击进入网站。

3. 时段对比分析

进行时段对比分析时，分析者先选定两个时间段，随后单击对比，即可得到网站流量在时间上的纵向对比报表，从而分析网站的发展状况、流量变化率等。

4. 无线流量分析

随着智能手机的普及与移动互联网的提速降费，越来越多的网民通过手机上网，浏览网站。因此，各大网站分析平台都将移动端的无线流量作为数据重点，放在平台一级类目，如图8-3所示。

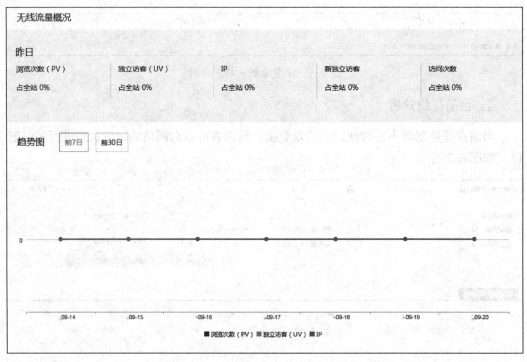

图8-3　无线流量分析

进行无线流量分析时，需要重点关注流量的App访问渠道。对于占比较高的App访问渠道，网站运营者一方面需要加强推广，继续提升访问流量；另一方面需要反复测试该渠道跳转情况，防止在该渠道出现由于不兼容而导致网页无法打开的问题。

8.2.2　访问来源数据分析与优化

访问来源分析，就是将进入网站的所有流量进行统计与分类，得到网站流量的来源分布情况，从而识别有效的推广渠道，并合理规划网站的推广矩阵。

在分析访问来源时，需要重点分析两部分，即来源分类和搜索词。

1. 来源分类分析

进入第三方统计平台，单击"来源分类"或"来源类型"，即可直接获得不同渠道的访问来源分类数据，如图8-4所示。

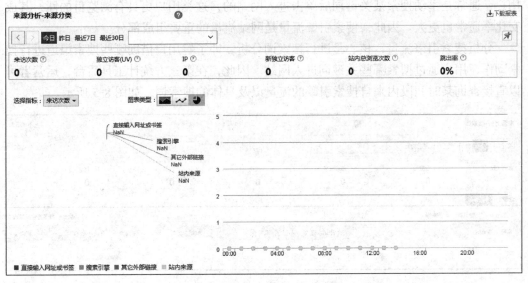

图8-4 来源分析-来源分类

网站的访问来源主要包括直接访问、搜索引擎访问、站内来源访问和外部链接访问四部分。

直接访问指的是用户直接输入网址或单击浏览器收藏夹进入网站；搜索引擎访问指的是用户在百度、谷歌等搜索引擎搜索相关关键词，然后单击进入网站；站内来源访问指的是用户在网页停留超过30分钟后在超时页面上单击某链接对该站继续访问，也可以看作访客的第二次访问开始；外部链接访问指的是用户通过第三方网站（如微博、论坛等）进入网站。

网站访问来源分析的目的，一方面是评估当前的推广效果，另一方面是寻找网站推广的盲区。

（1）评估当前的推广效果。网络运营团队对网站的推广通常不局限于单一渠道，一般会在百度、知乎、微博、豆瓣等多渠道布局。每个阶段的推广效果，可以借助网站访问分析来判断。

（2）寻找网站推广的盲区。在推广网站时，网络运营者通常会做出推广规划并执行，但推广规划毕竟是根据运营者的过往经验制订的，难免出现推广盲区。借助网站来源分析，可以尝试找到网站推广的盲区，并作为后续推广规划改进的参考。

例如，某网络运营团队将外部推广作为网站推广的主要途径，没有在任何搜索引擎主动推广。在推广一个阶段后，通过访问来源分析发现近期有近20%的流量来自搜索引擎访问。因此，网络运营团队在下一阶段，可以尝试主动进行搜索引擎推广，将搜索引擎访问量继续放大。

2. 搜索词分析

搜索引擎是从互联网上收集信息并将信息组织和处理,为用户提供检索服务的系统,目前使用频率较高的搜索引擎包括百度、360搜索、搜狗等。来自搜索引擎的访问用户,通常是主动搜索某关键词后单击进入网站的,这类用户更具有浏览目的性,其成交比率通常也更大。因此,搜索引擎流量是网站流量的重要组成部分。

分析搜索引擎流量,核心是进行搜索词分析,即了解用户借助哪些搜索渠道进行搜索动作、用户通过搜索哪些关键词进入网站。因此,在第三方统计工具后台,运营者可以直接查询某时间段内来自搜索引擎的流量以及具体的搜索词,如图8-5所示。

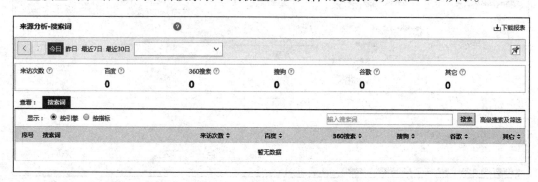

图8-5 来源分析-搜索词

与此同时,可以单击"查看历史趋势",获取该时间段单个搜索词的来访情况。

为了更有针对性地分析搜索词效果,新媒体运营团队需要提前进行关键词规划,有目的地进行搜索引擎关键词布局,包括增加文章内部的关键词密度、向搜索引擎提交网页关键词、进行外链建设等,然后将关键词布局与搜索词进行比较分析,以评估关键词布局执行的有效性。

由于各大搜索引擎的抓取、收录以及页面放出存在的时间差,不能保证关键词布局后马上出现在搜索引擎展示页,因此网络运营团队需要提前规划关键词布局表,在页面发布的第2天到第30天持续关注搜索词数据变化。

8.2.3 受访页面数据分析与优化

对受访页面分析,主要是分析用户在网站内部各页面的浏览与点击情况,从而得出各个页面对用户的友好程度。

用户访问页面时,通常会在感兴趣的页面停留更长时间,单击有吸引力的图片或标题,因此通过受访页面的数据分析,可以为后续的网站内容创作、网站版式更改等工作提供数据化建议。

> **素质培养**
>
> 电商企业应能够在数据分析过程中坚持正确的道德观;具备法律意识,保护商家机密,遵守法律,具有知识产权等相关法律意识。

受访页面的主要分析项目是受访域名、跳出率、访问时长、热点图、用户视点、访问轨迹等,其中应用频率最高的是跳出率分析、访问时长分析及热点图分析。

1. 跳出率分析

跳出率是指仅浏览了一个页面就离开网站的访问（会话）次数占总访问次数的比率。跳出率越高，代表网页对用户的吸引程度越低。因此，为了提升网站的营销效果，运营者需要想方设法降低跳出率。

影响跳出率的因素有两个，包括网页吸引程度和推广精准程度。提高跳出率的方法也应围绕这两个因素进行。

（1）提升网页吸引程度。为了降低跳出率，运营者可以采取的第一类方法是进行网站改版，提高网页的吸引程度。

一般跳出率小于30%的网页，无须改版；跳出率介于30%~80%的网页，可以暂时不动，继续观察；跳出率大于80%的网页需要马上改版。

需要强调的是，只有在数据来源较多的情况下，跳出率分析才有参考价值。当数据来源较少时，一两次点击就会影响整体比例，这种情况下进行的分析将不具备准确的参考性。

例如，单独分析网站1小时内的受访页面数据，部分页面的跳出率为0，但跳出率为0的页面用户仅进入过一次，这一次进入直接影响了该页面的整体数据。

（2）提高推广精准程度。为了降低跳出率，运营者可以采取的第二类方法是进行推广优化，对推广渠道进行排查，剔除不精准的推广渠道，提高推广精准程度。

部分用户之所以跳出网站，不是因为网站吸引程度不高，而是因为用户对该网站内容根本没有需求，例如一个中老年网站如果吸引了大学生流量，由于大学生对于中老年网站没有太大的需求，通常会直接关闭网页，从而提高了网站的跳出率。

▶▶ 想一想

某图书网站进行网站数据分析时，发现有一个页面跳出率在95%以上，因此运营者对该页面的推广渠道进行了排查。对于图书网站，以下哪些推广渠道不是精准用户的来源渠道？

①豆瓣读书；②火车票论坛；③"十点读书"公众号；④书友社群；⑤"王者荣耀"游戏交流群。

2. 访问时长分析

访问时长是指页面访问的关闭时间与开始时间之差。访问时长越长，代表内容对用户越有吸引力。提高访问时长与降低跳出率的方式相似，都是通过改版提升网页吸引程度或者通过优化渠道提高推广精准程度。

3. 热点图分析

热点图是通过使用不同的标志将页面上的区域按照受关注程度加以标注并呈现的

一种分析手段,标注的手段一般采用颜色的深浅、点的疏密以及呈现比重的形式,如图 8-6 所示。

图 8-6 热点图分析

热点图包括点击热点图和注意力热点图两大类。点击热点图是基于光标的点击行为进行采集、分析、呈现的分析形式,而注意力热点图是对人的视觉注意力进行模拟而生成的分析形式。现阶段网站热点图分析,大多指的是点击热点图。

第一次使用热点图,需要在第三方分析工具的后台单击"添加热点图",并填写需要分析的页面网址、页面名称等信息,添加热点图。进行热点图分析时,重点是评估合理性。如某网站在首页右上角设置了广告位,在首页左侧设置了文章阅读区域,随后可通过热点图分析,评估其页面设置是否合理。

8.2.4 访客属性数据分析与优化

访客属性分析是针对来访用户固定属性的数据解读,可以用来了解用户的基本属性,为网站运营提供用户数据支持。

访客属性与网站流量、访问来源、受访页面等分析的最大区别在于固定性,在一个阶段内,访客属性通常不会发生太大的变化,因此访客属性分析无须作为每日数据分析的主要项目,每周或每月分析即可。

访客属性分析主要围绕地区运营商、终端详情、访客忠诚度三个维度进行数据统计与分析,在第三方统计工具后台可以直接单击相关按钮进行查询。

1. 地区运营商分析

单击第三方统计工具的"地区/运营商",即可查看地区与运营商的相关数据。分析者可以直观地进行阶段内用户省份、用户所属网络运营商的监测与分析。

(1)地区分布分析。地区分布分析通常应用于广告投放效果监控,尤其是搜索引擎广告投放。在百度、360搜索等平台投放广告时,一般都可以选择投放地区,而广告投放后的效果可以在地区分布的结果中进行分析。

(2)网络运营商分析。用户上网通常经由不同的运营商接入互联网,因此运营者可以直接分析网站用户的网络运营商情况。

通常各大运营商都有域名黑名单,对非法网站直接屏蔽。如果企业购买了老域名,很有可能该域名已经被运营商屏蔽过。因此,网站运营者发现当日流量缺少来自某运营商的访客时,可以先自行测试;测试结果如果显示来自该运营的用户确实无法登录该网站,则需要第一时间联系运营商予以解决。

2. 终端详情分析

终端详情即用户计算机的基本属性,包括操作系统、浏览器、系统语言、上网插件、分辨率等信息。

成熟的网站需要对主流终端完全适配,不能出现个别终端打不开、尺寸不对、无法点击等问题。因此,终端详情分析结果需要及时反馈至网站开发人员处,由网站开发人员进行网站版本优化,以适配所有浏览器。

3. 访客忠诚度分析

访客忠诚度的报表主要由新老访客报表及访问深度报表组成,代表了网站内容对用户的持续吸引程度。

(1)新老访客报表。新老访客报表呈现的是新访客与老访客在访问网站时的流量差异及行为差异。

一般新老访客的占比差异不超过50%都在正常范围内,假如网站新访客占比约80%,老访客占比约20%,占比差异超过50%,说明网站过度依靠新访客流量,后续就需要利用文章、图片等吸引老访客二次回访。相反,如果新访客的比值过低,则说明网站推广力度不够,后续应加强网站的对外宣传与推广。

(2)访问深度报表。访问深度报表呈现的是用户在网站的浏览深度,从侧面展示网站的吸引力。用户访问越深入,说明用户不断单击网页上的链接并在站内持续浏览,表示网站对用户越有吸引力;而用户只访问一次,通常代表网站对用户的吸引力不够,或者网站链接设置不合理,导致用户无法单击进入其他页面。

案例 致敬消防救援队伍

在国家综合性消防救援队伍迎来一周年的纪念日之际,各大官微集体献礼,反响热烈。同时,政法官博继续关注民生热点,严格规范执法并创新方式,表现不俗。

"@应急管理部"致敬消防救援队伍

国家综合性消防救援队伍组建一周年之际,"@应急管理部"重磅推出微视频《我是中国火焰蓝》并发起话题"#火焰蓝一周年#",致敬消防救援队伍,如图8-7所示。

图8-7 微博话题

"@合肥消防、@四川消防"等官博纷纷献礼互动,走进大街小巷,走进群众之中,让百姓体验消防项目,讲解消防安全知识,让消防日变成了全民共同参与的节日,反响热烈。据微热点数据统计,"@应急管理部"发布的微视频《我是中国火焰蓝》,单条微博覆盖人次1 272万,共形成7个转发层级,传播指数高达77.54。"@甘肃地震局、@上海消防、@白城市消防、@国家森林草原防灭火指挥部办公室、@江苏省地震局、@河北省应急管理厅"等应急矩阵账号层层转发。

据铀媒统计,微博话题"#火焰蓝一周年#"共带动了全国31个省、自治区、直辖市协同发声,四川、湖南、安徽、江苏、陕西5地账号发博数量较高。其中四川省输出内容最多,发博198条,共收获99万阅读量和4 376次互动,如表8-2所示。

表8-2 "火焰蓝一周年"矩阵参与情况

序号	省	发博量	阅读量	互动量
1	四川	198	99万	4 376
2	湖南	139	63万	2 958
3	安徽	135	126万	5 846
4	江苏	94	51万	2 375
5	陕西	90	30万	1 656

微博话题"#全国消防宣传月#"阅读量达8.2亿,讨论量达210.9万。从地区活跃度上看,湖南、四川、浙江、安徽、广西5地发博量均超500条。其中,安徽省阅读量达620万,成为上榜地区中累计阅读量最高的地区,如表8-3所示。

表 8-3 "全国消防宣传月"矩阵参与情况

序号	省	发博量	阅读量	互动量
1	湖南	846	318 万	1.4 万
2	四川	818	467 万	1.8 万
3	浙江	710	369 万	2.05 万
4	安徽	585	620 万	2.8 万
5	广西	517	283 万	9 253

一年来,国家综合性消防救援队伍完成了 120 多万起应急救援任务,营救疏散 66 万余名遇险人员。无论线下抢险救援深入战斗一线,还是线上进行花式消防宣传,"蓝朋友"都用实际行动坚守着"党和人民守夜人"的忠诚誓言,炫目的"火焰蓝"始终令人安心。

借消防救援队伍组建一周年之际,消防官博通过微视频的形式展现消防员日常及风采,消防官博矩阵联动广泛传播,让越来越多人了解到"火焰蓝"的故事,传播效果较好。

课堂实训

如果你要新开网店,请对新开网店所属行业进行简单的行业分析,分析网店所属行业的竞争情况和新开网店的进入门槛。

项目实训

1. 实训目的

以你目前运营的微信公众号为例,通过分析其用户、内容、菜单和消息等数据实训,学会进行网络营销数据分析。

2. 实训内容

(1)以小组为单位,组建任务团队。
(2)收集微信公众号的数据资料,汇总比较。
(3)分析数据,撰写研究报告。
(4)提交研究报告,并做成 PPT 在班级里进行展示。

3. 实训要求

完成实训作业《×××微信公众号数据分析研究》。

复盘反思

经过本项目的实施和相关知识点的学习，对比自己总结的内容与知识讲解部分的内容是否契合，并填写表8-4，完成项目评测，进行复盘反思。

表8-4 本项目复盘反思表

姓名		班级	
学号		日期	
知识盘点	通过对本项目的学习，你掌握了哪些知识？ 请画出思维导图：		
任务自评	□优秀	优秀之处：	
	□良好	待改进之处：	
	□较差	不足之处：	
任务完成情况	□熟练掌握，可综合运用	□有所了解，可总结知识点	

项目评价

经过本项目的分组实训演练，按实训项目评价指标进行学生自评与小组成员互评（按优秀为 5 分、好为 4 分、一般为 3 分、合格为 2 分、不合格为 1 分五个等级评估），并填写表 8-5，完成实训项目评测，最后教师给出综合评价。

表 8-5　本项目综合评价表

	评 价 指 标	得分
自评	团队合作精神和协作能力：能与小组成员合作完成项目	
	交流沟通能力：能良好表达自己的观点，善于倾听他人的观点	
	信息素养和学习能力：善于收集整合资源，借鉴优秀思考方向	
	独立思考和创新能力：能提出新的想法、建议和策略	
组员 1 评价	团队合作精神和协作能力：能与小组成员合作完成项目	
	交流沟通能力：能良好表达自己的观点，善于倾听他人的观点	
	信息素养和学习能力：善于收集整合资源，借鉴优秀思考方向	
	独立思考和创新能力：能提出新的想法、建议和策略	
组员 2 评价	团队合作精神和协作能力：能与小组成员合作完成项目	
	交流沟通能力：能良好表达自己的观点，善于倾听他人的观点	
	信息素养和学习能力：善于收集整合资源，借鉴优秀思考方向	
	独立思考和创新能力：能提出新的想法、建议和策略	
组员 3 评价	团队合作精神和协作能力：能与小组成员合作完成项目	
	交流沟通能力：能良好表达自己的观点，善于倾听他人的观点	
	信息素养和学习能力：善于收集整合资源，借鉴优秀思考方向	
	独立思考和创新能力：能提出新的想法、建议和策略	
教师综合评价	优秀之处	
	不足之处	

参考文献

[1] 陈德人. 网络营销与策划理论、案例与实训[M]. 2版. 北京：人民邮电出版社，2022.

[2] 刘建华，徐茂伟. 网络营销基础与实务理论、案例与实训[M]. 北京：人民邮电出版社，2022.

[3] 许茂伟. 网络营销理论、实务、案例、实训[M]. 3版. 北京：高等教育出版社，2021.

[4] 郑广成，黄英. 网店客服实战教程[M]. 2版. 北京：人民邮电出版社，2020.

[5] 惠亚爱，乔晓娟，谢蓉. 网络营销推广与策划[M]. 2版. 北京：人民邮电出版社，2019.

[6] 宋毅，王敏. 网络营销[M]. 长春：吉林文史出版社，2019.

[7] 李琳. 网络营销与案例分析[M]. 西安：西安电子科技大学出版社，2019.

[8] 陈德人. 网络营销与策划理论、案例与实训[M]. 北京：人民邮电出版社，2019.

[9] 宋晓晴，唐红梅，苗小刚. 新网络营销：新工具 新思维 新方法[M]. 北京：人民邮电出版社，2017.

[10] 马莉婷. 网络营销理论与实践[M]. 北京：北京理工大学出版社，2017.

[11] 凌守兴，王利锋. 网络营销实务[M]. 北京：人民邮电出版社，2017.

[12] 何晓兵. 网络营销基础与实践[M]. 北京：人民邮电出版社，2017.

[13] 杨路明，罗裕梅，陈曦，等. 网络营销[M]. 2版. 北京：机械工业出版社，2017.

[14] 程虹. 网络营销[M]. 北京：北京大学出版社，2013.